总顾问　徐显明
总主编　张　伟

人权的教育、研究与实践

——2012—2015年中国高校教师人权法教学研讨会文集

班文战　主编

中国政法大学出版社

2021·北京

"人权文库" 总序

　　"人权"概念充满理想主义而又争议不断，"人权"实践的历史堪称跌宕起伏、波澜壮阔。但不可否认的是，当今世界，无论是欧美发达国家，还是发展中国家，人权已经成为最为重要的公共话语之一，对人权各个维度的研究成果也蔚为大观，认真对待人权成为了现代社会的普遍共识，尊重和保障人权成为了治国理政的重要原则。正如习近平总书记所强调的："中国人民实现中华民族伟大复兴中国梦的过程，本质上就是实现社会公平正义和不断推动人权事业发展的进程"。

　　——人权之梦，是实现民族伟大复兴中国梦的应有之义。改革开放四十年以来，中国政府采取了一系列切实有效的措施，促进人权事业的进步，走出了一条具有中国特色的人权发展道路。在沿着这条道路砥砺前进的过程中，中国人权实践取得了举世瞩目的成就，既让广大人民群众体会到了实实在在的获得感，也向国际社会奉献了天下大同人权发展的"中国方案"。

　　——人权之梦，是我们对人之为人的尊严和价值的觉悟和追求。过去几年来，中国政府加快推进依法治国的重大战略部署，将"人权得到切实尊重和保障"确立为全面建成小康社会的重要目标，建立和完善保障人权的社会主义法律体系。《民法总则》《慈善法》《反家庭暴力法》《刑事诉讼法》《民事诉讼法》等一系列法律陆续出台或得到修订，中国特色人权发展道路的顶层设计被不断丰富和完善。

　　——人权之梦，是人类历史发展的必然趋势和时代精神的集中体现。1948 年《世界人权宣言》颁布以后，人权事业的普及、发展进入了新的历史阶段。1993 年第二次世界人权大会通过的《维也纳宣言和行动纲领》，更是庄严宣称："所有人的一切人权和基本自由……的普遍性不容置疑。"我国于 1991 年发表了第一份人权白皮书《中国的人权状况》，其序言里指出："享有充分的人权，是长期以来人类追求的理想。"2004 年"国家尊重和保障人权"被写入《宪法》，2007 年，人权又被写入《中国共产党章程》。自 2009 年以来，中国先后制定并实施了三期国家人权行动计划，持续加大人权保障力度。

今年适逢我国改革开放四十周年和《世界人权宣言》颁布七十周年，中国政法大学人权研究院决定着手策划出版"人权文库"丛书。文库着眼国内外人权领域，全面汇集新近涌现的优秀著作，囊括专著、译著、文集、案例集等多个系列，力求凝聚东西方智慧，打造成为既具有时代特色，又具备国际视野的大型人权丛书，为构建我国人权话语体系提供高品质的理论资源。这套丛书的筹备和出版得到了中宣部的大力支持，并有赖其他七家国家人权教育基地和国内学界多位专家学者的积极参与，同时还要感谢中国政法大学出版社的倾力相助。

此刻正值一年中收获的季节，文库的第一本著作即将面世，"九万里风鹏正举"，我们期待并且相信"人权文库"将会硕果累累，"人权之梦"终将照入现实。

是为序。

文库编委会　谨识
2018 年 9 月

编写说明

2011 年 10 月，我与挪威奥斯陆大学法学院挪威人权中心（Norwegian Centre for Human Rights）中国项目组（China Programme）主任白莎莉（Cecilie Figenschou Bakke）女士一同参加了在云南大学举办的第四届中国高校人权教育年会。会议期间，我们就如何促进我国高校人权法教学的问题进行了商谈。当时，我国大陆地区有 60 多所高校开设了人权法课程，数以百计的教师已经或计划参与人权法教学活动，但其中的大多数教师都缺乏有效开展人权法教学所需要的知识和技能。为此，我们决定于 2012—2014 年合作开展三期人权法教学培训，以帮助我国高校教师（尤其是青年教师和西部高校教师）掌握人权法教学的知识和方法，提高人权法教学的能力。

2012—2014 年，三期人权法教学培训活动以"研讨会"的形式在北京如期举行。活动期间，来自 4 个直辖市、18 个省和 4 个自治区的 73 所普通高校、4 所党校和 4 所行政学院的 129 位教师以及 1 所研究机构的 1 位研究人员接受了培训，9 位人权法学者、1 位医学专家、3 位非政府组织工作人员、1 位律师和 1 位博士研究生做了 33 次专题讲座/报告，9 位参会教师做了 9 次试讲，全体参会教师参加了 3 次分组讨论，并参访了 1 个公益律师事务所和 2 个非政府组织。活动的形式、内容、过程和效果获得了讲座专家、参会教师和资助方代表的一致认可和高度评价。

为使培训活动的成果得到更广泛的传播，特别是为没有机会参加培训的教师提供人权法教学方面的帮助，我在首次培训结束后便开始组织几位研究生整理培训活动的录音，准备在 3 次培训活动全部结束之后将部分录音整理稿结集出版。2014 年，我的出版设想得到了挪威人权中心中国项目组的支持，并被载入我与挪威人权中心当年签订的项目协议。2015 年 8 月，按照中国项目组的建议，我在原定的 3 次培训活动之外，又在北京主办了 1 次以我国高校研究生人权法教学为主题的研讨会，这次会议的 5 次专题报告和部分主题发言的录音也被纳入了整理和出版范围。

　　按原计划，这部文集应于 2015 年底交付出版。但录音资料内容庞杂，录音整理工作直到 2016 年 6 月才告结束。经主讲人同意，我选取了 17 个专题讲座、4 个主题发言、3 个试讲点评、6 个小组工作报告和 6 个开/闭幕致辞（发言）的录音整理稿，请主讲人对自己所讲内容进行了审定和修改，并对主讲人审定和修改后的稿件做了全面校对。经过近两年的时间，这些稿件的审校工作终于陆续完成。有关专题讲座和主题发言按其内容分为 6 个部分：第一部分主要探讨我国高校开展人权法教学的目的、内容和方法，在我国高校设置人权法学专业或研究方向的必要性、可行性和现实性，以及人权教育与人权研究和人权实践之间的关系；其余 5 个部分分别说明设置人权原理、国际人权法、人权国内保障、实体权利和特定主体的人权保障等课程的意义，这些课程的内容和讲授方法，以及与此相关的一些理论和实践问题。这些专题讲座、主题发言与试讲点评、小组工作报告和开/闭幕致辞（发言）合为文集的 9 个部分。

　　这部文集是 2012—2015 年中国高校人权法教学培训和研讨活动的一个直接成果，也是国内外许多机构和个人不懈努力和无私奉献的结晶。2012 年 6 月至 2015 年 5 月，挪威人权中心和奥斯陆大学法学院先后 4 次与我签署了"中国高校人权法教学研究项目"年度合作协议，承担了包括本书出版费用在内的 197 万余元人民币的项目费用。2012 年 3 月至 2016 年 12 月，中国政法大学科研处、财务处和国际合作与交流处的领导和工作人员协助本人办理了项目申请、立项、结项、报销和审计等方面的事宜。2011 年底至 2017 年 8 月，挪威人权中心中国项目组的白莎莉女士、熊瑞丽（Elisabeth Perioli Bjørnstøl）女士、尤丽娜

（Anne Kari Bråtveit Johansen）女士和王怡女士作为项目资助方的代表，亲自参与了项目的计划、筹备、实施和相关后续工作。2012 年 8 月和 2014 年 8 月，"致诚公益律师"主任佟丽华先生、执行主任时福茂先生、办公室主任陈苏女士以及"同语"和"北京同志中心"的负责人和工作人员热情接待了参会教师的访问。4 次研讨会期间，中国社科院法学研究所李步云研究员和国际法研究所孙世彦研究员、北京大学法学院白桂梅教授、全国妇联妇女研究所刘伯红研究员、上海交通大学医学院谢斌教授、中国政法大学樊崇义教授、焦洪昌教授、夏吟兰教授、杨宇冠教授和岳礼玲教授、"反家暴网络/北京帆葆"主任李莹女士和刘小娟女士、"同语"负责人徐玢女士、君方律师事务所律师刘巍女士、荷兰莱顿大学和阿姆斯特丹大学法律人类学博士研究生朱静姝女士先后应邀为参会教师做了专题讲座或报告；130 位参会教师积极、认真地参与了讲座、试讲、讨论、参访等各项活动，在会上和会下进行了真诚而友好的分享和交流；我的同事叶明敏老师和吴培培老师协助完成了 2012 年研讨会的报名工作；我的另一位同事李若愚老师以及中国政法大学人权研究院人权法学专业硕士研究生张瑞彪、李超燕、王博文、荆超、朱海、秦鹏博和朱莎莎同学先后参与了 4 次研讨会的筹备和服务工作；上述 7 位同学和唐雄富、郭晓英、王深、马腾、郭超、马金娜和李风倏同学承担了研讨会录音的全部整理工作；神州国际旅行社国际部销售总监李奕先生全面、认真、高效、妥善地安排了 4 次研讨会的会场、设施、食宿、旅行等事宜；泰山饭店和香山饭店的有关领导和工作人员为研讨会提供了安全、便利、舒适的场所、设施和服务。特别值得一提的是，在 130 位参会教师之外，另有几乎同样数量的教师先后提出了参会申请，还有许多领导、老师和朋友帮助转发会议信息和推荐参会人员。在培训活动的筹备、实施和相关后续环节，中国政法大学的党政领导对我的工作给予了充分的关心、理解和支持。

早在 2014 年 12 月，中国政法大学出版社社长尹树东先生便代表出版社与我签署了文集出版合同，并委托出版社总编室主任柴云吉先生负责文集出版工作。本文集编写已竟，适逢中国政法大学人权研究院与中

人权的教育、研究与实践

国政法大学出版社合力推出"人权文库"大型丛书。承蒙文库编委会和出版社允准,本文集有幸入选文库第一批丛书,并由人权研究院学术编辑张翀女士和中国政法大学出版社副社长阙明旗先生负责具体出版事宜。在两年多的时间里,中国政法大学出版社编辑郭嘉珺先生和他的同事先后对文稿多次进行认真细致的审阅和编辑提出了许多中肯而宝贵的修改意见和建议。

值此文集付梓之际,谨对促成文集出版的所有单位和个人致以诚挚的谢意!衷心期望这部文集能对我国高校人权法教学的开展以及我国人权教育、研究和实践的进步发挥点滴促进作用!

班文战

2020 年 10 月 10 日

目　录

第一部分　人权教育、研究与实践的相互促进

中国高校人权法教学的目的、内容和方法 ……………………… 班文战　3
人权教育和研究需要处理的五种关系 ………………………… 班文战　17
我国高校硕士研究生人权法学专业/方向的设置和运行 …… 班文战　25
通过参与公益诉讼开展硕士研究生人权法教学的
　　经验和体会 ………………………………………… 周　伟　32
通过法律诊所开展硕士研究生人权法教学 ……………… 李秀华　36
参与司法实践与人权法教学的相互促进 ………………… 牟瑞瑾　40

第二部分　人权原理的基本问题和教学体会

人权原理与中国人权发展战略 ………………………………… 李步云　47
关于人权原理课程教学的几点体会 ………………………… 涂　爽　71

第三部分　国际人权法律制度与国际人权法
课程的设置和讲授

国际人权法课程的设置和讲授 ………………………………… 班文战　81
国际人权法律制度 …………………………………………… 孙世彦　96
《公民及政治权利国际公约》规定的权利和义务 ………… 孙世彦　131

《公民及政治权利国际公约》与中国刑事司法 ············· 杨宇冠 161

第四部分　人权国内保障制度与人权国内保障
课程的设置和讲授

人权国内保障课程的设置和讲授 ················· 班文战 179
人权国内保障制度 ·························· 班文战 190
刑事司法与人权保障 ······················· 樊崇义 198

第五部分　实体权利的研究与实体权利
课程的设置和讲授

实体权利课程的设置和讲授 ··················· 班文战 215
实体权利的研究和教学 ······················ 班文战 226

第六部分　特定主体的人权保障

妇女人权的法律保护 ······················· 夏吟兰 245
社会性别主流化与妇女人权 ··················· 刘伯红 262
精神卫生与人权 ·························· 谢　斌 283

第七部分　试讲点评

2012 年试讲点评 ························· 班文战 301
2013 年试讲点评 ························· 班文战 304
2014 年试讲点评 ························· 班文战 308

第八部分　小组工作报告

2012 年第一小组工作报告 ·························· 淡乐蓉　315

2012 年第二小组工作报告 ·························· 牟瑞瑾　319

2013 年第一小组工作报告 ·························· 李　昊　323

2013 年第二小组工作报告 ·························· 卞　辉　326

2014 年第一小组工作报告 ·························· 孙　韡　329

2014 年第二小组工作报告 ·························· 戴激涛　332

第九部分　开/闭幕致辞（发言）

2013 年开幕致辞 ·························· 李步云　337

2013 年开幕发言（一） ·························· 宋丽弘　340

2013 年开幕发言（二） ·························· 韩秀义　342

2012 年闭幕致辞 ·························· 班文战　344

2014 年闭幕致辞 ·························· 班文战　349

2015 年闭幕致辞 ·························· 班文战　356

第一部分
人权教育、研究与实践的相互促进

中国高校人权法教学的目的、内容和方法[1]

班文战

各位老师，我们开始本次研讨会的第一个专题的交流。这个专题是"中国高校人权法教学的目的、内容和方法"。从 20 世纪 90 年代末开始，国内的一些高校、单位和个人与国外的人权教育或研究机构合作，开展了很多促进国内人权法教学的活动，包括各种培训班和研讨会。这些培训班和研讨会的主题是相同的，就是这里提到的三个问题：为什么要开展人权法教学，这涉及教学的目的或意义；应该开展什么样的人权法教学，这涉及教学的内容；应该如何开展人权法教学，这涉及教学的方法。

对于这三个问题，在座的绝大多数老师都经过了一段时间的思考，也有自己的理解和认识。在这次研讨会的申请表里，我们请大家说明一下参加研讨会和本人工作的相关性，主要是为什么要参加这个研讨会、期望在研讨会里有什么样的收获。很多老师都希望学到人权法教学的一些知识或材料，以及一些有效的人权法教学方法；也有老师专门提到了人权法教学目的和意义的问题，而且理解得非常深刻，认为高校人权法教学的目的在于促进人权的尊重和保障。但是，这么大的一个目的怎么落实在我们的教学活动当中呢？由此可见，这三个问题应当是我们在座

---

〔1〕 本文是中国政法大学人权研究院班文战教授 2013 年 8 月 15 日在"2013 年中国高校教师人权法教学研讨会"上所做的专题讲座，由朱海整理、班文战审校。

的每位老师都非常关注的问题，也是我们研讨会的主题。

在本次研讨会"开题"的这个环节，可能会涉及大家比较关心的一些具体问题。但是，我更想讲一些更大的、更远的或者说与我们的工作联系不是特别直接的问题。我想介绍一下这三个问题的背景、具体表现和影响，然后汇报一下我个人对这三个问题的一些理解。

一、什么是"高校人权法教学"？

要想对高校人权法教学的目的、内容和方法这三个问题有一个比较全面、深刻、准确的理解和认识，首先要澄清一个概念，就是什么是高校人权法教学。不知道大家觉得这个问题有没有考虑的必要？是不是很清楚？我觉得，我们对高校人权法教学的理解不是没有问题的。这次的申请表里有一个问题，问大家是否有过人权法教学的经历。对此很多老师填的都是有这个经历：有的老师说我讲国际法，里面有国际人权法的内容；有的老师说我讲军事理论，里面涉及武装冲突期间的人权保护问题；还有的老师说我讲劳动法或民商法，里面都会涉及一些人权问题。但这些是不是就是人权法教学呢？还有的老师认为，只有开设了人权法的课程，才是有人权法的教学经历。那是不是只有开设了独立的、专门的人权法课程才是人权法教学呢？对这些问题我们需要有一个认识，否则可能不太容易讨论前面提出的三个基本问题。

我对高校人权法教学的基本含义有以下基本理解，供大家参考：高校人权法教学是指高等教育学校（或机构）及其教育工作者对接受高等教育的学生所进行的，以人权法为核心的，旨在传授人权知识、培养人权技能、塑造人权态度、促成人权行动、建设人权文化、推动人权实现的各种教学活动，是人权教育的重要形式和组成部分。这个基本含义是比较复杂的，它涉及教育者、受教育者、教育内容、教育目的、教育形式等问题。

从形式上看，我理解的高校人权法教学不等于讲授人权法课程，它的形式应该是多种多样的。但是，为什么要求已经开设或者计划开设人权法课程的老师才能参加我们的研讨会呢？其实，我们期望大家能够开设专门的人权法课程，因为不管是人权法、人权法学、人权原理、人权知识、国际人权法，还是人权与宪政、人权与刑事司法，不管叫什么名字，专门讲授人权或人权法的课程是从事人权法教学的一种最集中的、最专门的形式。我们会议主办方有一种期望，就是鼓励大家以这种独特的方式开展人权法教学。但这并不是说，在此之外的一些活动就不是人权法教学活动。在现有的国际法、宪法、行政法、诉讼法和其他一些法律课程中突出人权教育的因素，也可以说是人权法教学。从形式上讲，不一定需要独立的、专门的人权法课程，但是我们希望、鼓励大家以这样的方式开展人权法教学活动。从实质上看，高校人权法教学是人权教育的一种重要形式和组成部分，这可以说是对人权法教学的一种质的要求。

在座的很多老师可能比较清楚，人权教育是第二次世界大战结束之后，在世界范围内逐渐形成的一个观念上和行动上的变革（的产物）。可以说，人权教育是一个革命性的观念，它的影响一个是在教育领域，一个是在人权领域，因为它把人权和教育结合在一起了。其实，不管是中国还是外国，在近代或古代都有非常好的教育的精神、观念和理念，但在世界范围内，把教育和人权结合起来还是比较晚近的事情。我们在理解高校人权法教学的概念的时候，需要从实质上去把握它，就是说它必须符合人权教育的一些基本要求。我理解的人权教育有三个非常重要的因素：从目的上看，人权教育是"为了人权"的教育，最终的目的是促进人权的普遍尊重、保障和实现；从内容上看，它是"关于人权"的教育，涉及人权的理论、规范、制度和实践；从方法上看，它是"通过人权"或"借助人权"的教育，也就是说，在人权教育的整个过程当中都需要运用一些符合人权精神和规范的方法。从这个意义上说，只有符合人权教育目的、内容和方法的教学才能称之为实质意义上或真正意义上的人权法教学。如果我在国际法课堂上讲国际人权法，或者在宪法里面讲公民的权利，或者在刑法、刑事诉讼法里讲被告人或犯罪嫌疑人的权利，只是把它作为一般法律里的内容，只是为了帮助学生去参加司法考试或者升学考试，而没有体现人权的目的，没有使用体现人权原则或精神的方法，这可能还难以被称为真正意义上的人权法教学。

高校人权法教学是人权教育的重要形式和组成部分，一方面是因为它具备人权教育的基本因素，或者说符合人权教育的本质特征，另一方面是因为与其他人权教育形式相比，有特定的教育主体和教育对象。人权教育的内容、形式是多种多样的，高校人权法教学和其他形式的人权教育相比，有特定的教育者和特定的受教育者：特定的教育者是高等教育学校或机构以及教育工作者个人，受教育者就是接受高等教育的各类学生。从中国的情况来看，"高等教育学校"和"高等教育机构"是两个不完全相同的概念。教育部把中国的高等教育学校或机构分成四类：研究生培养机构、普通高校、成人高等学校和民办其他高等教育机构。其中能够称为高等教育学校的是第二类和第三类，即普通高校（包括一些独立学院）和成人高等学校。根据教育部的统计，截止到2013年6月21日，中国有2788所高等教育学校，这些高等教育学校都是可以开展人权法教学的。从教育工作者个人这个角度来看，高等教育学校或机构的教职工很多都是直接从事教育工作的，因此也都可以从事人权法教学工作。当然，教职工的情况也不一样，既有专职教师、行政人员、教辅人员、工勤人员，也有科研人员和其他人员。在教职工里面，从事人权法教学的或者可以称为教育工作者的是哪些人呢？毫无疑问，专职教师是可以的。按照教育部的统计，高等教育学校在2011年有143万专职教师，这些专职教师都可以作为人权教育工作者开展人权法教学。当然，专职教师最主要的工作还是讲课，但人权法教学不仅仅局限于讲课，还涉及课程设置、学生管理等一系列其他教学环节，而在这些环节里面，行政人员、教辅人员甚至一些工勤人员都可能发挥作用。比如，中国政法大学人权研究院是一个专门从事人权教育、培训和研究的机构，有专职的教学和研究人员，也有行政人员，行政人员所做的工作也和学生的培养有关，这些人员也可以说是教育工作者。从教育对象上看，接受高等教育的学生、研究生、普通院校的本科生和专科生、成人院校的本科生和专科生，还有其他接受本科生教育或研究生教育的学生，都可以成为高校人权法教学的对象。

这些年来，中国高校人权法教学的发展还是比较迅速的，但规模和质量仍然十分有限。南开大学、广州大学、湖南大学、中国社科院的老师对高校开设人权法课程的情况做过几次调研，但都很难有一个准确的、全面的数字。中国社科院的孙世彦老师在 2010 年有一个内部报告，说是有 70 所左右的高校开设了专门的人权法课程，10 年内接受人权法教育的学生总计有 4 万名左右。因为他的调研对象是很有限的，因此这不是一个很全面的统计数字，但能够反映高校人权法教学的大致状况。我们可以想象一下，70 所高校在中国将近 3000 所高校中的比例有多大？2.3％。4 万名学生在中国所有高校的 4000 多万名各类学生中的比例有多大？0.1％。由此可见，我们在高校人权法教学方面面临的任务是多么巨大。

二、问题的背景、表现和影响

中国高校人权法教学的目的、内容和方法，这个问题的直接背景是中国高校人权法教学的出现和发展，间接背景是人权教育的倡导与发展。当然，它还有一个更基础性的背景，就是整个世界范围内以及中国国内人权事业的进步和发展。我们知道，人权制度的建设集中体现为法律规范的制定、适用和执行，一方面有国际的法律规范，另一方面有国内的法律规范。这些规范的制定、遵守、适用和执行需要有各种支持，要有各种基础，而人权教育就是促进人权实现的一种非常重要的途径。所以，人权教育的发展也是人权事业发展过程中一个很重要的体现。

我们可以看一下人权教育的倡导与发展过程。从世界范围来看，人权教育大致经历了三个阶段。

第一个阶段从 1948 年到（20 世纪）60 年代中期，以《世界人权宣言》为标志。《世界人权宣言》的序言提到要通过教育（education）和教学（teaching，有的地方译为"训导"），增进对人权的普遍尊重和遵守，就是把教育作为促进尊重和遵守人权的一种非常基本和重要的途径。按照《世界人权宣言》第 26 条关于受教育权的规定，教育的目的之一就是促进人权的尊重和实现，而这个教育目的适用于各种形式、各个阶段的教育，包括基础教育、初等教育、中等教育、高等教育、正规教育、非正规教育，这是对整个教育提出的要求。

人权教育的第二个发展阶段是从 20 世纪 60 年代末到 90 年代初。我们知道,《世界人权宣言》本身没有法律约束力,但是联合国大会在 1966 年通过了一个非常重要的国际人权公约——《经济社会文化权利国际公约》,简称《经社文权利公约》,它的第 13 条规定了受教育权,而这一条关于教育目的的规定与《世界人权宣言》第 26 条的规定是一致的。《经社文权利公约》在获得一个国家的批准或加入并对该国生效之后,对该国是有法律约束力的。比如说,中国是这个公约的当事国,就有义务确保所有的教育都服务于这样的目的,包括促进对人权的尊重和实现。在这个公约之后,联合国还通过了好几个非常重要的国际人权公约。其中,《儿童权利公约》第 29 条规定,儿童教育的目的同样包括促进对人权和基本自由的尊重。在这个阶段,人权教育已经成为一些国家的国际法律义务。

人权教育的第三个阶段可以说从 1993 年开始。1993 年有一个非常重要的联合国文件,就是《维也纳宣言和行动纲领》,这里面专门有一节讲人权教育,要求国家加强人权教育,同时要求其他社会成员,包括政府间组织和非政府组织,在人权教育领域进行合作。在这个国际文件的基础上,联合国有关机构通过了几个非常重要的专门的人权教育文件,包括 1996 年通过的《1995—2004 年联合国人权教育十年行动计划》,1997 年通过的《国家人权教育行动计划准则》,2006 年通过的专门规定中小学人权教育的《世界人权教育方案第一阶段(2005—2007)行动计划》,2010 年通过的专门规定高校的人权教育和高校教师、教育工作者、公务员、执法人员、军人的人权培训的《世界人权教育方案第二阶段(2010—2014)行动计划》,以及 2011 年联合国大会通过的《联合国人权教育和培训宣言》。这些文件本身都没有约束力,但都以联合国的核心人权文件为基础,总结了一些国家在人权教育领域比较先进的成功经验和做法,而且经过了一些国际机构、非政府组织和专家个人的反复研究,确立了国家、各级各类的教育机构、非政府组织、各种教育工作者、国际组织在人权教育领域的一些基本准则,具有非常重要的指导意义。

人权教育在国际层面的发展在国内层面也产生了非常重要和广泛的影响。一方面，很多国家根据国际人权公约承担了人权教育的法律义务，或者通过赞成或支持没有法律约束力的宣言或决议而承担了人权教育的道义责任，据此，这些国家的政府部门，特别是教育主管部门，需要采取措施履行本国的义务，落实本国的责任。另一方面，包括高等教育院校的各种教育机构和教育工作者有权利也有责任开展人权教育，每个人都有权利接受人权教育。另外，包括非政府组织、社会团体在内的其他社会成员也都受到人权教育的影响。比如说，一些国家的宪法专门规定了人权教育的条款，一些国家制订了专门的人权教育行动计划，一些国家在综合性的国家人权行动计划中有一部分人权教育的内容，一些国家设立了专门开展人权教育的机构，比如人权教育指导委员会。当然，在国家或政府之外，很多机构、组织、团体和个人都在以多种形式开展人权教育。

就是在这个大背景之下，中国国内的人权事业有了一个非常重大的转折和发展。从1991年中国政府发布第一份人权白皮书开始，经过中国宪法和执政党章程的修改，人权的正当性和合法性都已经得到承认，人权事业，包括人权教育事业，不断取得进步和发展。在这个过程中，中国高校的人权法教学的进步和发展可以说是最明显的。目前，中央政府对高校人权法教学的态度是比较明确和积极的，两个国家人权行动计划都明确提出了鼓励、支持、推进高校人权教育的立场、政策和态度。与此同时，开设专门人权法课程的学校、讲授专门人权法课程的教师、接受专门人权法教育的学生的数量都有比较明显的扩大和增加，西部高校人权法教学的发展也比较快。但是，相对于数量如此庞大的高等教育学校、机构和学生来说，我们现在人权法教学的规模还是非常小的，质量也是不一样的。这里有很多的影响因素。从政府和教育主管部门的角度来看，虽然态度越来越明确、越来越积极，但在推动高校人权法教学方面采取的实际举措还是非常有限的，不论是中央的教育部还是地方的教育主管部门，都还没有制定一个高校的人权法教学发展规划，而且地方政府的态度也不一样。从教育机构的角度来看，一些学校的党政领导和院、系、部、室的负责人在人权教育方面还是非常积极的。大家知道，中国政法大学的校长兼任人权研究院的院长，南开大学的党委书记兼任人权研究中心的主任，广州大学的一位副校长担任人权教育研究中心的学术委员会主任。但是，更多的学校或院、部、系、室的负责人在这方面不是很积极，甚至会有一些抵触或反对的态度或情绪。从教育工作者的角度来看，许多教师本人对人权法教学的目的、内容和方法还缺乏比较清楚、准确的理解和认识。我听到有的老师说，自己虽然已经开设了人权法课程，但并没有系统学习过人权法的内容和教学方法。这是我们讨论中国高校人权法教学的目的、内容和方法问题需要了解的一个背景。

高校人权法教学是受到国际、国内社会各界广泛关注的问题。在这个问题上，不同的机构和个人会有一些共识，但也会从一些不同的角度考虑不同的因素。中国高校为什么要开展人权法教学？一个很重要的原因就是中国承担了开展人权教育的国际法律义务或道义责任。不过，政府或者教育主管部门考虑更多的可能还是我们国内的一些政策和法律。比如说，我国的《宪法》以及《高等教育法》《教师法》《教育法》等现行有效的法律对教育的方针和基本原则都有规定，那人权教育和这些规定是不是一致的？这可能是政府和教育主管部门要考虑的问题。学校或相关职能部门的负责人可能会更多地考虑学校或机构的生存和发展问题，比如说开展人权法教学会占用相当多的教学资源，这对单位评估有什么好处、有什么帮助？还有一些负责人可能会考虑讲授人权法课程会不会给单位或者领导带来什么麻烦？另外，作为教育对象的学生也可能会考虑有没有兴趣或者必要选修人权法课程。当然，作为教育工作者的高校教师要想开展人权法教学，除了自己的兴趣和愿望之外，还可能会受到同事、朋友或家人的影响。比如，2012年的研讨会上，一位西部高校的老师提到自己参加了几次人权法教学培训和研讨，并准备在本校开设人权法课程，但单位的领导和同事都不理解她的做法，自己也因此感到了困惑。

由此可见，高校人权法教学的问题对于所有相关的个人、机构、政府部门都有影响。从人权教育的角度来看，这会涉及高校人权法教学的必要性、正当性、适当性和有效性：必要性是说做这样的工作有什么意义；正当性是说这种工作是不是符合现行的法律和政策；适当性主要体现在人权法教学的内容和方法是不是适合教学目的的要求；有效性是说人权法教学能否达到预期的效果。从一般教育的角度来看，高校的人权法教学对于整个高等教育会产生重大的、根本性的影响。我们现有的高等教育乃至基础教育、初等教育、职业教育是不是符合人权教育的要求？是不是符合中国承担的国际法义务？是不是符合中国宪法关于尊重和保障人权的要求？是不是符合党的章程关于尊重和保障人权的精神的确认？是不是符合国民经济发展计划关于全面落实尊重和保障人权的规定？这都需要我们做全面的重新审视和重大变革。这种教育领域的变革可能会促成与人权有关的各个社会领域的变革，既包括政治、经济、法律、文化等公共生活领域，也包括个人生活、家庭生活等私生活领域。我们知道，夫妻之间、父母子女之间乃至任何普通个人之间有各种不尊重或侵犯人权的现象，这里有很多原因，但这与人权教育的不足、与高校人权法教学的不够发达是有直接关系的。

三、对问题的初步理解和认识

关于高校人权法教学面临的问题，从不同的角度、出于不同的考量，会有不同的理解和认识。高校的人权法教学需要各个方面的共同努力，除教师本人之外，还需要学生、同事、单位、教育主管部门、政府其他部门以及社会各界的支持。如果对高校人权法教学的目的、内容和方法没有一个基本共识，就难以凝聚足够的力量，就很难开展人权法教学，至少很难保证人权法教学的有效性和适当性。当然，我们可以考虑国家的政策和法律、单位的政策和资源、学生的背景、教师的兴趣和能力等，但是，关于人权教育的一般准则是非常重要的考虑因素。因为关于人权教育的目的、内容和方法，国际文件有明确的规定和要求，而这些国际文件具有法律约束力或是权威影响力，体现了人权教育领域比较成功的经验和做法，在一定程度上体现了国际社会广泛承认的立场，尽管没有得到普遍一致的承认，但很少有国家明确表示反对。中国已经批准了一些包括人权教育内容的国际条约，而且也一直表示赞同和支持联合国的人权教育文件。下面，我就结合联合国国际文件关于人权教育的一些准则和自己的教学经验，简单介绍一下关于高校人权法教学的目的、内容和方法的一些理解和认识。

关于高校人权法教学的目的，参照有关国际文件对人权教育目的的表述，我把它分为三个层面：直接目的、中间目的和最终目的。其中，最终目的就是加强对人权和基本自由的尊重。怎么才能加强对人权和基本自由的尊重呢？这需要形成一个普遍的人权文化，而这是人权教育的中间目的。我在几年前写过一篇文章，题目就是《普遍人权文化的建立与中国人权教育的开展》，发表在《广州大学学报》上，大家有兴趣的话可以去看一下。这些比较原则的目的在人权法教学中可以具体体现为四个方面：传播人权知识、培养人权技能、塑造人权态度、促成人权行动。而这是人权教育的直接目的。我们中国古代关于教育和教师的作用有一种表述："师者，所以传道、授业、解惑也。"用这种表述来比喻人权教育的直接目的：塑造人权态度就是"传道"，培养人权技能就是"授业"，传播人权知识就是"解惑"，"促成人权行动"则类似于孔子讲的"学而时习之"。学习了人权知识、掌握了人权技能、养成了人权态度之后，就是要从事促进人权实现、防止人权受到侵犯的行动。至少从形式上看，人权教育这三个层面的目的和中国现行的法律和政策是有相当的距离的。可以说，中国的宪法和教育方面的法律、法规还没有直接、明确地体现这个人权教育的目的。比如说，《宪法》第24条规定："国家通过普及理想教育、道德教育、文化教育、纪律和法制教育……加强社会主义精神文明的建设……提倡爱祖国、爱人民、爱劳动、爱科学、爱社会主义的公德，在人民中进行爱国主义、集体主义和国际主义、共产主义的教育，进行辩证唯物主义和历史唯物主义的教育，反对资本主义的、封建主义的和其他的腐朽思想。"《教育法》里面的规定是对宪法精神的体现。这些规定和我们讲的人权教育能不能结合起来？如果说不能从现行的《宪法》和法律当中推出人权教育的目的，国家就有必要对现行的《宪法》和法律的相关规定做出修改，这样才能履行自己承担的国际法律义务，才能落实自己所承诺的道义上的责任。这是关于高校人权法教学目的的一个理解。

对于高校人权法教学的内容，可以从两个方面来理解：一个方面是和人权教育的目的直接相关的，因为我们需要通过教育的内容来体现和实现教育的目的。从人权教育的四个直接目的来看，高校人权法教学的内容也应该包括知识、技能、态度和行动四个方面。知识方面的内容可以分为理论的知识和实践的知识，理论的知识包括各种学说、主张，实践方面的知识既包括国内和国际层面的规范和机制的内容，也包括规范遵守的情况和机制运行的情况，也就是整个人权实现的状况。技能方面的内容涉及利用人权知识来从事相关活动的能力，而人权活动的形式是多种多样的。一般我们说到人权的活动，多是指与人权有关的国家立法、执法或司法活动，其实我们大家都在做的人权教育同样是一种人权活动，现在中国政府和非政府组织在环境、食品、住房、教育、扶贫等方面开展的各种发展民生的工作都属于和人权有关的活动，很多都可以起到促进人权的尊重和实现的作用，人权研究、人权领域的国际交流、在权利受到侵犯的情况下去寻求救济等也都属于人权的活动，这些活动都需要技能。这些技能从我们现行的法律教育和其他教育当中可不可以获得呢？当然是可以的。不是说我们一定要通过专门的人权教育才能获得这些技能，但是，专门的人权教育，特别是高校的人权教育，是其他现有的法学教育和非法学教育所不能代替的，它的特殊作用就是在培养人权技能方面，因为它可以专门培养这方面的技能。态度方面的内容涉及人权意识、人权信念和人权责任感，这在一定程度上可以通过知识和技能体现出来，但有时候它与知识和技能可能是没有直接关系的。就像哪怕一个人不识字，但可以做一个非常好的好人，可以有一种基本的态度、意识、信念和责任感，就不会去侵犯他人的人权。对于很多人来说，这样的素质还需要通过人权教育来培养。说到人权行动，可能有一些人或者部门会比较敏感。人权教育的目的之一就是促成人权行动，那是不是就要对抗政府呢？其实，人权行动肯定不等于对抗政府的行动。我个人认为，从现在来看，人权行动需要社会各个成员之间全方位的密切合作，而不是说只有对抗的行动才是人权行动。不论政府方面还是非政府方面都有一种误解，以为人权行动就是反政府行动，这是一种片面的、不准确的理解和认识。

从另一方面理解高校人权法教学的内容，可以围绕人权或人权法的基本问题来展开。在座的很多老师可能都会有一个疑问：不管是开设一门专门的人权法课程，还是在现有课程的教学里体现人权的内容，在有限的课时里应该讲哪些内容？我觉得，无论我们的教学对象是研究生还是本科生，是法学的学生还是非法学的学生，也不管我们的课时是多少，都可以围绕人权或人权法的三个基本问题来展开。第一个问题是"什么是人权"，第二个问题是"为什么要尊重和保障人权"，第三个问题是"如何尊重和保障人权"。这三个基本问题和我们刚刚讲的知识、技能、态度和行动这四个方面的内容是可以结合在一起的。"什么是人权"主要涉及知识问题，"为什么尊重和保障人权"主要涉及态度问题，"如何尊重和保障人权"同时涉及知识、技能和行动问题。所以，如果只有半天的话，可以把这三个问题讲出来；如果是一个学期，也可以围绕这三个问题来安排教学的内容。我在会议手册里给大家提供了中国政法大学人权研究院人权法学专业硕士研究生的课程设置和课程进度表，列举了10门左右的专门的人权法课程的名称和每门课程的主题，还有一份我在几年前编写的本科生国际人权法课程的教学大纲，里面有教学内容和课时分配的说明，可以供大家参考。

高校人权法教学的方法可以有广义和狭义的理解。狭义的教学方法就是讲课方法，涉及怎么讲这门课。但是从广义上说，它涉及整个教育过程的所有环节，包括课程的设置、教学计划的制定、教学环境的布置、教学技术的运用、教学材料的选取、教学效果的检验和评估等。我们要想开展人权法教学，这些都是需要考虑的。在这些方面，有关的国际文件，特别是关于人权教育的国际文件，有一些一般的原则，对我们有很重要的指导意义。首先一项原则是尊重、倡导和鼓励教学方法的多样性与灵活性。因为我们的教学对象是多样的，我们教育工作者本身也是多样的，要尊重教学方法的多样性和灵活性，这是人权精神的一个体现。与此同时，任何的教学方法都要符合一些基本原则，教学的进程和手段都应以权利为基础，而且要以学生为核心。我们给大家提供的人权教育文件提到了关于人权教育方法的六项指导原则，涉及教学态度、教学环境、学生作用、教学效果、信息技术和手段以及教学评估和评价，这些都值得我们认真学习和体验。

在介绍了高校人权法教学的目的、内容和方法的一些指导原则之后，大家可能还会有一些更现实和具体的问题，比如说怎么论证开设一门人权法课程的必要性和合理性，怎么在现有的课程中体现人权法教学的因素，怎么提高学生学习人权法的兴趣，等等。在接下来的几天里，我们还有很多的机会和时间就这些具体问题进行交流，这里就不再展开了。

最后，我想给大家提出一个进一步思考的问题。一位二战期间纳粹集中营的受害者，后来做了一个美国中学的校长。每当一个新的老师来学校工作的时候，他就会给新来的老师一封信，信上写道："我亲眼看到人类不应该见到的情景：毒气室由学有专长的工程师建造；儿童被学识渊博的医生毒死；幼儿被训练有素的护士杀害；妇女和婴儿被受过高中或大学教育的士兵枪杀。"他因而提出了一个疑问："教育究竟是为了什么？"他请求老师帮助学生成长为"具有人性的人"，而不是"学识渊博的怪物、多才多艺的变态狂、受过高等教育的屠夫"。他说："只有使我们的孩子在成长为有人性的人的情况下，读写算的能力才有价值。"这里涉及了教育的目的和内容的问题。这是外国的一个例子。那我们中国的情况呢？我们知道，中国传统的教育首重"传道"，我们作为高校的教师要传什么道呢？在座的各位老师肯定都很熟悉《三字经》开头的几句话："人之初，性本善。性相近，习相远。苟不教，性乃迁。教之道，贵以专。"也肯定熟悉《弟子规》开头的这几句话："弟子规，圣人训。首孝悌，次谨信。泛爱众，而亲仁。有余力，则学文。"《大学》里面讲："大学之道，在明明德，在亲民，在止于至善。"以上不仅讲到学习和教育的目的，也讲到达到这一目标的途径和过程。这些经典都涉及了教育的目的、内容和方法，而且可以说与人权教育、人权精神是非常一致的。教育的目的就是要使每个人保持本有的良善，或者达成至善的境界，从自我身心的完善，一直到对家庭成员、对朋友、对其他社会成员的尊重、关爱和扶持。我们现在的社会就是因为缺乏孝、悌、谨、信、爱众和亲仁，才会有这么多的家庭悲剧和社会悲剧。人权之所以不能得到尊重，根本的原因可能还在这个地方。在儒家思想之外，道家主张"为学日益，为道日损"，认为教育的根本目的不是增长知识，而是要减少过失，完善品行。佛教的基本教义——"诸恶莫作，众善奉行，自净其意"，对教育目的和内容的说明更加明确和深刻。与中国传统的和国外先进的教育精神、理念、思想相比，我们现在的教育可以说差距非常大。我们每一位从事教育工作的人，特别是从事高校人权法教学的人，都需要一起付出长期、艰苦的努力，去努力践行应有的教育之道。

人权教育和研究需要处理的五种关系[1]

班文战

人权法的教学和研究本身就是一个综合性的、多视角的、多领域的、多学科的范畴。以前，我一直有意无意地把人权法的教学和研究单纯地视为一种理论的、学术的活动，但我现在比较确定地认为，人权教育和人权研究本身就是人权行动，就是人权实践。也就是说，人权行动、人权实践不仅仅像我以前所理解的那样，只是和人权有关的立法、司法、执法活动，以及行动计划、纲领、方案、政策的制定和实施活动。这些以国家为主体的人权实践活动当然是非常重要的，但人权实践活动并不仅限于此。实际上，人权行动、人权实践应该是越来越广泛地吸收社会其他成员的参与。人权教育和研究，包括我们各位已经或者将要从事的高校人权法教学和人权法研究，同样是非常重要的人权实践活动，而且在某种意义上来说，比人权的立法、司法、执法以及政策的制定和实施更为重要，因为人权教育的目的就在于传播人权知识，培养人权技能，塑造人权态度，促成人权行动，建立普遍的人权文化，促进人权的普遍尊重、保护和实现。所以，人权的教育和研究应该而且也可以为其他的人权实践活动提供指导。

大家知道，中国的人权教育和研究仍然处于起步阶段。到目前为

---

[1] 本文是中国政法大学人权研究院班文战教授 2012 年 8 月 17 日在"2012 年中国高校教师人权法教学研讨会"上所做的专题讲座，由唐雄富、朱莎莎整理，班文战审校。讲座原来的题目是《人权国内保障》，根据讲座的实际内容改为本题。

止，人权研究的范围、视角、路径、方法、标准、材料、立场、态度和成果等方面都有很多不如人意的地方，人权教育的目的、内容、方法、规模和质量等方面还有极大的进步空间。人权教育与人权研究之间具有十分密切的联系，良好的人权教育要以良好的人权研究为基础，我们从事高校人权法教学的老师需要对这两个领域存在的问题有一定的了解和认识。所以，我想向大家介绍一下目前国内人权教育和研究的主要视角和路径，并简要说明一下在这方面需要处理好的五种关系。

一、理论与实践的关系

现在国内有一部分学者注重于人权理论的研究，特别是一些法理学家比较关注古今中外与人权有关的各种学说、主张和思想，甚至局限在法学理论领域：或者对古今中外的各种理论、思想和学说进行梳理和诠释，或者试图创新某种理论、思想或学说，或者利用某一种或某一些自己认为可以接受的或正确的理论、思想、学说来解释或指引人权实践。用某种理论、思想或学说来解释或指引人权实践有三种可能的情况：第一种可能是理论比实践更超前、更优越，这种情况下，理论是可以引导实践的，比如自然权利思想的提出对人权实践的影响是革命性的；第二种可能是理论与实践同步，在这种情况下，理论可以对实践进行解释、说明、注释，可以帮助人们来理解和认识这些实践，但对实践的发展不会有特别大的推进作用；第三种情况就是理论滞后于实践，在这种情况下，如果我们还是执着于某一种理论，无论是古代的还是当代的，无论是中国的还是外国的，无论是学者的还是政治家的，理论对实践的负面影响都可能是致命的。一种错误的理论得到的认同越多，或者成为一种主流的思想或者官方的意识形态，甚至被政策和法律所确立和体现，那这种理论对人权实践的影响有可能是毁灭性的。比如说，如果用白种人是优等民族的理论、男性优于女性的理论、人民与敌人势不两立的理论来说明人权实践的话，就会出现理论与实践不相符合的情况；如果用这样的理论来指导实践，甚至作为制定、遵守、适用、执行有关法律和政策的指导思想的话，我们就会发现，（行动）越努力，结果就越可怕，就会出现南辕北辙的结果。

人权研究既不能封闭在已有的理论上，也不能随意地创新。我们知道，技术创新可以给人类的生活带来便利，但同时也可能带来灾难，因为人类现在的智慧还不足以保证正确地使用已经拥有的这些技术力量。理论、思想的创新如果脱离了实践，或者说不符合事物的本质和发展规律，那就可能带来更为不利的影响。现在，中国政府以及很多教育和研究机构都在大力提倡和鼓励社会科学领域的创新，人权领域也不断有新的理论出现。比如说，前些年出现了一个"预付人权"理论，大意是说：每个人都可以"无例外地得到预付的任何一项人权"，或者说"生来就获得人类借贷给他的与任何他人相同的权利"，但是这些预付的人权是"有偿的"，一个人"如果拒绝了预付人权所要求的部分或全部义务，就视同自动放弃了部分或全部人权"。大家可以考虑一下，这里面会不会有什么问题？我觉得，一个人在提出某种新的理论的时候，如果绝对自信的话，可能不需要寻找任何的依据，否则就会寻找其他的理论作为支持，以此表明这种新的理论既有传统又有创新，但是又怎么证明作为支持的理论是可靠无误的呢？所以，当我们提出一种理论、主张、学说的时候，需要对这样做的目的、动机、根据和影响保持必要的、谨慎的、谦逊的态度。中国的人权研究的历史不长，既不必要妄自菲薄，也不应该妄自尊大，这个时候更多地还是需要谦逊地学习，不一定非要提出一种完全不同于所谓"西方国家"的"中国特色"的人权理论体系。

二、国际与国内的关系

我国目前从事人权法教学和研究的相当一部分教师或者研究人员具有国际法的背景，这些教师或研究人员在人权法的教学和研究方面有两种情况：一种情况是讲国际法的时候不讲国际人权法，原因可能是对国际人权法没有更多的研究，讲不出更多的东西，也可能是认为国际人权法没什么用。还有一种情况就是对国际人权法进行专门的研究或讲授，而专门研究或讲授国际人权法的老师的情况也有不同。比如说，中国社科院国际法研究中心的孙世彦老师是国际法博士，多年从事国际人权法的研究，但他自己有一个比喻，说他更关注国际人权法这个装水果的"篮子"，而不是装在篮子里的"水果"，也就是各种权利。我读的是国际法专业的硕士研究生，有十多年国际法的教学和研究经历，后来转到人权法领域。和孙老师不太一样，我是从关注国际人权法这个"水果篮子"开始，进而关注国际人权法所确认的各项实体权利，乃至国际人权法的国内实施，以及与之相关的人权国内保障，试图把握住国际法和国内法之间客观而紧密的联系。如果只是停留在国际人权法这个层面，只是关注国际人权法是怎么形成的、内容是什么、有哪些监督机制这些知识层面的东西，对我们的教学和研究当然会有一定的用途，但这还不够。如果仅仅是知道了、了解了这些东西的话，那么它还是像空中楼阁一样——不管是国家的义务还是个人的权利，都是悬在天上的，没有落到地上。只有抓住国际人权法的国内实施这个问题，国际人权法才不会是悬在天上的，才不会只是国家之间的政治的、意识形态的、外交的问题，才会体现出和每个国家、每个国家机关、每个个人、每个社会成员之间的客观而密切的联系。所以，如果在座的老师以前学习过国际法，现在想从国际法的角度去研究人权，或者做人权法教学的话，比如开设一门国际人权法课程，非常希望大家能够从国际人权法的规范和机制本身再深入一步，进一步关注国际人权法的国内实施，关注国家的义务怎样落实，关注国际人权法确立的各项权利怎么能够得到实现。当然，具有国内法背景的老师在从事人权法教学和研究的时候，也需要特别注意国际人权法的重要作用，尤其是对国内法的约束和指导作用。

三、法律与政治和哲学的关系

现在我们国内有一些人是从政治、国际关系或者哲学的角度研究人权。比如说，人权的普遍性和特殊性怎么理解呢？有人会说二者是辩证统一的关系，普遍性包含特殊性，特殊性是普遍性的体现。人权和主权的关系是什么呢？有人会说二者不是矛盾的、对立的，而是辩证统一的，既不能说人权高于主权，又不能说主权高于人权。这是一种世俗化的或者庸俗化的辩证唯物主义哲学的一种体现。另外，近年来国内国外相继发生了一些和人权有关的问题，但中国和外国的政府都会强调这些问题只是国内的政治问题、司法问题、经济问题、民族问题、反恐问题、主权问题，都不是人权问题。那什么问题才是人权呢？如果政治问题、司法问题、经济问题、民族问题、反恐问题都不是人权问题，那还有人权问题吗？没有了。一些政治学家、哲学家、经济学家在看待我们社会生活当中的这些问题的时候，把其中的人权因素剔除出去了，这应该是不符合现实的。所以，具有政治学、哲学背景的老师在从事人权教育和研究的时候，不能无视或轻视人权的法律因素，更不能把人权问题排除在政治、法律、经济、民族等问题之外。

四、国家与个人的关系

我们在从事人权教育和研究的时候，经常会特别关注国家的行为。很多人都会关注国家应该怎么样更好地尊重和保障人权，也有的人可能会关注国家怎么能不受人权这么多的约束，怎么能更好地控制、管理有关的人权活动。从国际层面来看，很多人会关注国家承担的国际人权法律义务，以及如何与其他国家和国际组织开展人权领域的交流与合作，也有不少人关注如何与其他国家在人权领域进行斗争。如果人权的教育和研究只是停留在国家这个层面，甚至把人权作为国家的一种政治手段或工具的话，这就危险了。所以，我们一方面要注意避免使人权成为国家政治斗争、意识形态斗争、谋取私利的工具，另一方面要注意从个人的视角来看待人权，促使个人能够充分地享有这些权利。

那么人权体现在什么地方呢？有人可能会说，在联合国人权高专办网站上的资料里，在国际人权公约里，在中国政府的白皮书里。实际上，那些都只是记载人权的一些文书、文件，是人权的一些形式上的体现。其实，人权和人权问题就存在于我们的日常生活当中。如果脱离了人的生活，人权就不可能存在，即便在形式上存在，也是没有用的，因为它和我们每个人的生活没有关系。我们为什么要进行人权教育，为什么要开设人权法课程，为什么要研究与人权相关的国内的法律、政策和行为，就是因为人权和我们每个人的生活息息相关，须臾不可分离。有了这样的认识，我们在进行人权法教学的时候，就不会觉得人权只是一个学术性的或者空洞的理论或者说教，学生也不会认为人权是和自己没有关系的事情。

五、当代与传统的关系

从人权概念和制度的起源来看，人权是西方的或者说是以西方为主的。但是，随着人权国际保护的不断发展，人权在当今已经成为所有国家和所有人民努力实现的目标。既然我们国家也已经把人权作为自己的理想和奋斗目标，已经承认人权具有正当性，那就需要从我们的文化传统中寻找有利于人权的尊重和实现的思想基础。当代人权主要体现在联合国人权文件，包括核心国际人权条约里面，它的基本精神是互相尊重，是各种关系的适当平衡，是所有个人、所有民族、所有种族、所有群体、所有宗教、所有信仰、所有意识形态、所有国家之间的和谐相处。尊重、平衡与和谐的基本精神可以在中国的传统文化中找到契合点。比如说，中国传统文化中"恕"的思想就体现了彼此尊重的人权精神，就是说任何人的权利不得被任意地侵犯、剥夺，个人不要侵犯他人的权利，政府也不要侵犯、剥夺个人的权利，所谓"己所不欲，勿施于人"。我们传统文化中还有一种"中"的思想，其中就有不能极端、不能失衡、不能过度、不能不足的意思。从人权的角度来理解，在个人和个人之间，每个人都是平等的权利主体，我尊重你的权利，你尊重我的权利，这就是一种平衡。如果说我不尊重你的权利，你不尊重我的权利，这就是失衡。在不同的权利之间也需要有这样的平衡：比如说，我有我的表达自由，你有你的人格尊严，我不能因为行使我的表达自由而损害你的人格尊严。在个人和国家之间同样要有这种平衡：个人有权利，国家有义务，个人是人权的权利主体，国家是人权的首要的义务和责任主体，但是个人同时也对国家和其他社会成员负有义务和责任；当个人行使权利的行为对国家安全、公共安全、公共道德、公共秩序构成威胁或者造成伤害的时候，个人行使权利的行为就要受到适当的约束，所谓"过犹不及"。我们传统文化中的第三种思想就是"和"，所谓"和而不同"，而不是"同而不和"。"和而不同"体现了普遍性和特殊性之间的关系，是对二者关系的一种比较理想的诠释。认识到文化传统与当代人权的契合之处，就可能有助于避免对人权的一味排斥交流互动，也可能有助于促进人权的尊重、保障和实现。

交流互动

问：您刚才谈到的"预付人权"理论和"天赋人权"等人权理论

有什么差异，或者说对人权的实现有什么影响？是否存在"和谐权"这样一种权利？

答：我在阅读关于"预付人权"的那篇文章的时候也有过一些困惑和疑问。另外，我也看过一篇博客上的文章，题目是《什么人权？哪种公正？》，对这种理论的主张、基础和论证都有分析和评价。简单来说，"预付人权"理论不赞成"天赋人权"的价值依据，认为人权的"预付"在主体上是无例外的，但在不同时期是有差别的，而人权的"保有"是有条件、有成本、有代价或有偿的，已经"预付"的人权也是可以自愿丧失的。这种理论强调人权的享有需要以"履行做人的义务"为前提，我觉得这既可以作为尊重人权的理由，也可以作为限制或剥夺人权的理由。

"和谐权"现在被一些学者倡导或接受，在应有人权的意义上，至少对于倡导和接受这一权利的人们来说，可以说是存在的。但是，我还没见过哪个国际人权公约或者中国或外国的国内法律文件把"和谐权"确认为一项法定权利。所以从法定人权的意义上，可以说"和谐权"还没有被接受为一项人权，也可以说是不存在的。

问：我们国家传统文化中的儒家思想，比如说"仁"，以及"老吾老及人之老，幼吾幼及人之幼"，都反映了一种和谐的、帮助别人的思想，对一般人的生存权、安全权的保障确实有一定的积极意义，但这主要是对个人的道德的要求。传统文化中有没有一种理论可以作为要求国家尊重和保障人权的思想基础呢？

答：您这个问题涉及传统文化在当代人权实现当中的地位和作用。这个问题确实引起了越来越多的关注，不论是政府方面还是非政府方面都会有不同的态度，或者是想把中国传统文化作为当代中国的一种财富，使它能够在国内人权保障乃至国际人权领域当中发挥先导的作用、指引的作用、基础的作用，或者是用来证明人权不仅仅是西方的产物，或者是为接受或实施国际人权标准提供一个本土资源，或者是为拒绝接受或实施国际人权标准寻找一个特殊国情。总之，这个问题十分复杂，需要把它作为一个课题来专门研究一下。

　　中国的传统文化当中有没有讲到国家应该怎么处理与个人的关系呢？这样的内容应该是很丰富的。比如说，《论语》《孟子》《道德经》等儒家和道家的经典里面都有许多直接针对统治者如何对待臣民的劝诫和忠告。此外，儒家、道家乃至佛教所倡导的人与人之间彼此交往的准则几乎都是适用于统治者的。按照儒家的标准，一个好的统治者首先应该是一个好的个人和家长，而且要具备足够的智慧和良好的品行。按照道家的标准，一个好的统治者也要能够体悟并遵循自然的法则。从当今社会来看，符合这些要求的统治者一定会尊重和保护个人，怎么还会去侵犯人权呢？如果人人都能做到仁、义、礼、智、信，都能够按照自然的法则去处理与他人的关系，都能"诸恶莫作，众善奉行，自净其意"，那么世间种种不和谐、不稳定、彼此冲突、相互争斗、自相残杀的现象就都不会出现了。

我国高校硕士研究生人权法学专业/ 方向的设置和运行[1]

班文战

我们今天上午交流的主题是我国高校硕士研究生人权法学专业或方向的设置和运行。现在有越来越多的学校已经设置或者准备设置人权法学专业或方向，在座的有的老师已经参与了这样的工作，还有的老师准备做这样的工作。即便我们老师只负责讲授人权法的课程，也需要对人权法学专业或者方向的设置和运行情况有所了解，因为我们的授课也是在这个背景和环境之下进行的。尤其是我们要想在授课之外进一步推动硕士研究生的人权法教学，就需要和我们的同事去交流，需要和我们的领导去交流，需要对这样的专业或者方向的设置和运行问题有所了解。所以，对于很多老师来说，这是一个基础性的问题，也是一个很重要的问题。出于这个考虑，我想向大家介绍一下我国高校人权法学专业或方向设置的情况，包括它的背景、现状和未来的发展趋势，以及设置人权法学专业或方向可能面临的一些问题，希望能引发大家对这一问题的关注和对未来工作的思考。

一、我国高校人权法学专业或方向设置的背景、现状和发展趋势

人权法学专业或方向的设置是高校硕士研究生人权法教学当中的一个重要问题。要讨论这个问题，需要简单回顾一下我国高校硕士研究生

---

[1] 本文是中国政法大学人权研究院班文战教授 2015 年 8 月 20 日在"中国高校硕士研究生人权法教学研讨会"上所做的专题讲座，由秦鹏博整理、班文战审校。

人权法教学的大致发展情况。我国高校硕士研究生人权法教学的背景，可以简单地概括为国内和国际人权实践的发展。这种国内和国际的人权实践的发展，为我国高校的人权法教学，包括硕士研究生的人权法教学，提供了重要的基础。随着国内和国际社会越来越强调人权的重要性，人权教育的必要性在世界范围内日益受到重视，越来越多的学者、教育机构、研究机构、非政府组织、社会团体、政府、政府间国际组织都在纷纷开展或促进人权教育活动，这就为我们国内高校的人权法教学，包括硕士研究生的人权法教学，创造了内部的和外部的条件，使它成为可能，或者说从可能成为现实。

在这个背景之下，从 20 世纪末开始，我国高校的人权法教学，包括硕士研究生的人权法教学，经历了一个从无到有、由少到多的过程。在这个过程当中，有两个现象大家可以关注一下：一个是上下互动，一个是内外结合。所谓上下互动，"上"指的是政府层面，"下"指的是非政府层面，包括我们所在的单位，也包括我们教师个人。中国高校的人权法教学，最初的时候是自下而上，以下为主。20 世纪 90 年代，中国政府虽然已经承认了人权概念的正当性，也在参与人权的国际交流，并认同联合国关于人权教育的精神，但是在开展人权教育方面还十分谨慎，也可以说比较保守。相比之下，国内有一些个人在人权教育方面，特别是在高校人权法教学方面有比较敏锐的意识，并且开始从事这方面的工作。十多年来，在多种因素的共同作用之下，中国政府在人权教育方面的立场和态度越来越积极，但总的来说，可能还是自下而上的推动要更多一些，也可以说，一些个人和单位要比政府更加主动和积极。所谓内外结合，是指国内的有关机构和个人与国外的有关机构和个人在人权教育方面相互交流与合作，最初基本上是由外向内，以外为主。我们都知道，与其他一些国家相比，中国的人权教育和研究起步确实比较晚，到现在还不到 20 年。比较年长的老师，包括我本人在内，在大学和研究生期间都没有学习过人权法，只靠我们自己的力量是非常难以开展人权教育活动的。从 20 世纪末开始，国外的一些专家和机构积极主动地来促进、推动国内人权教育和研究的开展。1998 年，挪威奥斯陆大学的挪威人权研究所，也就是现在的挪威人权中心，与中国政法大学和外交学院签署了一个三方合作协议，集合了中国、挪威、瑞典、丹麦和芬兰的几十位专家学者，用将近四年的时间，编写了两卷本的《国际人权法教程》。这个教程在 2002 年出版，现在来看是比较陈旧了，但它可以说是中国大陆出版的第一本正式的人权法教材。从此以后，挪威人权中心、瑞典隆德大学的罗尔·瓦伦堡人权与人道法研究所和丹麦人权研究所这三个北欧国家的人权机构，还有其他一些国家的学术机构和非政府组织，以及一些国际组织，一直在以多种形式帮助推动中国大陆地区的人权教育，特别是高校的人权法教学，使我国高校的人权法教学从无到有，并且取得了显著的进展。

目前，我国高校硕士研究生人权法教学的形式有的比较零散，有的比较系统，大致有五种形式。第一种形式是专题讲座，这种形式比较便利，一般不需要太多投入。第二种形式是课程，又可分为两种情况：一种情况是在现有的法学课程当中，特别是在法学理论、宪法、行政法、刑法、刑事诉讼法、行政诉讼法、国际法和其他一些与人权联系比较直接和密切的课程当中进行人权法教学，在座的很多老师都有这样的经验；另一种情况就是设立专门的人权法课程，有的是像人权法、人权法学、人权法专题、人权原理这样的综合性课程，有的是像国际人权法这样的某个领域的课程。第三种形式是研究方向，像中国政法大学曾经在法学理论专业之下设立过人权法学研究方向，现在在国际法学专业之下还有一个国际人权法研究方向，其他一些学校可能也在不同专业之下设立了人权法的研究方向。第四种形式是一种比较特殊的人权硕士项目，像北京大学法学院与罗尔·瓦伦堡人权与人道法研究所合办的 Human Rights Master Program（人权硕士项目），它开设了八门课程，学生读完这个课程之后会得到一个证书。第五种形式就是人权法学专业，或者叫二级学科。现在已经有三所高校设置了人权法学专业或者二级学科：第一个是中国政法大学，（设置）时间是 2006 年；第二个是四川大学，（设置）时间是 2013 年；第三个就是刚刚完成备案工作的西南政法大学。

从各位老师提交的材料来看，现在还有一些学校也有设置人权法学专业或方向的设想。比如说，内蒙古大学、复旦大学、上海师范大学、广西民族大学、山东商学院打算设置人权法学专业，青岛大学、辽宁大学、湖北大学、郑州大学打算设立人权法研究方向。我相信，会有更多的学校有设立人权法学专业或研究方向的设想、计划或方案，这应该是一个趋势。如果将来政府能够更加积极和主动地促进和推动人权教育的话，这方面会发展得更快。

二、我国高校设置人权法学专业或方向面临的问题

在高校设置人权法学专业或研究方向会面临许多问题和困难，大致可以概括为四个方面：一是正当性或合法性的问题，二是必要性的问题，三是可行性的问题，四是现实性的问题。

正当性和合法性这个问题，本来从理论上来说已经解决了。不论是我国的宪法，还是一些基本法律，还是中央政府或党的政策，还有政府的两份国家人权行动计划，其实都已经肯定了人权教育的正当性和合法性，特别是第二份国家人权行动计划还专门表示要"支持人权相关学科和专业建设"。从国家总的态度和立场来看，可以说是法律上不禁止，政策上有鼓励：法律上，你看不到哪个法律明文禁止设立人权法学专业或方向，不禁止就可以说是合法的；政策上，政府不仅有一些原则的立场和态度，而且有一些具体的举措，比如说我们现在的八个国家人权教育与培训基地都是政府决定建立的。尽管如此，正当性和合法性的问题在现实层面并没有完全得到解决，主要是有关方面对相关法律规定有不同的理解、做不同的运用。尤其是教育、宣传、安全、法律、外交和其他一些相关领域的主管部门和具体负责部门的一些领导和工作人员，包括大家所在单位的一些领导和工作人员，可能会认为某些人权法教学活动是不符合法律的，当然，他们不一定是指老师开设的这个专业、方向或者课程不合法，但可能会说老师讲的内容或者方式不合法。相比之下，政策方面的问题可能更大一些，因为政策有相对的灵活性，而且中央有中央的政策，地方有地方的政策。不论是中央政府层面，还是执政党层面，都在鼓励或者倡导人权教育，但地方政府和单位领导可能会觉得某种人权教育活动不符合政策。尤其是我们的政策总是不停地变化，很多政策是公开的，还有很多政策是我们不知道的、内部的或者机密的，再加上很多直接主管或负责的领导可能会为我们教师本人担心，为我们的学生担心，为所在的单位担心，或者为自己的前途担心，就可能建议或者劝说我们不要做了。

第二个问题是必要性。有没有必要设立一个人权法学专业或者研究方向？这可以说是一个没有受到广泛重视的问题：不仅是很多从事人权法教学的老师自己不会关心这个问题，我们所在的教研室、研究所、院、部、系或者学校的领导，乃至中央或地方的教育主管部门可能也不会关心或者重视这个问题。我们知道，中国的大部分高校或者直接由中央政府管理，或者由地方政府管理，行政色彩是非常强的，政府的决策对高校教育的发展有着非常重大的影响，这种影响可以是积极的，也可以是消极的。比如说，如果教育部真的要大力推广人权教育，很多的法学院和其他学院很快就会开设起人权法课程，会编教材，会设置人权法的专业或研究方向。从学校或者院系的角度来看，单位领导在是否有必要设立人权法学专业或研究方向的问题上，除了法律和政策方面的担心之外，可能更多地会考虑能不能适应本单位在学科建设、人才培养、理论研究、社会服务、学术交流等方面的发展目标，或者说能不能满足这些方面的要求。从个人的角度来看，主要涉及我们从事人权法教学的老师，特别是给研究生授课的老师，而老师们对这个问题的看法和态度也是不一样的。

第三个问题是可行性。我们要设立一个人权法学专业或研究方向需要具备什么样的条件？这是一个需要认真权衡的抉择性问题。其实我们也知道自己面临的问题可能并不是没有条件，而是有关方面不愿做，或者认为不能做。现在，高校里面从事人权法教学或者研究的老师越来越多，和十几年前相比，设立一个人权法学的研究方向或者专业的师资条件肯定要更好。至于资金条件，应该不是一个特别大的问题。因为很多学校有那么多的资源，完全可以用于学科建设，包括人权法学学科的建设。

最后一个问题是现实性。如果一个单位的领导认为，设置一个人权法学的研究方向或专业不存在法律和政策上的障碍，也很有必要，也有条件，那怎么让它成为一个现实呢？这是一个需要努力实践的技术性和策略性问题。我可以结合国家教育主管部门的规定和我所在的学校设置人权法学专业的情况，给大家简单地介绍一下设置人权法学二级学科或专业需要经过的几个步骤。

目前，国家教育主管部门在二级学科或专业的设置方面有三个文件：第一个是国务院学位办和教育部 2009 年联合印发的《学位授予和人才培养学科目录设置与管理办法》，第二个是教育部办公厅 2010 年印发的《授予博士、硕士学位和培养研究生的二级学科自主设置实施细则》，第三个是国务院学位办和教育部 2011 年联合颁布的《学位授予和人才培养学科目录》。前两个文件分别规定了设置和调整二级学科的原则、条件和程序，是设置人权法学二级学科的主要政策依据。按照这两个文件的规定，人权法学由于不在教育部编制的二级学科目录之内，它的设置需要履行"目录外"二级学科设置的程序，主要有五个步骤：第一步是由学位授予单位提出设置二级学科的方案，并论证它的必要性和可行性。中国政法大学人权法学二级学科的设置有一个比较曲折的论证过程。2005 年 5 月，经人权与人道主义法研究所提议，学校开始组织校内专家对人权法学研究方向的设立进行前期论证。同年 12 月，学校决定设立人权法学二级学科，并向国务院学位办申请备案，在备案表中简单说明了设置该学科的理由。2009 年新的学科设置管理办法发布以后，学校按照这个管理办法的要求，对人权法学二级学科的设置进行了一次补充论证，比较正式地提交了一个关于增设人权法学二级学科的建议书。教育部办公厅发布二级学科自主设置实施细则之后，学校在 2012 年又被要求对人权法学二级学科的设置进行重新论证，提交了三份材料：第一个是《自主设置目录外二级学科论证方案》，第二个是《自主设置目录外二级学科专家评议意见表》，第三个是《自主设置目录外二级学科备案表》。现在如有学校决定设置人权法学二级学科，就需要按照教育部办公厅实施细则的规定提交这样的三份论证材料。单位论证之后的第二步是方案评估，要由学位授予单位聘请 7 名或 7 名以上的外单位同行专家对学科设置方案进行评议，而这个外单位同行专家必须是有博士学位授予单位的博士生导师。第三步是方案公示和质询，由学位授予单位在每年的 9 月 30 日之前，通过教育部学位管理与研究生教育司指定的信息平台，将二级学科设置的论证方案和专家评议意见等材料进行公示，在 30 天内接受同行专家和其他学位授予单位的质询。第四步是决定设置二级学科，由学位授予单位根据公示结果和本单位学位评定委员会的表决结果，做出增设二级学科的决定。第五步是备案，学位授予单位在每年 12 月 31 日前，将增设的二级学科名单、公示材料、公示结果等材料报教育部有关职能部门备案。

我们在人权法学二级学科的设置和实施过程中有一些成功的经验，我把它简单概括为三个方面：一是"天时"，就是要利用国内和国际人权教育的背景，把握国内法律和政策发展的时机。二是"地利"，就是要在我们所在的单位创造各种条件，要有必要的人员，最好是有专门的机构，还要有相关的课程和充分的资料。三是"人和"，要有校、院、系、部、处各级领导的支持，要有研究生院、教学单位、教学主管单位、科研主管部门以及人事、财务、外事、后勤等各个机构的配合，还要有同事的协作，要有一个团队来共同做这个事情。

通过参与公益诉讼开展硕士研究生人权法教学的经验和体会[1]

周　伟

　　我主要讲三个问题：第一个是怎样通过公益诉讼开展人权法教学，第二个是通过公益诉讼开展硕士人权法教学的一些做法，第三个是一些思考。

　　第一个问题：怎样通过公益诉讼开展人权法教学。我认为，首先需要教师对社会实践中那些可以作为公益诉讼的案件类型做一些思考，同时要做一些观察和积累，也就是说要有一些理论准备。当社会现实生活中出现一些案例的时候，教师可以在教学的过程当中发现这些案例的教学价值或鼓励学生的参与。我们教师的优势就是有一定的理论，并把理论运用于实践。没有这样的积累，要做好教学还是比较难的。现在的条件和环境比以前要好得多。我在 2010 年之前做公益诉讼做得比较多，有十多个，那个时候还没有公益诉讼的法律规定，而现在有了。尤其比较明显的是，环境公益诉讼和消费者权益公益诉讼已经被纳入我们的法律制度之内，我们开展这两类工作没有法律上的障碍。在开展公益诉讼的过程中，我们还要善于发现学生的热情，给他们一些鼓励和专业上的支持，这是我们老师可以做到的一些事情。

　　第二个问题：我们是怎么做的。我们的做法主要是支持或指导本科

---

　　〔1〕　本文是四川大学法学院周伟教授 2015 年 8 月 23 日在"中国高校硕士研究生人权法教学研讨会"上所做的主题发言，由郭超整理、周伟审定、班文战校对。

生、研究生代理或协助代理当事人起诉。早期的案件是 2000 年王勇、陈青松、李红卒（四川大学法学院 1998 级学生）诉成都家家快餐有限公司粗粮王红光店对非公务员消费者区别收费就餐案，以及 2002 年蒋韬（四川大学法学院 1998 级学生）诉中国人民银行成都分行录用行员要求身高条件案。刚好那个时候我在研究平等权，几个同学拿着银行的招聘启事问我要求身高有没有法律依据？可不可以起诉？如果我们作为原告一方，老师能不能支持？在这种情况下，老师就要给肯定答复，还要给学生讲透法律上是怎么一回事，要有一些具体的指导。2002 年的一个案子是张家祥等 8 人（四川大学法学院 2001 级学生）诉峨眉山市峨眉山风景旅游管理委员会对外地消费者收取 4 倍于本地消费者票价案。2001 级本科生还参与了 2003 年 "张先著诉安徽省芜湖市人事局录用公务员拒绝乙肝病毒携带者案" 的诉讼代理工作。起初，学生在 "肝胆相照" 的网站上发现张先著想起诉，想给他提供一些法律意见。一个本科生负责与当事人沟通联系，三四个法律硕士生负责法律论证，写了一万五千字的代理意见，最后由老师做一些修改。（我们在）起草代理意见之前做了一些讨论，主要从三个方面表明法律观点：体检标准本身是否符合宪法平等的原则？体检标准本身是否符合正当性？该案本身符不符合体检标准？一审过后进入二审，二审期间继续围绕一审裁判那几个观点展开论证。学生在做的过程中确实有所收获，法律专业能力也得到了提高。比如，参与该案法律论证主笔的硕士研究生后来参加许崇德宪法学发展基金首届学术征文，成为全国获奖的第一个法律硕士生。大家熟悉的 "年龄歧视案"（杨世建诉人事部拒绝 35 周岁以上公民公务员报名考试案），原告也是我们 2003 级的硕士研究生，起诉人事部限制公务员的报考年龄。我们从宪法、公务员法上给他分析了一下，建议他可以尝试，如果要起诉，我们老师可以做代理人，这样会增加他起诉的信心。当年他写的硕士论文就是关于年龄歧视的，我就建议他将该案结合自己的硕士论文来思考，同时要把不同国家、不同类型的公务员岗位对于年龄的一些要求、规则搞清楚，然后再对公务员的年龄要求做一个分析，最后得出一个结论。这是在他毕业那年做的一个案件，对他本人的能力有很大的提高。通过这个案件，他知道自己的短板在哪儿，如何在法律上集中表达一些观点。第六个案件是一个涉及男女同龄退休的案件（周香华诉中国建设银行平顶山市分行强制女性职员55周岁退休案），由2003级的法律硕士生作为原告的代理人，代理了一审和二审。这个案件从进入仲裁程序就开始写法律文书，但论证要稍微容易一些，因为国外的类似案件和国内男女平等的资料较多，可供参考的范围较大。第七个案件是2005级的法学硕士研究生代理的一个"长相歧视案"（秋子诉上海昂立教育投资管理咨询有限公司录用员工因容貌辞退案），他在代理该案过程中，结合代理意见写了关于长相歧视的毕业论文。第八个案件是我在上海交通大学法学院当兼职教授期间代理过的一个诉讼案件，上海交通大学两个硕士研究生参与了一审、二审、再审，能力提升很快，因为每一审写的东西都不一样。第九个案件是2007级宪法行政法专业的法学硕士研究生在重庆代理的"残疾人歧视案"。他们组成一个小组，写了一万字左右的代理意见。案件经过一审、二审，二审法院的法官也认为我们很专业。第十个案件是2008级和2009级硕士研究生在重庆代理的一个"同命不同价"案件。最后一个案件是2010年由四川大学的学生和上海交通大学的学生一起代理的一个案件。

代理案件的过程可以总结如下：其一，最好与学生写硕士论文或者发表文章结合起来，这样在写代理意见的过程中就可以展开（论证）。其二，学生发现线索以后，搞不清楚不要紧，可以继续论证，在论证的过程中不断尝试。其三，学生做公益诉讼的过程中，有参与经验和没有参与经验的学生最好组成一个团队，并要有一个核心。

第三个方面是一些思考：第一点，我们身边会发生很多公益诉讼的案件，老师的引导很重要。对学生提的问题拿不准的，可以一起讨论，不要马上作出结论，甚至打击学生的积极性。第二点，要尊重学生。学生有做这个事情的意愿，老师就要鼓励，没有这个意愿，就不要去强迫。每个学生类型不同，我的经验不一定可以复制。第三点，要把握分寸。2002年到2010年，公益诉讼可能刚开始，我主要是从反歧视、平等的角度来开展，其实这是我研究的一个方向，我是在学术研究过程中逐步展开的。从人权教学的角度来看，人的权利有多种，哪一些权利比较适合做公益诉讼呢？（我们）选取的案件一定要有公益性，即社会关注度比较高。而这需要靠自己去观察，哪一些属于当下社会普遍关注的，哪一些属于社会关注但不适合做公益诉讼的，需要自己去分辨，要把握哪些可以做，哪些不能做。另外，要开放对待媒体，不要把自己捆绑起来。最后，可以和检察院合作，检察院作为可以提起公益诉讼的国家机关，对此可以起到支持作用。

通过法律诊所开展硕士研究生人权法教学[1]

李秀华

我跟大家分享的是从人权法的视角进行法律诊所的运行。我想从三个维度来跟大家共同探讨：第一个是做法律诊所的背景，第二个是从人权视角下推进法律诊所运行的目标，第三个是法律诊所运行机制的优化。

我刚才听了各位非常高深的理论。如何把人权法的理论和思想应用在实践当中，这是我特别想和大家共同探讨的。这不仅仅是一个法学教育的问题，恐怕还涉及其他方面的问题，不单单是我们国内法学教育的问题，也是全球很多高校共同关注的问题。当你做法律诊所的时候要不要提人权，这也是我们很关注的问题。很多法律诊所的老师说，我们只谈方法，只谈理念，根本不会谈人权的问题，所以法律诊所的老师在讲课的过程中谈人权的是比较少的。但我个人认为，我们聚焦对弱者的保护，一定和人权有一定的关联。所以，我很希望我们的理论、我们的研究成果不仅仅停留在理论的维度。有老师提到，作一个刑法学的老师风险很高，作一个刑辩律师的风险更高，作刑事法律诊所的老师和同学的风险同样很高。当律师自己阅卷都很难的时候，学生如何去阅卷？为什么会出现这样的问题？是不是也涉及相关问题的研究？不能说问题出现了我们不去面对和处理。所以，法律诊所的一个理念是不仅仅要像法官、律师、法律人那样去思考，还一定要有行动。所以我觉得，人权的

---

[1] 本文是扬州大学法学院李秀华教授2015年8月20日在"中国高校硕士研究生人权法教学研讨会"上所做的主题发言，由秦鹏博整理、班文战校对。

理念和法律诊所真的有密切的关联。

美国一个非常著名的学者认为，评估法学教育，不仅仅是看教师的专业发展和学生的综合素质，还要看法律诊所、法学教育对这个社会是不是有一种改变和推动的作用，我觉得这一点很重要。耶鲁大学法学院的副院长在30多年前就是一个诊所的学生，他曾经和一群同学为海地难民维权，与美国政府和总统打官司并最后胜诉。这样一个案子告诉我们什么呢？法律诊所和人权没关系吗？和社会发展没关系吗？是不是仅仅是一种教学方法的阐释？我觉得，人权法老师应该更多地参与到这种实践当中，把一些理念、原理、规范和静态的东西运用到实践当中。

我们的课程设置和一般的课程不太一样。我们上课的有诉讼法的老师、国际法的老师、其他方面的一些老师，还有法官和律师。我们关注的是个案和当事人的处境，以及促进当事人个体价值实现的需要，是一个很具体的、微观的、实践的操作。但是，一个个案会反射出很多的东西，它不单单涉及刑法、民法的问题，可能还涉及人权的问题，所以我们会反思个体还有社会对此的感受，跳出个案，关注社会。

我觉得，法律诊所不仅仅是为了教育目标的实现，同时还要推进社会的改革与变化。我们从2005年开始启动法律诊所教育，越来越多地去关注社会的变化发展，关注学生的成长，关注老师的成长。我们要培养有技能、有责任感、有仁爱之心、有公益之心、关注社会发展、有人权意识的学生。培养这种复合型人才，理想的诊所老师一定要有一定的人权意识和公益意识。所以，我们的目标也包括渗透人权法的精神，推进法治建设，因为我们会关注那些最弱势的群体——妇女、儿童、老人、残疾人等。我们在讲课的过程中都会把国际公约涉及的相关问题渗透进来，可能我们不会用国际公约去打官司，但这种精神是要有的，一定要用其中的精神来指导我们的司法实践。我们曾经办理一个案子，涉及女方挨打。学生去调查的时候，家里所有的人都在指责这个女方，说她有婚外情。可为什么有婚外情呢？原因是丈夫经常打她。大家想一想，到底怎么来看待这个问题？我在2014年参加了中国教育诊所委员会举行的一个全国诊所教师培训，在大会发言的时候把这个个案拿出来。这个案例后来被（一名）哈佛大学的老师作为一个范本，在培训老师的时候，以此来模拟解决很多国家都面临的一个道德上的困境。这里涉及很多技术性的辅导，要有国际化的视野来进行训练。所以，人权的理论和思想不能仅仅在校园开花结果，一定要在社会上发挥作用。

我们做法律诊所的时候会面临很多困境，有思路的问题、服务方法的问题，还有怎么去创新的问题。比如，如何去建立多维的服务体系？如何进行多机构的合作？如何把人权的视角、心理学的视角以及社工服务这样一些非常科学的前沿视角纳入法律诊所教育？如何超越个案，让个人、学校还有社会多方受益？我们应对的挑战很多。我为什么强调人权视角的介入呢？因为我们在带领学生处理婚姻家庭案件的时候难度特别大。受虐妇女综合征的问题、婚内强奸的问题、家庭暴力罪的问题、对施暴者关注的问题，每一点都要吸收国外有益的经验。还有同性恋的权利保护问题和社会性别视角的介入问题。怎么来看待男女的不同？为什么女性犯罪都是集中在婚姻家庭当中？为什么会有这样大的反差？只有人权理念还是远远不够的，还要用社会性别的视角来解读。在婚姻家庭案件、反家庭暴力案件中，心理视角的介入和对一些家庭暴力案件的风险评估尤为重要。很多律师不敢接手的案子，我们基本上也不会拿到诊所来尝试。我们还有一整套的法律诊所的教学管理和评估的机制，也有一整套的管理制度。在课堂结构方面，我们会请律师、法官、心理专家甚至当事人走进课堂。当然，当事人进课堂不是做报告，一定要有诊所的老师来总体统筹和规划。另外，我们事先要在理论课堂上做一些最基本的知识的讲授，还会侧重进行证据、案件代理、谈判调解和其他一些技术性的训练。

人权的理念在于行动。如何让人权的思想理念落地、接地气？就是到社区去，咨询、宣传、宣讲，还有真实案件的代理，这一点很重要。我们也曾多次把课堂搬进社区，在电台做热线，由社工、心理专家、法律专家给大家传播一些有益的知识。此外，我把我的很多教学成果转换成政协提案和人大议案，并且得到了一些肯定。

　　法律诊所和人权法有很多的关系，它让我们重新认识到什么是人权，让我们认识到帮助弱势群体和改善社会现状之间的密切关联，让我们变成更好的人和更有责任感的老师，也让我有机会认识这么多人权法的老师。

参与司法实践与人权法教学的相互促进[1]

牟瑞瑾

司法实践和教学彼此之间的话题看似互益，但实际上分歧非常大。法学专业教师能否代理一些案子？对此我觉得值得探讨。我的教学理念一直是："法律的生命在于实践"。所以，我主张无论在什么情形下都应该坚持法学实践教学方法。学生到实践部门实习是法学专业的一种学习方法，我们老师通过代理具体的案件，把代理过程中发现的问题、思考的问题积累、总结起来，运用到教学当中，好处非常多。就我所在的东北大学的人权法实践教学的目的来说，最基础的第一步就是培养学生的人权理念和人权观念。（我们）采用的培养方法有三种：一是我本人参与司法实践，将代理案件所涉及的与课程相关的知识点有针对性地予以采集，然后在具体教学环节中予以运用，进行真实案例教学，有别于通过网络和其他媒体等途径收集的案例的教学；二是用比照的方法教学，即将国际公约确定的一项人权制度或者某几个最低的刑事司法标准与我国的刑事立法、刑事司法相对照，看看我们国家现实立法是什么样的、司法是什么样的，我们还有什么其他的问题；三是模拟法庭教学，就是选取我所代理的案子进行模拟法庭辩论，把一手材料给学生，然后不断对双方进行分别辅导。由于我选用的是第一手资料，所以教学过程中学生出现任何疑问，我马上就能反应过来案件事实到底是怎么回事，

---

[1] 本文是东北大学文法学院牟瑞瑾副教授 2015 年 8 月 23 日在"中国高校硕士研究生人权法教学研讨会"上所做的主题发言，由郭超整理，牟瑞瑾审定，班文战校对。

双方的争执在哪儿，应该从哪些方面予以补充，等等。这种教学方法能培养学生的问题意识，学生将来从事司法实践，这对他们的人权观念的培养至关重要。

参与司法实践对人权教学的促进作用是不言而喻的：一方面是教师本人的收获，另一方面是对学生的影响。

在本人收获方面，通过代理案件，可以获得相关案件信息的第一手资料。例如，我在会见当事人的时候，当事人跟我怎么说、我关注哪些问题、怎么问他、他介绍了什么细节，从中我就在思考为什么是这样的。用这种方法所获得的法学专业知识，与我们看教材、听广播、看报纸获得的知识相比，有着很大不同，属于第一手资料，更真实、更有针对性。除了真实之外，这种收获也是立体的、全方位的，经常体现在诉讼中的每个环节，比如刑事案件的侦查环节、起诉环节以及审判环节，都能一一感觉到。这样获得的案件信息还是细致的、具体的，能够获得一些细节的问题。所以，基于上述这两方面的特点，如果我从人权角度去思考自己所代理的案件，就会在一定程度上避免一些主观性的或者教条性的教学。否则，如果上课的案例基本都是从报纸、杂志等材料阅读而来的，认识不一定能非常到位。此外，用自己所代理的案件进行教学，除了案件的分析可以减少一些主观性、教条性，对问题解决对策的思考可能也会减少一些想当然的东西。当然，我也跟学生强调，必须要先看最基础的法理、人权法的基本理论以及诉讼法、刑法等一些最基本的东西，在这个基础之上来思考问题存在的原因是什么，到底应该怎么办。在教学中，我一般会把对原因的分析作为一个重点。我总打一个比方，这就像医生给人看病似的，病因找不出来，怎么给人出药方？所以，对于老师本身来说，参与司法实践可以弥补查阅资料的不足，这些不足大家在学习研究当中都能感觉到。

从对学生的影响方面来看，我给学生讲参与司法实践过程中获得的信息的时候，学生能感觉我身上流露出一种正能量的东西，我觉得这个很重要。遇到这件事我是怎么做的、我发现了哪些侵犯人权的问题、我是怎么进行交涉的、这个交涉的目的是什么，甚至包括张思之老师"不以成败论英雄"这样一种为人权而战的思想，我都给学生进行灌输。有的时候你在办案过程中非常难，你怎么办？你就得争取。我觉得，自己身上这种正面影响有利于树立我们学生的司法伦理观念。在参加司法实践过程中，我发现一个司法伦理欠缺的问题。对此，我们现在的学生是坚守，还是服从、听从？怎么教育我们的学生将来在工作当中，在什么样的程度上坚守司法伦理，我觉得是个大问题。我们法律专业的学生学完知识做什么？用法律作为一个武器，想收拾谁就收拾谁？或者领导说要收拾谁就收拾谁？将来学生踏入实践当中怎么办？在通过人权教育树立学生理念的同时，怎么能更多地给学生一种希望、一种期待、一种愿望？学生学习人权法要做些什么？做到什么程度？该怎么做？其实教学本身也有困惑。我是属于比较敢说的，但是也要有度。其实在讲的时候我也比较注意，不能给学生灌输全是消极的东西。

我还要说一下实践教学对老师的要求。作为老师，想用司法实践这样一种优势来体现自己的教学特色，达到自己所希望达到的教学目的，在代理一个案子的时候就不能仅仅追求当事人的满意和赞扬，更重要的是在这个过程中发现问题、提炼问题、思考问题，然后用到教学上，甚至转化为成果，这才是我们实践教学的一个目的。比如说，我代理过的"朝阳岳某寻衅滋事案"涉及游街示众的人格尊严的问题，毫无疑问是人权问题。类似这样的问题，我在教学当中就讲怎么理解人的尊严、权利主体是谁、义务主体是谁，然后马上就可以举出代理过的该案例进行讲解。此外，我还代理过涉及非法证据排除的案件，发现司法实践中很难排除非法证据，基本上做不到，但是，我申请非法证据排除成功了。其实，我在给学生讲课的时候，特别注意提炼的问题应该是带有普遍性的，如果是个别的案子，至少能特别说明某一方面的艰难问题。还有关于某一纠纷发生后，该案件是否入刑的问题，即当事人到底是民事侵权，是行政违法，还是刑事犯罪？到底是民事纠纷、行政违法，适用民法或者行政法解决，还是刑事犯罪，适用刑法调整？这本身就是人权保护问题。我也遇见过三起涉及财产权的案件，有民刑混淆的问题，我认为是民事纠纷，当事人已经被刑事拘留，我运用法律规定和法理清楚地阐释了案件的性质是民事纠纷，不是犯罪，结果，两起案件的当事人被释放，另一起案件的当事人被检察机关指控其帮助诈骗790万元，被一审法院判决无罪。

在教学过程中，老师把自己在司法实践中发现的问题以及体会告诉学生，学生就会感到老师讲的真实不虚，也就是人权就在身边。我自己也感觉到，由于是真实的案子，它肯定是生动的。我提出一个问题的时候，比如刑事司法审判标准问题、酷刑问题、人道待遇问题、自由权问题等，我都对一个一个的案子做分类，考虑这样的问题用什么案子来说明，所以针对性比较强，很容易启发学生思考一些问题。正因为如此，我坚持认为实践教学有助于学生领会人权的精髓和真谛。如果能把原理和实践结合起来，应该可以达到这种效果。当然，我还要强调一点，就是老师的这种实践不能取代查阅资料，它是一种比较好的补充。

最后，我说一下我自己教学生学习法律的三部曲：了解、喜欢、研究或者运用法律。在这个过程中，实践教学是引起学生的学习兴趣，乃至爱好甚至热爱的一个重要的方法。这些年来，我一直在做一些在大家看来是正能量的事，也是学者服务社会、为社会做贡献的一个体现。我们教人权法的老师腾出一点精力，做一些社会公益事业，我觉得是知行合一的体现，这正是我们东北大学的校训。

第二部分
人权原理的基本问题和教学体会

人权原理与中国人权发展战略[1]

李步云

我准备讲三个问题：第一，什么是人权？第二，人权伟大在哪里？第三，中国人权的发展战略。

我建议，如果有哪个学校、哪个机关、哪个部门请在座的各位做一个概括性的人权报告，给你两三个小时，让你把人权问题提纲挈领地讲一讲，我现在讲的这个内容可以供你们参考。这样一个两三个小时的报告，可以使不太懂人权的人对人权有个概括的了解。

人权教育要体现一个精神。真正的人权教育，关键的还是理念。不是教给你多少权利、多少机制，根本的问题还是理念问题。我的思路是这样的：人权教育的第一部分是理论部分，这是不能少的，理论必须要懂，这部分主要体现人权的理念。第二部分讲权利，因为很多部门法也讲权利，而且讲得更深、更具体，因此，人权法可以把具体人权分一分类，要讲基本原理，体现一个理念。比如说自由权，自由是什么东西？平等权，平等有什么意义？人道主义救助权，人道主义是什么意思？基本理念要讲得比较透彻，然后再讲具体的权利，有哪些方面，有什么经验，有什么问题，怎么进一步改进，等等。但也要重点讲理念。第三部

---

〔1〕 本文是中国社科院法学研究所李步云研究员 2012 年 8 月 15 日在 "2012 年中国高校教师人权法教学研讨会" 上所做的专题讲座，由郭晓英、李风侯、郭超、荆超整理，李步云审定，班文战校对。2012—2014 年，李步云先生先后三次在中国高校人权法教学研讨会上做同一专题的讲座。这里收录的是李先生 2012 年首次讲座的完整内容和 2014 年第三次讲座交流互动环节的内容。

分是保障部分，保障部分实际上也存在一个理念问题。如果讲我们国家的立法、执法、司法问题，那个也不太好讲，你怎么讲？还是要讲理念，像无罪推定、程序公正这样一些浸透在保障机制中的基本理念。我个人认为，人权作为一门课来开设，要把理念贯彻好，引导听众进行思考。

下面就这个题目谈谈我个人的一点看法，同时把争议和分歧的地方给大家介绍一下，有利于大家进一步研究这个问题。

一、什么是人权？

我们好像都上过宪法课，"什么是人权"这个问题还有必要讲吗？很有必要。2003年6月13日上午，吴邦国在人民大会堂开座谈会，我说要把"国家尊重和保障人权"写进《宪法》。吴邦国当时问我："李老师，什么叫人权？"我说只能简单下个定义，来不及详细讨论。我就把我们那个定义拿出来了。我可以大胆估计一下，不低于80%的人，包括我们的高级和中级干部，让他给人权下个定义，说个一二三，他都说不出来。第一个原因是人权教育还不普及，第二个原因是他没必要地敏感。罗豪才说，我们现在一个很重要的任务就是"脱敏"。我们的人权教育除了普及人权知识以外，还有可能是一个很好的脱敏方法。

那么什么是人权呢？我们在1991年举办了一次全国性的研讨会，外交部、公安部、计划生育委员会都有人参加，主要讨论什么是人权。人权的定义多得很，国际上不一样，国内更不一样。人权的定义拿不出来，这也是当时很多人反对提人权的理由。当时我们法学研究所开了三天会议，最后给中央写了一个报告。我们认为人权应该这么定义："人权是人依照其自然属性和社会本质所应当享有的权利。"我个人倾向于这一句话就够了，但是由于考虑到这个问题太敏感，所以当时有一些人还要坚决塞半句话，塞个尾巴在后边，就是"这种权利受经济文化条件的制约"。这个话实际上是多余的，我个人不同意。现在在学术界大致上取得了一致意见，认为这样一个定义还是比较全面地概括了人权这个概念的科学内涵。

人权定义的第一个问题是主体问题，是"人"。按照一系列国际文件达成的共识，这里的"人"是不分男女老少、教育程度、种族、宗教信仰等，只要你是个人，就应当平等享有权利，这是这个概念的精髓所在。另外，这个"人"是一个个体，是一个一个具体的人。强调个人，这也是一个进步。除了这两点以外，长期有一个争论，即有没有所谓集体人权，有没有什么群体权利，collective 或者 group 的权利。我个人认为，现在多数人也达成了一致意见，是有群体权利的，它是一种特殊的要求、特殊的表现形式。比如说，从国内视野来看，集体人权或者群体权利的主体主要有两类：第一类是弱势群体，现在两个《国家人权行动计划》列了五种：妇女、儿童、老年人、残疾人、少数民族；第二类是特殊群体，包括服刑人员（就是罪犯）、灾民、难民、战俘，他们应该有特殊的人权、特殊的保护内容，是特殊的保护对象。我还主张有国际集体人权，这个国际集体人权主要是指和平安全权、环境权、人道主义援助权、发展权、民族自决权等六七种人权，其中最大的、最有影响的是民族自决权。国际集体人权的主体可以是全人类，因为在原子战争以后谁也别想活，大规模污染空气和海洋使全人类受害。国际集体人权还有一个主体是一国人民，比如发展权的主体，广义上是指全世界的任何国家和任何人，狭义上是指发展中国家的人民。我们曾经和西方有一点不同：我们并没有强调人权的主体主要是个体。西方认为，所有集体、群体所取得的权利归根结底是要落实到个人，否则它就没什么意义，它说集体、群体里面得到的利益，从国家、从国际社会享受的权利必须落实到每一个个体、每一个人，因此个体是主要的。我们过去讲这个概念，是把它和处理国家利益与个人利益的矛盾联系在一起的，所以不强调个人权利，而强调集体权利。西方不承认有什么集体权利，只强调人权是个个体的问题，这和政治背景、意识形态的背景是有关系的。我们现在如果按照我的这个理解来讲，是可以说服西方的，这个理论是站得住的，是说得过去的。

人权定义的第二个问题是人权的内容。人权究竟包括什么样的权利、多少权利？到目前为止，还没有一个专家能够列一个有说服力的、大家公认的清单。原因在哪里呢？一个原因是，受文化背景、民族、宗教等因素的影响，（人们）对人权的认识有一定的差别，比如说同性恋的问题、安乐死的问题、堕胎的问题，都是一些国际上有争论的问题。第二个原因，人权是一个发展的过程，所以就很难准确地说明有多少种人权。第三个原因，人权是一个有层次的概念，比如劳动权的核心内容是就业权，但除此以外还包括择业自由权、男女平等权、劳动报酬权、劳动休息权、劳动条件权。再比如，教育权的核心内容是上学的权利，但是它也涉及学习成果权、学习条件权等。我和孙世彦主编的《人权案例选编》就遇到这个问题，究竟列举多少种权利？当时根据《世界人权宣言》和两个人权公约的人权清单，大致上列了30种左右。这个问题不是很大的。但是我们注意的是它的分类，这有一点儿科学价值。分类涉及什么问题呢？有不同的分类法。我现在大致分为五类。大的方面，第一类是经社文权利；第二类是人身人格权利，它是不带阶级性的、不带政治性的，包括人身自由权、人身安全权、生命权、人格尊严权、隐私权，实际上就是《公民权利和政治权利国际公约》中所讲的"公民权利"；第三类是政治权利和自由，这个是带有政治性的，包括选举权、被选举权、知情权、检举、控告、揭发等权利，以及言论、结社等自由；第四类是国内弱势群体和特殊群体权利；第五类是国际集体权利。这个分类里面还涉及一个基本权利的问题。有一次，美国人权之父、相当有名的路易斯·亨金到我们中国作报告，有人提问说，国际公约经常使用一个概念就是"基本人权和自由"，"基本人权"究竟是指哪一些？既然有"基本人权"，就应该有"非基本人权"，对不对？他说"基本人权和自由"是起草宣言的执笔人随便写上去的，他不同意人权里面还分基本、不基本。但是我个人认为，基本、不基本是一个相对的概念。一方面，按照法律的等级体系来区分，宪法规定的是基本权利，其他权利不是。另一方面，任何人都能享有的权利是基本权利，不是任何人都享有的就不算基本权利。所以，对于人权也可以有这样的区分，但这是一个相对的概念。

还有一个概念，请大家注意一下。最近我们的中央文件和国际文件一样，多次用了公民的"权利和自由"的说法。"权利"是人权，"自由"怎么解释？为什么要把它们分开用？"人权""基本人权"和"自由"，为什么这么提？广义上，自由就是权利。严格区分的话，它们的性质有不同，比如权利可以转让，自由是不能转让、不能放弃的，放弃自由不成为人了。还有三四条区别，今天我不详细说了。关于权利和自由的关系，我主编的《人权法学》的教科书里面讲到了，我提醒大家注意一下这个问题。

关于权利的内容，有两个东西是必须要肯定的。第一个是它的历史性。权利是随着人类文明的进步而不断扩大的，条件不具备的时候，就暂时还不能强调，或者不能明文规定。比如说，封建社会没有选举的条件，你不能提选举权问题；没有工业社会、劳资关系，就没有罢工权问题。人类越进步，权利越广泛。第二个是权利推定问题。比如说，我们现行《宪法》取消了1954年《宪法》规定的罢工权、迁徙自由权。工人应当有罢工权，这是应当享有的权利，《宪法》没有直接规定，不能说他没有这个权利。要树立这个理念，它是可以推定的。

人权定义的第三个问题是人权的形态。我们这个定义里面说的是"应当"享有的权利，这应该是人权本来的含义。所以人权是指人应当享有的权利，它并不以法律是否规定为转移。人权有三种形态：应当享有的权利、法律规定的权利和实际享有的权利。法律规定的权利的意义在哪里呢？它是一种能使应有权利得到更好的实现、更好的保障的一种形式、形态，是应有权利的法律化。为什么要提实有权利呢？它包含两个意思：一个意思是法律规定的权利是实现了的权利；第二个意思，法律不规定的不见得就享受不到，这就是说它认可和保障人应当享有的权利。除了法律以外，还有其他的一些社会规范和观念，其中包括优良文化传统、先进社会组织的章程、道德，还涉及宗教，这些社会现象对人权的认可和实现多多少少都能起一定作用。所以，人权的三种形态是应该搞清楚的，它解决的最主要的问题是：法律的权利不等于人应当享有的权利。我们长期以来反对人权这个概念，其中一个理由就是认为，宪法、法律规定了公民的权利，为什么还要有一个人权呢？甚至有人在下定义的时候就说，人权是宪法规定的权利，人权是法律规定的权利。既

然宪法、法律有了这些权利，就不用提人权这个口号了。2003 年 6 月
13 日，我和徐显明在吴邦国主持的座谈会上提出人权入宪的时候，就
有人认为没有必要把人权写进《宪法》。一个理由就是，世界上一二百
个国家有宪法，不是所有的宪法都写进了"人权"这个词，更没有都
把"国家尊重和保障人权"清清楚楚地写在里面，那为什么一定要我
们写呢？第二个理由是，我们宪法关于基本权利的规定已经差不多与国
际衔接了，还有必要把人权写进宪法吗？我们没有在会上与他进行争
论，但是最后做了一个 50 多分钟的陈述，讲 2004 年《宪法》修改的主
要精神，我来负责讲为什么把人权写进《宪法》，意义在哪里，具体四
条：其一，有利于解放思想，进一步提高人权的意识。我认为，因为人
权在 12 年前还被当作资产阶级口号，而且到目前仍然很敏感，把人权
写进《宪法》有利于解决这个问题。其二，有利于促进我们的立法、
司法、执法观念，改进我们的工作。其三，有利于提高我们的国际声
望。其四，在理论上也是科学的，因为《宪法》规定的权利属于人应
当享有的权利。基于上述这四条理由，说明把人权写进《宪法》是有
意义的。

人权定义的第四个问题是人权的本原，这在人权理论体系里面是最
重要、分歧最大的问题。我用的是"原野"的"原"，没有用三点水的
"源"，本意是指人权原自哪个地方，就是根据什么会出现"人权"这个
词，（人权）为什么这么重要，为什么人一定要享有人权，是要回答这个
问题。国际人权文书绝大多数使用"源自"这个词，说人权源自人的人
格尊严和价值，大概是《非洲人权和民族权宪章》用了一个词——
源自人的本性。在这个问题上，我们长期有争论，而且把批评西方的天
赋人权当作人权理论最主要的核心问题。我认为，西方的三种理论都包
含了某些合理的因素。第一个理论是天赋人权论，天赋人权论合理在哪
里呢？它认为人权基于人是一个人，自由、平等、安全应该是生而有之
的，是人生下来就应该有的东西，这有它合理的一面。但片面性在哪里
呢？就是否认了人类社会文明，包括物质文明、精神文明以及制度文
明——经济、政治、文化各种制度——对人权的制约性，它的毛病、不

科学在这个地方。第二个理论认为，人权是法律赋予的，是法律给的。规范法学派说，所谓自然权利说是胡说八道，法律不规定的话，什么也没有。这个也是片面的，法律对保障人权有积极作用，但是不能代替应有人权。第三个理论是社会权利说，实际上把人权的本质看作利益问题，认为是在人和人的利益冲突的关系中产生了人权。西方大体上有这么三种理论，各有一些内涵和合理的东西在里面，但有一定的片面性。我们马克思主义的学说应该把它说得更科学、更严谨、更全面。我认为，我们国内有些学说没有做到这一点，认为人权是法律赋予的、斗争得来的、国家给的、法律给的；后来承认了人权要从人自身去找，不是外界赋予的，这个意见比较一致了。但是分歧在哪里呢？这个分歧现在没有完全得到解决，就是所谓人的本性是什么，（人们）对这个问题有不同看法。受马克思主义传播的影响，我们的哲学就抓住阶级斗争那个观念，抓住1844年《经济学哲学手稿》里面马克思的那句话——人的本质是社会关系的总和，立足于那个观念、政治路线、思想路线的影响去得出一个结论，就是它的社会性，进一步推演到它的阶级性，认为人的本性中最核心的东西是人的社会本质。实际上，人不仅仅是一个社会动物，还是一个活生生的高级生物、高级动物，是有理性的、有道德的、有作为人的本质的这么一种动物，所以人的自然属性不能被忽略。有人说我讲自然属性，把人和动物等同起来，对此我是否认的：人是个动物，但是是个高级动物。

关于人性问题，国际上、中国历史上都有人性善、人性恶、人性不善不恶、人性亦善亦恶这么四大派，我比较倾向于人性善。如果人性的主流不是善的，不像《三字经》里面说的"人之初，性本善，性相近，习相远"，那对人类的文明发展就无法理解，对人类的文学史、艺术史也都无法理解。

我讲这个自然属性的时候，把它归结为三性：天性、德性、理性。关于天性，那西方的天赋人权指的天性，这是合理的地方。人生下来有三个东西是不证自明的，只要是人就自然会有，不用任何人去证明。哪三个呢？第一是安全，我的身体不能被伤害、被杀死，我要安全；第二，我要自由；第三，我要福利，要吃好穿好，过好日子。这三个是作为一个人的天性决定的。安全、自由、福利这三个是现在人权的主要内容。关于德性，人是有道德的动物，生下来就具有那种平等、博爱和正义。有个例子，西方举，中国也举：一个人看到一个小孩要掉到井里去了，无缘无故地会有恻隐之心，想赶快拉他一把，这是因为他有人性，有道德性，这个道德的核心东西是博爱、平等和正义。关于理性，人是一个理性的动物，他可以能动地认识世界，根据这种认识能动地去改造世界，这涉及理论、理念和理智。比如，现在这个自然科学、社会科学有一套改造世界的理论，马克思主义、资本主义、自由主义等那些主义是理念，尽量干好事而不干坏事、想干坏事而不干坏事这么一种克制自己的能力是理智，这是人自然存在的。和人的自然属性相比，人的社会性有两个意义：其一，没有人和人的关系，就不会存在人权问题。人的利益、道德是相互影响、相互作用的关系，这就造成了人权保护的问题、人权追求的问题。其二，就是我刚才讲的制度，经济、社会、文化发展水平和制度的文明程度，它影响到人权的实际享有和它的广度、深度。

关于人权的本原问题，我到目前为止比较相信我那个分类，将人的自然属性和社会属性的统一作为人的本性。这个自然属性的三性里面必然提出了一个东西，人有自己的人格、自身的价值、自身的尊严，这些来源于这三性，外在地表现为三者的统一。人的认识世界的能力和道德、性善是怎么来的？第一个是血缘关系，第二个是人共同团结来战胜自然界。在猿变成人的过程中，几百万年里，由于血缘关系和共同团结来战胜自然界、发展自身，这么一个环境决定了人的自然属性，慢慢成为一个基因，这个基因慢慢通过人的胚胎遗留下来。我说这个是可以做科学解释的，是说得通的。

二、人权为什么伟大？

1991 年 11 月 3 日，国务院新闻办公室公布了《中国的人权状况》白皮书。它是一个标志性的东西，标志着我们在人权理念上、观念上有一个根本的转变。在此之前，人权被认为是个资产阶级的口号，从这本白皮书开始，我们也讲人权了。朱穆之是第一届人权研究会的会长，也是中共中央对外宣传办公室的主任，他用铅笔写的那段话非常好，我建议把它作为一个文献资料好好保存下来。他讲人权是个伟大的名词，是无数志士仁人为之奋斗的理想。这两句话是很高级的。

那么，我们也应该讲人权究竟伟大在哪里？为什么要用"伟大"这个词？我在给公安部讲课的时候，临时把它归纳成五句话，供大家参考。

第一，彻底实现人权，是社会主义的崇高理想。过去不是说社会主义不讲人权吗？最早，我们所长和另外一个人受中央的委托，写了第一篇文章就是《人权是资本主义口号》，发表在《北京日报》。后来，北京大学有三个教授在党中央《红旗》杂志写文章，它的标题不是"人权是资产阶级口号"，但它的结论是"人权是资产阶级口号"。《红旗》杂志那篇文章引起了国外很大的反响，因为外国人不看《北京日报》，但必须看《人民日报》和《红旗》杂志。因此西方就说中国共产党、中国政府不讲人权，后来闹得我们很被动。这个情况之下我们才反思了（这一问题）。

这里面涉及社会主义的问题。我在社会科学院参加写作了一本书，1993年1月出版的，书名是《有中国特色的社会主义：经济、政治、文化》，我负责写"社会主义人权"那一章。我将基本观点归结为8个观点。后来一个主编提了5条修改意见。他说，能不能加一条"生存权是首要人权"，成为9条理论，我说可以。但是，他说能不能删掉"人权是共性和个性的统一、人权是普遍性和特殊性的统一"，我说这个不能删，这是不科学的。后来我去美国访问，出版书的时候他把人权具有普遍性这一条删掉了，又变成8条。第8条的标题是"人权与社会主义"，讲人权和社会主义究竟是个什么关系？我当时有一句话说："社会主义应当是最进步的人道主义，社会主义也应当是最彻底的人权主义。"目前为止，法学界还没有人这么提。我当时有些担心，因为这个书一定要经过中宣部的审查和我们院长的审查，我怕通不过。但我很高兴，他们没有提出反对意见。《人民日报》很开放，它有关于我的一个长篇报道——

《李步云："敢开第一腔"的法学家》，里面把这两句话登在我个人照片的右边，支持了我。我的意思是，社会主义应当是最彻底的人权主义，应该比西方更讲人权。是什么理由呢？很简单。我说：不管人们对社会主义怎么看，但是我认为有三点是人们都会同意的、反对不了的。我们的那个理想社会是一个人人自由、人人平等、人人富裕的社会，而自由、平等、富裕就是现代人权的主要内容，因此社会主义比西方更应当讲人权。

顺便给大家说一下，这次在重庆给他们理论中心组讲课，他们要我讲坚定社会主义信念，我在讲课的时候就对"社会主义"的定义做了一个修改。社会主义是什么？它的基本特征是什么？现在的中央文件没有解释，没有给社会主义下一个定义。但是可以去看看邓小平说的传播最广的三句话：社会主义是解放和发展生产力；公有制为主体；实现共同富裕。这是邓小平给社会主义下的定义。我认为邓小平这个定义有进步，但是还不够。前两条不是社会主义的本质要求，因为"发展和解放生产力""公有制为主体"是一种手段，不是目的。我在重庆的报告里面讲到，社会主义是人人自由、人人平等、人人富裕、人人享受宪政文明的社会。我讲了很多理由，实际上我是引经据典的，都是有根据的。关于自由，马克思在《资本论》和其他著作里面都讲，我们的理想社会是人的自由而全面发展的社会。有一个编辑问恩格斯说，你能不能用一句话回答我，你们主张的社会主义究竟是什么？恩格斯说可以，就是《共产党宣言》里面的一句话："代替那存在着阶级和阶级对立的资产阶级旧社会的，将是这样一个联合体，在那里，每个人的自由发展是一切人的自由发展的条件。"未来是一个自由的社会，是个自由的王国，这是马克思讲得最多的。关于平等，《共产党宣言》里面有一句话："平等是共产主义的政治的论据。"搞革命就是因为社会太不平等了。关于富裕，《哥达纲领批判》里面说要把"各尽所能、按需分配"写在共产主义的旗帜上。宪政文明是我概括的，包括人民民主、依法治国、人权保障这三项内容。我们十七大报告说得很清楚，人民民主是社会主义的"生命"，邓小平也说没有民主就没有社会主义。人民民主既然是社会主义的"生命"了，难道还不是本质内容吗？依法治国是治国方略，法治是社会文明的重要标志，当然应该是很重要的。人权就更不用说了。所以，我用这么四句话对以前的"社会主义"定义做了一些修改。另外，我准备写一篇文章，讲讲十六字的社会主义核心价值观。中央一再讲、大幅度地讲社会主义核心价值观，它实际上不够精练，最多就是2500字，最少就是"马工程"那个哲学读本，大概有五六十个字。马克思主义不是价值的问题，社会主义也要有具体内容，不能笼统地说社会主义。我概括的十六个字是什么呢？自由、平等、富裕、宪政、人本、创新、和谐、爱国，就等于是八个侧面。所以，社会主义应该是最讲人权的一个主义，否则它不会显示出自己的优越性来。

第二，彻底实现人权，是为人民服务宗旨的具体保障。我们党建党以来到今天，强调我们的宗旨是为人民服务。这个宗旨对不对呢？对，要坚持下去。但是为人民服务是个抽象概念，人民是由14亿活生生的、有七情六欲的一个个的人组成的概念。我们过去处理国家利益和公民个人利益，在观念上出现了偏差。比如，我们过去说"大河有水小河满，大河无水小河干"，实际是把国家利益和公民个人利益搞颠倒了，不符合规律。应该倒过来："小河有水大河满，小河无水大河干。"大河的水都是由千万条小河汇集起来的，这是自然现象。因此，一个国家首先要让老百姓富起来，要围绕老百姓，围绕一个一个老百姓，而我们过去只有一个抽象的概念。我经常举一个例子：在我的老家涟源市，一万多人把县委会、县政府、县委书记家里面砸了个稀巴烂，后来抓了四十多个人。对此什么原因呢？修公路集资，向老百姓摊派很多钱，他们实在受不了，所以只好"造反"，就是这么简单。所以，把一个一个人的权利落实到法律上、落实到实际上，这个"为人民服务"才是可靠的。

第三，彻底实现人权，是制定和实施社会主义法律的根本目的。法律主要调整两个范畴的关系：第一个是自然人、法人相互之间的私法关系，第二个是国家机关与工作人员彼此之间的关系以及国家机关及其工作人员与公民个人之间的公法关系。宪法等所有法律主要是两个范畴：一个私法，一个公法。但是，在这里面，公法调整国家的权力——power，它只是一种手段，国家权力本身就是一种手段，不是目的。国家权力的存在，包括主权的存在，如果说不是为人民服务，不是为保证公民的权利，不是为实现人民的利益服务，那么就是空话。所以，人民的利益、人民的愿望、人民的诉求、人民的幸福、人民的意义都可以用一个词概括，就是人权，都要表现为人权。所以，在这个意义上，从国家权力和公民权利之间手段和目的的关系这个视角来看的话，我们社会主义法律创建和实施的根本目的可以归结为人权。我在文章中多次表达过这个观点。

第四，彻底实现人权，是科学发展的出发点和最后归宿。发展为了人民，发展依靠人民，发展成果由人民共享，这个思想实际上在1986年《发展权利宣言》里面就有了。科学发展观也是好的，这是很大的进步。这三句话已经说明了它的出发点和最后归宿，为了人民、依靠人民是个民主问题，民主参与、公平分配，最后成果共享，这是推进科学发展的出发点和最后归宿。

第五，彻底实现人权，是全人类的共同价值追求。国务院新闻办发布了很多人权白皮书，都表明了人权是全人类的共同价值追求，这是观念上很大的一个进步。这里涉及很多理论问题。我在一些会议上的发言，在公开出版的书和文章里面都讲到普世价值，不承认普世价值是自己打自己的嘴巴。不是说马克思主义普遍真理和中国具体实践相结合产生了毛泽东思想、邓小平理论吗？如果否认普世价值，就把马克思主义否定了，把社会主义普世价值否定了。只是中国能用，其他国家不适用，不是自己打自己嘴巴吗？2008年奥运会，"同一个世界，同一个梦想"的口号打动了多少中国人，打动了世界多少人民的心，这句话难道是错的吗？没有共同人性，那还算人吗？我们大家都是人，不管什么人都是有人性的，没有人性的不成为人，这个道理很简单。

三、中国人权发展战略

"中国人权发展战略"这个词也是我个人提出来的。能不能这么提？这个发展战略是不是这么几条？还值得研究。它实际上涉及几个基本理论问题，我们在实践中究竟该怎么处理好这些问题，还需要认真思考。

第一个是普遍性和特殊性的问题。人权是普遍性和特殊性的统一，因此我们中国既要强调中国的具体国情，更要强调人权的普世价值。这个问题很有意思。我的基本观点是：世界上的万事万物，任何事物都不例外，都具有普遍性和特殊性。哲学范畴里面，任何事物都是共性与个性的统一、普遍性与特殊性的统一、一般与个别的统一，任何事物都不例外。因此，人权这个现象就自然有普遍性和特殊性。普遍性表现在人类有共同的人权理念，国际上有共同的人权标准，各国尽管制度不同，也需要和应当采取一些人权的共同行动。比如说，共同标准集中、具体地体现在《世界人权宣言》《公民及政治权利国际公约》《经济社会文化权利国际公约》里边，《世界人权宣言》的目的就是要制定一个共同标准使大家有所遵循。再比如说，中华人民共和国成立以后50多年一直参加国际社会对南非种族主义的制裁，我们还参加了很多人权文书的制定——最新的一个是《残疾人权利公约》，我们也参加了维和行动，这些都是共同行动。尽管制度不同，但是在这些方面都可以是共通的。那么特殊性表现在什么地方呢？在某些具体问题上，不同国家可以有不同的标准、不同的理念和不同的实现人权的具体方式。比如说民主选举，各国有不同的步骤、不同的程度和不同的实现过程。再比如说，各个国家参加一些公约可以有不同的保留。

人权普遍性的共同理论根据是什么呢？有三条：第一，全人类有共同的本性；第二，全人类有共同的利益，反过来也可以说面对共同的危险；第三，全人类有共同的道德。正是这三条决定了人权的普遍性。特殊性的理由是什么呢？第一，人权受不同国家的经济文化发展水平的制约；第二，不同宗教、民族的关系不同；第三，历史传统不同；第四，经济、政治、文化制度不同。既然人权是普遍性和特殊性的统一，发展中国家就既要尊重、追求自己的特殊性，又不能借口这个特殊性、夸大这个特殊性，为不做那些可以做也应当做的事情辩护，而是要努力使自己的人权水平、人权观念、人权标准尽量向国际共同标准靠拢。另一方面，发达国家应该尊重不发达国家的具体国情，不能把自己的观点强加给人家。发达国家、发展中国家都应该注意这个问题。

第二个是经济权利和政治权利的关系问题，这是国际上争论比较大的一个问题。在这个争论中，西方国家强调政治权利，社会主义国家强调经济权利。实际上，西方在罗斯福时代也很强调经济权利的重要性。所以，我认为"生存权是首要人权"这种提法有两个意义：第一个意义是从历史唯物主义角度来讲。恩格斯《在马克思墓前的讲话》里说，马克思发现了人类历史的发展规律，是基于一个简单的事实："人们首先必须吃、喝、住、穿，然后才能从事政治、科学、艺术、宗教等。"物质生活水平的提高是人的第一需要，这个用不着太多解释，任何一个人都会理解这一点。第二个意义是从发展战略角度来讲。我们国家现在属于发展中国家，不像西方那么富足，因此我们首先面临、首先要解决贫困的问题、生活的问题、生活富裕的问题，这个更迫切。所以，我的一个学生写文章说，给一个饿肚子的人一片面包和一张选票，问他要哪一个，他肯定会要那片面包，不要那个选票，因为他现在饿着肚子呢。因此，我们在发展战略上，经济权利的发展可以放在一个优先发展的地位、更加优位的地位，这么讲是可以站得住的。

关于普遍性与特殊性、经济权利与政治权利、集体人权与个人人权的关系问题，国际社会在 1993 年 6 月 25 日通过的《维也纳宣言和行动纲领》里面达成了妥协：各种人权、各类人权都同等重要，应予同等的重视，这就解决了个人人权与集体人权、普遍性与特殊性、经济权利与政治权利谁是第一位的、谁应该放在首位的问题，取得了一种平衡、一种兼顾。但是，不同国家的经济文化发展水平不同、制度不同、意识形态不同，因此它的侧重点、强调的方面都不一样。

第三个是主权与人权的关系问题。我给大家讲一个故事：1995 年，我们组织了 13 个人的代表团到德国开人权交流会，外交部和司法部党组要审稿，把我们 13 个人的稿子都看了一遍，发现一个比较尖锐的问题，就是我们在国家主权和人权国际保护的关系问题上出现了分歧：有一位教授的结论是，任何情况下、任何条件下，国家主权都高于国际人权保护。我的结论是要具体分析：在多数情况下，一个国家的人权是国内的事务，是内政问题，不能干涉；在某些个别情况下不是内政问题，如果涉及《联合国宪章》和人权公约的规定、构成国际犯罪，就不能说主权高于人权，而是说在管辖上应该是人权高于主权。国际犯罪有哪些种类？奴隶制、奴隶买卖、种族歧视、种族隔离、种族灭绝、国际恐怖活动、大规模污染空气和海洋、非法侵占他国领土、侵略战争，大概是这些。当问题达到一个严重的程度时，无论是不是联合国的成员，国际社会、联合国都是可以制裁的。因此，我给中央写过一个报告，认为不应该简单地说这个问题。西方说人权没有国界，我们说人权是有国界的，我说都不对，应该是三句话：人权既是有国界的，又是没有国界的，但多数情况下是有国界的，这是从管辖上来说的。后来我又发挥了一下：从价值上来讲，人权高于主权。什么原因呢？主权可以是少数人专制体现的那个主权，在专制情况下也可以被滥用；权力可以异化；有时候老百姓没有权利；权力可以乱来；等等。但一般来讲，人权不会出现这种滥用的情况。有人说主权是最大的人权，这不科学。主权不是一个人权问题，主权是一个 power。国际上有个简单明了的定义：主权是国内的最高权、国外的独立权——对国外是独立的，你不能侵犯我的主权，你不能侵犯我的独立；对国内是立法、执法、司法中最高的权力。因此，主权是 power，不能说是 right，不能说它是最大的人权，但是，它是实现人权一个非常重要的条件，是一个条件问题。主权本身不是权利，但是如果没有主权，一国的老百姓的人权很容易普遍受到侵犯。关于国家主权和国际人权保护的问题，我把价值问题和管辖问题区别开来。这是我个人的看法，能不能站得住，大家可以考虑。

第四个是政治性和超政治性的问题。这个也是比较复杂的问题，我讲得比较多一点，其他人讲得比较少一点。有一本教科书里面说，任何法律、任何规则都是有阶级性的，就是"红灯停、绿灯行"这个交通规则也是有阶级性的。这个说法太绝对了！是站不住的。人权有没有阶级性呢？人权应该是没有阶级性的，但是在阶级社会里，要受到阶级地位、阶级斗争的影响，有时候会表现出某种阶级性。苏联的萨哈罗夫讲过一句话：人类历史上最没有阶级性的就是人权两个字。我认为，具体分析，有这么三类情况：第一类是绝对没有阶级性的，包括人道主义援助权，这个人道主义的问题是没有任何阶级性的；第二类是人身人格权利和经济、社会、文化权利，原则上也是没有阶级性的；第三，只有政治权利，比如选举、被选举、言论自由，要受到政治的影响，有一定的政治性。因此，我们过去批评美国是对的，我们的理论根据就是美国搞双重标准，把人权政治化和意识形态化。我们外交部门在国际上和美国在人权问题上进行斗争，这个是站得住的。它把人权意识形态化，把人权政治化了，而我们不应该也这么办。"人权是政治化和意识形态化的统一"，这样讲这个"化"就错了。当然，人权的政治性、意识形态性在某些领域是存在的。这是我的观点，这个观点不知道站得住站不住？

最后一个是人权教育问题。我们的两个人权行动计划最大的看点是人权教育。第一、第二部分的经社文权利和公民权利、政治权利，实际上是我们都在做的。有没有新的东西呢？我相信多少有一点儿，因为绝大部分是我们现在已经在做的。但是，对人权教育是第一次明确表态。高校教师的人权教育研讨会最早是在吉林大学举办的，到现在已经有十几次。在职工作人员的人权教育培训班应该是我比较早办起来的。2002年，我就和丹麦人权研究所合作办了四期培训班，每一期是80人、为期一个礼拜，丹麦人权研究所出资。目前，我知道在国内还没有一个学校在中小学开展人权教育项目，这也是未来的一个突破口。我准备在广州大学开展这个项目，跟学院要100万元，打算在9万名中小学校长和教员培训里面把人权的内容加入进去。现在关键是资金的问题，现有的三个国家人权教育与培训基地的资金实际上很可怜，教育部一年只给每个基地20万元和两个课题。用这20万元搞点研究还凑合，要搞培训的话，起码一个基地也得给100万元左右。现在人权培训在国内没有打开市场，我们在国内没有经费来源，都靠外国人出资，这个局面不行。既然批准建设国家基地，教育部为什么不设专门的经费呢？每个基地一年100万元，三个基地不是300万元吗？当时建立这个基地的时候，教育部有个领导曾表示钱不是问题。现在我们要办各种班，特别是各种培训班，这个钱是个大问题，这也要靠我们大家共同努力，多方面想办法来筹措经费。

交流互动

问：您讲到人权定义的时候说，人权是人根据人的自然属性和社会本质所应当享有的权利，在讲人权的形态的时候，又把人权分为应有人权、法定人权、实有人权。这个概念和分类好像有一点儿不协调，怎么把它们解释协调呢？

答：人权最基本的原意是一种应有的权利，但是它存在的形态有三种：应有权利是存在的，法律权利和实有权利也是现实生活中存在的。这个问题还可以探讨。

问：宪法权利不仅仅是宪法规定的权利，它不依赖于宪法的规定，在这个意义上来说，宪法的权利或者基本权利与人权是不是一个概念？因为宪法权利本质上也是不可转让的，人权也是不可转让的、不可随便抛弃的，那这两个概念是不是相同的呢？

答：宪法规定的基本权利是法定权利的最主要的成分，相对来说是它的最高形态。它是一种法律权利，是人权表现、人权存在的一种形态，更明确，更具体，看得见，摸得着，感受得到，是这么一种人权。应有权利是比较虚幻的，但也是客观存在的。实际上，公民的基本权利是法定权利主要的内容、主要的部分，这个好像不应该有矛盾。

问：西方国家讲宪法上的权利，事实上讲的就是人权本身。很多国家没有把人权写进宪法，但事实上它们的宪法规定的权利就是人权，美国的学者就说美国宪法规定的权利实质上是就是人权。

答：对，是这样。美国的《权利法案》没有"人权"这个词，但是这些权利高度地概括起来就是人权，这是美国比较权威的学者所认可的。

问：我看很多教材，感觉学者们对人权和公民权这两个概念有不同观点，请李老师把这两个概念最本质的区别给我们阐释一下。

答：一个国家的公民只是具有一个国家国籍的人，但是在这个国家生活的人还有无国籍人和外国人，那么"公民"的概念就涵盖不了了。人权要比公民权这个概念更广一些。

人权的教育、研究与实践

问：中国到底有没有人权发展战略？有没有这个概念？

答：没有这个概念，没有这个提法，这是我个人在给中共中央讲课的时候用的一个词。我可以理解为这是个战略问题，因为涉及经济、政治、文化权利和政治体制改革，这个权利、发展模式和先后重点不能脱节。现在有人埋怨政治权利发展得太慢了，但经济权利的发展现在也很紧迫，平等的问题、贫富差距的问题也很突出，所以这些问题也可以提到战略的高度，从战略上来考虑。如果说战略的话，具体的东西、具体的数据讲不出来、不太好讲，只能把握好一些重大的理论原则问题、关系问题，顺着这个思路调整你的政策，更正你的指导思想和相应的措施。

问：现代西方宪政的一个基本原则就是对个人权利进行无差别的保护，但是我们现在又提出集体权利或者叫群体权利。针对国内而言，这个集体权利或者是群体权利能不能简单地被理解为妇女的权利、儿童的权利、弱势群体的权利、残疾人的权利或者少数民族的权利？这个集体权利到底应该怎么样界定？它和个人权利之间有什么样的关系？

答：你的问题实际上是怎么科学地解释个体权利和群体权利。我有一篇文章叫《论个人人权与集体人权》。简单来说，集体权利或者群体权利就是一部分特殊群体或者弱势群体，由于处于弱势地位和特殊地位，因此应该从国家得到某种特殊的保护的权利。这一部分人有特殊的要求，其他人没有。只有这一部分人，由于自己的地位特殊，因此拥有特殊的权利要求，从国家得到某种特殊的权利保护。这一部分人是一种权利诉求的主体形式，但是得到的利益可能惠及每一个残疾人、每一个妇女、每一个儿童。因此，归根结底，在这个意义上来讲，人权是一个个体人权。但是集体人权或群体人权是一种很重要的形式，有特定的内容、特定的主体、特定的诉求，甚至某种特定的保障形式。

问：有的学者认为人权很大，但在某种意义上来讲又是空泛的。在讲到它的重要性、它的地位的时候，我们怎么避免人权的泛化？

答：有一些学者提出这个命题，说现实生活中有一些人权泛化的现象，包括一些理论工作者对这个问题的解释有泛化的倾向。我认为，可能是有人权泛化的现象，但是要看具体是在什么问题上泛化了。如果有的话，我觉得可以探讨，比如哪些东西是泛化的，把本来不是人权的东西说成是人权，这个是可以研究的。我举个例子，郭道晖说我们农村承包责任制的承包权是一种人权，这个不能是人权。还有一个例子，比如说30个全国人大代表提议，主席团必须备案、必须要回答，如果说30个人联名提案的权利也是人权，这个也不对。像这样的泛化有没有呢？是有的，但是我觉得，现在这个问题还不太严重。

附录：2014 年讲座交流互动环节

孙世彦：您说您提出来的应然权利和西方学者所说的道德权利有差别，我觉得这可能是语言的理解问题，因为在英语之中的 moral 这个词可能不仅仅意味着"道德"，意味着好坏或者是对错，它也包括"应该或不应该这样"。比如，英语当中可以说"It is my moral right to defend my family"，直译成中文就是"保护我的家庭是我的一项道德权利"，这句话在中文中相当别扭，但实际上它想表达的意思是"保护我的家庭是我应当有的一项权利"。还有一个问题，也是我着重想说的，您说您同意生存权是首要人权。您说人权是人基于自然属性和社会本质所应该有的权利，在人的自然属性当中第一个当然是生存，这个我同意。但这是不是就等于说生存"权"一定是首要人权？我们可以看个例子。比如说，一个人受到刑讯逼供被打死了，或者因为不公正的审判被处决了，那它是因为没有吃的、没有穿的丧失生命吗？不是的。我们再想想，在二战期间，在欧洲有600万犹太人死亡，这个显然也不是因为没有吃的，没有喝的。另外，国际歌当中说："起来，饥寒交迫的奴隶。"无产阶级为什么饥寒交迫？是因为他们是奴隶。最后，如果我们说生存权是首要人权的话，那共产党也就不需要用几十年做这些艰苦斗争推翻国民党和独裁统治。所以我觉得生存是人的基本需要，但是这种基本需要并不是可以单独地、独立地和其他权利没有关系地呈现，这样我们就回到了 20 年来国际社会一直主张的一个原则，即所有的人权都是相互联系、相互依赖、不可分割的。因此从逻辑上，我觉得任何一种说某种权利是首要人权的提法都是有问题的，因为没有某项人权是可以独立实现的。

李步云：刚才孙世彦教授提的问题很有道理。他说"道德""应有"之间在西方的语言里面是相通的，这有一定道理。"道德"和"应有"在英语中的区别我还是不懂，我的外语不好，但是他讲的是有一定道理的。我讲的应有权利和西方学者讲的道德权利应该是相通的，实际上、本质上没有什么区别。我当时想得比较简单，用"道德"容易造成不同道德观的人对于应不应当有不同看法，"应有"这个词就好像回避了不同道德观念的问题。道德权利还有一种说法，相当于古代的最古老的自然权利。天赋人权最早来自于自然权利，自然权利也可以和这个相通的。西方有个理论家说，影响世界最大最长远的是自然权利观，这是有一定道理的。

关于生存权是首要人权的问题。《德黑兰宣言》和《维也纳宣言和行动纲领》都明确表示，权利没有基本的和主要的区分，都是要同样地对待，我觉得是对的。不能因为某种权利优越，而其他几种权利就不太重要了，这是有道理的。但是，从发展战略上来讲，我理解"基本"这个词的概念是相对的。比如《宪法》规定的权利和一般法律规定的权利相比，应该是更基本一些，在某种特定含义上是这样的，因为它位阶高一些，权利的享有不能违反宪法的规定。比如说，任何人都能享有的权利，相对于某些特殊群体享有的权利就更基本一些。我想，"基本"和"主要"可能就是从这个角度来讲的。现在政府非常明确，生存权是首要人权，后来加上了发展权是首要人权。我认为，在某种意义上来讲，在相对意义上来讲还是可以的，并不否认生存权是主要人权这样的立场，但是怎么把它与《维也纳宣言和行动纲领》中"权利都是同等重要的"这样的一个观点统一起来，这是一个难题，还得进一步研究。

A 老师：刚才您说生存权是首要人权或者基本人权。首先一个问题是到底有还是没有首要的或基本的人权？如果人权有一个体系，是不是还是要分为基本的或者首要的人权？如果有这个问题，是不是应该从不同的角度来看？如果有首要的或者基本的人权，从一个人生存的角度看，肯定是人的生命最重要。那就是说从一个人生存的逻辑看，先是生存权。但如果从中国社会发展这个角度看，好像大多数人认为生存问题已经解决了，现在公平和正义很重要。比如说教育，我们现在的教育资源似乎不少，但是怎么能公平地享有呢？我的意思是说，如果有首要的或者基本的人权，那么它（应当）是一个动态的概念，而不是绝对的划分。

B 老师：您刚才提到人权有基本和非基本的，刚才孙老师也说人权没有主要的和非主要的之分。我在想，首要的人权是不是就是一种工具？也就是说，首要的人权主要是从义务主体来看的。如果从权利主体出发，那么每一个人会认为不同的权利是首要人权。有的认为平等权是首要人权，有的认为生存权是首要人权。但是我们国家为什么会把生存权作为首要人权呢？能不能认为首要人权是一种工具性的？也就是说国家负有对人权的保障义务，但是国家如何履行这样的义务是具有裁量空间的？也就是说，在如何保护人权方面，我们可以首先基于国情或者是战略需要优先发展某一种权利，所谓的首要人权能否做这样一种理解？

李步云：我们提的首要人权跟我们国家的国情有关。我们还是发展中国家，现在贫困问题还是我们主要的问题，因此在发展战略上还是把这个作为优先地位。我同意你刚才表达的意思。

孙世彦：关于首要人权，按照李老师刚才说的，一个国家可以根据自己具体情况和发展阶段来确定某一时期的人权发展重点是什么。比如说，中国在1991年主要解决的是人民的温饱问题，20世纪60年代的美国民权运动面临的主要是种族平等问题，这是没有问题的。但是，这绝对不能就此取代个人的选择。比如说："生命诚可贵，爱情价更高。若为自由故，两者皆可抛。"这是我的选择，别人不能为我选择。另外，也不能因为某个人权是我的人权重点，而以此作为压制或者侵犯其他人权的理由。最重要的是，我记得1991年人权白皮书中说，生存权和发展权是中国人民长期争取的首要人权。这个表述非常强调主观性，就是对于中国人来说，这是我们的首要人权。但是什么时候变成一种客观规律了呢，说在所有人权当中这是最首要的？我不清楚这个变化是怎么发生的。这在当时是没错的，至少在那个阶段，这是我们中国人民的人权工作重点。什么时候生存权和发展权变成一个客观性的最重要人权呢？

另外，关于基本人权，首先在国际法当中有各种各样的说法，最主要的就是"人权和基本自由"，偶尔也会出现"基本人权"。现在一个共同的认识就是，所有这些概念之间没有差别。到底哪些是"人权和基本自由"和"基本人权"呢？可以去看看《世界人权宣言》和人权两公约。说基本人权，是不是有非基本人权呢？我认为"基本"就是人权的性质，所以不存在基本人权和非基本人权的区分，所有的人权都是基本的。

C 老师：您提到了人权的普遍性和特殊性的统一，您觉得二者是可以统一的。我同意这个统一的观点，但是您能不能进一步解释一下，一个共同追求和各国特殊条件下的特定情形怎么去统一？是可以用公约的形式规定一些例外的情况呢？还是用一种什么样的方式达到这种和谐的统一呢？

李步云：所谓统一，从辩证法上来讲，有一个普世价值的问题。我一直认为，我们的政治制度就具有普世价值。不能说我们的人民代表大会不民主，不符合民主要求，我认为这符合中国的特点，但是在民主层面还存在进一步完善的空间。我们的协商制度、民族自治制度、地方自治制度以及企业自治制度都有中国的特点，都反映了普世价值。因此，人权的理想价值是普世的，但在不同的国家必然会有差距。总的发展趋势是普世价值越来越普遍，为各国人民所接受，特殊性和差异性越来越少，但是社会存在永远会有差异。这需要辩证地看待，这是我的看法。

D 老师：德肖维茨认为，人的权利是人通过与社会的不平等或不公平现象的抗争，从反抗当中来的。我觉得这有一定的合理成分。因为权利本身也是不断发展的，是有历史性和阶段性的，可能我们现在看来不合理或者不存在的权利，也许未来可能会出现。特别是随着科学技术的发展，出现了很多新兴的权利，科技的挑战也为我们重新看待人权的概念提供了很多新的契机。所以，我们的权利到底从何而来？刚才您让我们辩证地去看，我觉得是非常有道理的。不知道您是否看过他提出的这种观点？有什么看法？

李步云："人权是斗争得来的"这种说法有一定道理，但是严格来讲不严谨。我们宪法学界在前几十年解释公民权利的来源时候说，权利是共产党领导人民通过斗争得来的。毛主席也说过，自由不是恩赐的，是斗争得来的。严格来讲，"斗争得来说"不太科学，斗争只是一种手段。如果说一种权利不是属于你、属于他、属于我的，那么我们去斗争、去争取这个权利，不合理也不合法。权利首先应该是属于我的，我是通过斗争去争取这个权利的。所以说斗争只是一种手段，不是权利的来源。

E 老师：您刚才提到一个"人性善恶"的问题，但"善"和"恶"是一个道德评判标准，而且这种道德评判标准很可能是由社会原因造成的，这是一个方面。另一方面，从整个世界的发展脉络来看，西方国家讲究"原罪"，认为人出生的时候就是带有"恶"的，所以要通过各种手段来防止"恶"的滋生，而我们国家讲的是"人性善"，更强调用道德手段教化人，使人回归最初的本性。我想这两种不同的路径，实际上也使得东西方国家的发展走上了不同的道路。我个人认为，人性的"善"和"恶"都是一种道德判断标准，没有必要作这样一种划分。您刚才提到基因的问题，从人类社会开始，我们的存在一定要去获得更多的资源，减少自己的消耗，才能获得生存的机会。我认为这本身就是一种生物上的特性，是没有必要用"善"或"恶"去定义的。至于说现代社会出现的屠杀、种族隔离等，归根到底可能就是某种基因在发展过程中为了消灭别人来使自己得到一种满足，获得能力的扩大和资源的占有。当然，在这个过程中我们会发现一个问题，如果说你对其他种族，或者在同一个社会中不断对少数族裔进行灭绝，如果有一天你成为少数族裔的时候，你怎么办？当形成这样一种共识之后就会发现，人类社会必须要走向合作，不能通过屠杀的方式来解决问题。我想这还是人的自然属性在社会的包裹中逐渐发展出来的一个东西。我个人对于这个人性"善""恶"的观点可能跟李老师的想法有点不同，请李老师指正。

李步云：这位老师提出来的这个问题是一个非常深刻、复杂的问题。人性的问题在国际上、历史上是争论不休的，这位老师说的也有合理的地方，就是说"善""恶"的标准或界限在某些情况上具有相对性，有些人认为这是"善"的，有些人认为这是"恶"的，这是有一定道理的。"善"和"恶"受时空条件的限制，是有变化的。但是，相对性否定不了"善"和"恶"的绝对的差别。所以有些概念有绝对的一面，又有相对的一面。有人认为基因也有"恶"的一面，"性恶论"就是这么来的。"性恶论"认为，人一生下来就是自私的，自私所产生的一些行为都是"恶"带来的，所以"性恶论"也不是一点道理都没有。但我倾向认为，总体来讲，如果人不是善的，那世界文明的发展史都不可理解了，是"人性善"推动了人类社会的发展和进步。所以一部文学作品的伟大，必然是弘扬了人性"善"的一面，鞭挞了人性"恶"的一面。"善""恶"由于时间、条件的不同是可以置换甚至倒置的，但是在一定的历史条件下是绝对的，善就是善，恶就是恶。

关于人权原理课程教学的几点体会[1]

徐　爽

一、人权原理课程的地位和作用

对于整个人权法学的教学体系来讲，人权原理这门课程的地位相当于法理学在法学教学体系中的地位，是从事人权法学学习的学生的一个基础性、平台性的专业课程。这种基础性的课程为学生的人权法学习提供一个通用概念、基本理论以及研究方法，所以它的教学质量直接关系到人权法学硕士生的专业基础是否扎实，同时也关系到学生进一步展开具体的人权课程的学习。总体来说，人权原理这门课程的基础性和平台性的特点是非常突出的。当然，在没有设置人权法学专业的学校，人权原理这门课程可能会被当作人权理论或人权法学这样的通识课的课程来开设，主要负责引入人权原理和实践的一些基本问题。所以，人权原理一方面是一门基础课程，但是由于涉及的概念和理论本身的难度，又决定了它是人权法学课程体系中理论性最强、抽象程度最高、难度最大、可能也是获得最多的一门课程。所以，人权原理这门课程质量的高低说明了人权法学教学团队水平的高低，我们可以将人权原理教学水平视为评价一个人权法学教学团队段位的指标之一。从基础性来讲，人权原理这门课程决定了学生在学习这门课程以后，能够在人权法学的专业学习

---

〔1〕　本文是中央民族大学法学院徐爽副教授 2015 年 8 月 21 日在 "中国高校硕士研究生人权法教学研讨会" 上所做的主题发言，由秦鹏博整理、班文战校对。本主题发言原来的题目是 "人权法教学的回顾与展望——以人权原理课程教学为例"，现由编者按照发言的内容改为本题，文中题目亦由编者重新拟定。

中走多远。从其理论高度来讲，这门课程决定了学生和授课老师在人权法领域能够站多高。其实这两个问题应该是相互联系的，站得越高，最后才能走得越远。

二、人权原理教学过程中存在的三个问题

我从 2008 年开始到现在，每年给人权法学专业一年级硕士研究生开设人权原理课程，也算是讲这门课的老教师了，但是每年到开课的时候还是觉得压力非常大，很头疼。总的来说，我感觉它的难点，或者是讲课中存在的问题，主要是以下三个方面：

第一个方面，人权理论或者说人权原理很难讲透。人权原理这个课程当然是讲人权的基本理论，而人权理论在西方源远流长，牵扯到宗教、哲学、政治学、社会学、法学的若干流派，人权理念又随着时代的变迁有很多变化。这样一来，人权理论就演化得非常庞杂，有很多枝节。人权理论难就难在要把基本的理论讲透。如果我们要想保证人权原理这门课程的质量的话，就不能停留在把人权理论和各家观点涉猎一下或是将各个流派介绍一下这样的初级阶段，这种开中药铺、甲乙丙丁、大杂烩式的讲课应该被慢慢地超越。人权法教学开展到现在，越来越多的机构、越来越多的老师投身其中。所以，现在我们已经没有理由再说我们还处在初级阶段和起步阶段，我们应该能够总结教学经验，让人权教学走向体系化、规范化和成熟化。所以，老师在讲人权原理的时候，要把人权概念、理念、思想的流变对于人权实践的指导和影响，把根根底底讲清楚，教给学生的应该是一个准确、正确的起点。这就是一个入门性课程的重要性，这本身就是一个很大的挑战。

第二个方面，人权理论容易讲悬。理论固然要讲透，但对于刚开始人权法学学习的入门者来说，讲多了又很悬。人权理念从源头上看就是脱胎于西方政治、哲学思想源流的一股思潮，学生如果对西方古典思想源流以及近现代的发展缺乏了解的话，要真正理解人权理念是非常困难的一件事情。举例来说，现代人权思想的一个重要来源是自然权利观念，而自然权利与自然法分不开，自然法又是始终存在于西方政治哲学、法律思想史的高级法，它的存在是一种超验性的存在。就是说，在一贯倡导理性和逻辑的西方人的思维方式中，同时也有一股很强势的传统，就是强调超越理性和超越逻辑的超验性，这个东西就是天然地和神圣性挂钩在一起的。自然法就是这样一种超验性的存在，这样的一个存在是没有办法依靠事实和逻辑来证明的，所以叫做高级法，人权也是从这样的高级法中分享了这种神圣性。昨天有老师讲到中国人权的价值出现了断流，学生认为这不同于他们惯常的思维方式，因此学生理解起来是存在困难的。我在课后也曾经问过学生的反馈，他们也常常有这样一个感受，说人权是人之为人的权利，我们反复唠叨的东西，一说我们都懂，但是要真正去理解这个人权原理或人权理论的话，始终感觉是有隔膜的，始终有一种疏离感。他们说的这种疏离感，其实就是源于对西方政治哲学思想，或者是对西方文化传统背景性知识的缺乏。所以，人权原理很不好讲。

第三个方面，人权理念和人权实践始终存在落差。理论和实践的落差这一现象不光存在于人权原理这一门课，在法学其他分支部门的理论课上都普遍存在。问题就在于，作为理想状态中的人权原理和现实状态中的人权实践肯定永远存在着张力，甚至是很激烈的冲突。所以，学生满怀激情地从美好的人权理想中探出头一看周遭的人权实践，会产生一定的心理失衡。我相信，很多老师在授课过程中都会遇到有学生来讲类似感受的问题。虽然我们不能对学生进行心理上的救助，但是作为人权法老师，我们也不能忽视这个问题。总的来讲，我开了这么多年的课，学生换了一批又一批，但是感觉普遍存在的还都是这些老问题，我自己也在想应该怎么来处理这样的问题。

三、解决人权原理教学问题应该把握的三组关系

第一组关系是人权原理的跨学科性和体系性的关系。人权原理作为整个人权法学教学体系中的基础性理论课程，首先就要求它为学生提供一个清晰、成熟的理论体系，这应该是对这门课程的最基本的要求，但是这个基本的要求本身恰恰也是最难的。我们看一下人权原理的教材就会发现，现有教材提供的人权理论体系是很不统一的，面目是非常模糊的，这个理论体系是相当不体系化的。今年4月，我去广州大学参加李

步云先生主持的中国人权理论体系研讨会。李先生几十年如一日致力于人权体系的创建，他和他带领的研究团队所构建的人权理论体系应该说具有很强的代表性和很高的权威性，但是很多与会者对其所建立的人权理论体系有很多不同的看法。这个事实当然不是说李先生建立的人权体系有很多不足，而是说人权理论是很难体系化的，或者说迄今为止建立一个人权理论体系在学界是很难达成共识的。造成这个局面的原因，我觉得非常重要的一点是人权问题和人权研究本身的多面向性和跨学科性。以美国为例，在法学院开设的人权原理往往会被分拆到法理学或宪法学的课程中去。如果跳出法学院这个圈子，人权理论更多地被置于外交学、国际政治学的学科之下。从卡特总统 1977 年正式开创了人权外交这一传统之后，人权理论中很多成果都是来自于国际政治学者的贡献。比如说，我们国内熟知的《普遍人权的理论与实践》（Universal Human Rights in Theory and Practice）是美国著名学者杰克·唐纳利的名著，《人权季刊》（Human Rights Quarterly）是霍普金斯大学在 1979 年创办的刊物，主要是为政策制定者和学院研究者提供一个人权外交的战略分析和人权理论探讨的平台。所以，如果以美国人权研究和人权教学为参考的话，我们会发现人权理论体系本身的开放性和跨学科性的特点。要把分散在各个学科领域当中存在的人权问题统摄起来，建立一套统一的、共通的人权原理，对于我们人权教学者和研究者来说本身就是一个很大的理论挑战。但这项挑战也增加了我们研究的兴趣和动力，它能带动我们将人权研究推进到一个更高的水平。目前，我们人权原理的体系化建设应该说还没有最终形成，这说明人权理论研究还在发展之中，这未尝不是一件好事。目前国内比较有代表性的人权理论教材，像徐显明、李步云老师主编的教材已经有相当的权威性，同时新的教材也在不断涌现。西南政法大学编的《人权之门》就是人权原理教材写作的一种新的尝试，它不像传统教材一样搭建一个看上去很完备的理论体系，然后逐点展开往下讲，它采取的策略是刚好相反的，是从人权的故事、中外古今的人权案例入手，以具体的文件或是案例为依托，展开人权概念和基本原理的阐释，而不去强求一个体系化的做法。我自己也很好奇，如果西南政法大学以这本教材作为课程基础的话，他们的人权原理或人权理论课程是不是在也会相应地有新的教学方法。所以，从课程教授的角度来考虑，是不是建立一个完备、完整的人权理论体系并不是最关键的，最重要的还是将人权的概念、本源、基本特征、原理研究透彻，同时还要用通俗易懂的语言表达出来、教给学生，这才是关键。

第二组关系是人权理念的西方性和中国性的关系。人权在西方肯定有很深厚的思想和理论资源，对于中国学生而言，接受人权理念的困难恰恰也在这里。近代西方的人权理念建立在自然法、契约论、理性主义这样的思想基础之上，老实说，专业研究者有时都很难搞懂（这些概念），更不用说才入门的研究生了。很多的名词、术语不是在国内的人权语境下可以理解的，这是让人困惑的地方。而且，西方思想家很喜欢关注终极问题，思考一些非现实性的东西，尤其容易被有实用主义传统的学生认为脱离实践，没有什么价值。作为授课老师，我们要想缓解人权理念的西方性和中国性的这种紧张关系，第一个工作就是要注意适度增加对于西方人权理念以及流变的语境的介绍，尽量把人权思想的脉络、兴起、展开、演变放回到它存在的具体的历史场域中去，这样才能给学生呈现一个尽量真实、可以理解的人权思想体系，而不是一个脱离语境、干巴巴的教条式的人权原理。要做到这一点，老师在课下也需要多做一些功课。第二个工作是配合人权原理的课程进度，给学生提供一定的阅读材料，需要让学生在课下阅读、体会西方人权理念。我自己的教学心得是，应该注意适度保持人权原理这门课程的强度。学生是来听课的，不是来享受的，必须在课程周期内感受到一定的阅读和思考上的压力。我特别强调让学生去读原著，不求虚荣，不图渊博、杂多，静下心来认认真真去读一本原著，这是最基本的要求。读不读原著的差别就在于学生是否真正去理解、去思考。现在很多研究生和本科生缺乏一种独立思考的能力，如果在学习的过程中只是接触人权思想的二手资料或道听途说的评论的话，学生自身对于人权理论的思考是很难启动的，更不要说在这一领域做进一步的求索。学生不管是出于自觉还是被迫去阅读一本原著，以后在其他的课上或是自己的学习中都可能有能力读其他的原著，逐步养成一种自主学习、独立思考的能力和习惯。如果养成这种习惯的话，这已经超出了对人权原理这门课程本身的学习（预期）。第三个工作就是跟学生交代清楚，人权作为普遍性和特殊性、西方性和中国性并存的产物，在中国性和特殊性与普适性之间并不存在根本冲突。我们要谈中国的人权问题和中国的人权理论，首先要把它置于人权全球化这一大背景之下，有了大背景下的定位，才能凸显它自身的特殊性和本土性，而且这种特殊性和本土性实际上又是对全球人权的一种丰富和活的体现。所以，讲清楚人权的西方性和中国性这二者之间的张力对于学生而言是很重要的，这种张力本身也是人权理论体系的一个很大的特征，要理解这种张力是始终存在的。看到人权的复杂性和多面向性，就不会把人权问题简单化，就不会让学生陷入一个非此即彼的选择综合征中去，他们就不会为难。

第三组关系是人权问题的理论性和实践性的关系。人权问题不光是理论问题，更是一个现实的经验问题。其实，用历史发展的眼光看的话，我们会发现，一旦中国社会前进了，社会文明程度提高了，社会的每位成员能够享有的人权状况就会相应地得到改善和提高。我们应该看到这种希望，并保持耐心。最近三十年的发展尽管有倒退，但总的趋势是在前进的，我们要为这个目标去努力。初学者比较容易对这种理论和实践的巨大差异感到困惑，我们可以给他们指出，要从历史的维度、从发展的角度去看问题，而不是简单地用理论去套现实，也不要轻易地用现实去否定理论。有了这种史观，就可以很理性地对待人权现实，不至于轻易产生心理失衡的状态，就可以让学生理解民族、国家、种族、宗教、文化、社会群体和个人之间的差异，能够帮助学生提高对于社会多样性的接受和实用的能力，提高学生对于社会和政治事务的参与程度。

古人讲"学以致用"。人权原理不是一个看上去高大上的摆设，它的使命之一是要用人权理论去解释、分析现实中所发生的人权事件，这就是这门课程有生命力的一个地方。我个人的教学体会就是，在这个课程讲授中，我们应该引导学生从自己当下的生活去激活人权理论中的若干问题，要求他们带着自己的问题意识进入人权原理的课堂，同时又用人权基本理论反思、澄清自己的问题意识，在理论和现实的相互对照之下，真正去理解人权或者说理解人权法学。在这种理论和现实互动间，让这种理论不再是一种抽象的知识，而是变成活生生的自己的思想，这就是我们的人权原理课程所要达到的预设的目的。

第三部分
国际人权法律制度与国际人权法课程的设置和讲授

国际人权法课程的设置和讲授[1]

班文战

我从 2002 年开始给研究生讲国际人权法，对这门课程的意义、内容和方法有一些体会，利用这个机会跟各位老师做一个交流。我在这个手册里提供了一个提纲，涉及六个方面的问题：第一个问题是国际人权法课程的设置，包括国内高校设置国际人权法课程的大致情况和意义；第二个问题是国际人权法课程的内容，又包括两个方面，一方面是国际人权法这门课程本身应该包括哪些内容，这是一个客观的问题，另一方面就是我们开设这门课程能够包括哪些内容，这是一个可行性、现实性的问题，这两者之间有联系，但不太一样；第三个问题是国际人权法教学的基础条件，就是怎么让这门课程更有成效，特别是从人权教育的角度来考虑，我们教师本人需要具备什么样的条件；第四个问题是国际人权法教学的一般方法；第五个问题是我在教学或研究过程当中遇到或发现的几个有争议的国际人权法问题；第六个问题是主要的参考资料。我想围绕这六个方面的问题，向各位老师汇报一下自己的理解和认识。

一、设置国际人权法课程的情况和意义

关于国内高校设置国际人权法课程的情况，没有一个很准确的统计数字。大家知道，中国高校人权法教学的情况变化很快，很难做全面、准确的统计，只能提供一些信息供各位老师参考。从数量上来看，目前

---

〔1〕 本文是中国政法大学人权研究院班文战教授 2015 年 8 月 21 日在"中国高校硕士研究生人权法教学研讨会"上所做的专题讲座，由秦鹏博整理、班文战审校。

在研究生层次开设的人权法课程当中，国际人权法应该是排在第二位的，这个判断的依据是两个调研结果：2010 年，中国社科院的孙世彦老师做过一个调研，调研的对象是在 2009 年之前参加过北欧和国内高校合作的各种人权法研讨会的老师。孙老师向 308 位老师发放了调研问卷，收到的回复有 192 份。问卷当中的一个问题是有没有给硕士研究生讲过人权法课程，如果讲过的话，都讲过哪些课程。从回复的情况来看，有 58 位老师给硕士研究生讲过 84 门人权法课程，其中，排在第一位的是人权法、人权法概论、人权法学、人权法专题这样的综合性的人权法课程，有 32 门；排在第二位的就是国际人权法，或者国际人权法专题，有 26 门。从这个情况来看，在 5 年前的硕士研究生人权法教学中，国际人权法还是占有很重要的地位。2014 年，我也向参加过我们 2012—2014 年高校人权法教学研讨会的 130 位老师做了一个小规模的调研，有 105 位老师做了反馈。在已经开设、准备开设或者准备讲授的人权法课程中，国际人权法同样排在了第二位。我这个调研没有很明确区分这个课程是给本科生开设的还是研究生开设的，所以不是特别精确，但从排序上来看，与孙老师的调研结果是一致的。

这里所说的国际人权法课程是一个全面的课程。很多老师可能注意到，国际人权法的一部分内容也可以设立一门课程。比如说，中国政法大学人权法学专业的硕士研究生除了有国际人权法这门学位课之外，还有联合国人权保障机制这样的选修课。北京大学法学院的人权硕士项目的课程当中也有国际人权保护机制、国际人道法、国际人权宪章、区域人权保护机制等课程，这些课程都只涉及国际人权法的部分内容，而不是全面的国际人权法课程。

在研究生层次专门设置一个全面的国际人权法课程有什么意义呢？这个问题可以从两个方面来考虑，一个是国际人权法本身的意义，另一个就是国际人权法教学的意义，这两个意义的视角是不一样的。国际人权法课程的设置本身属于一个教学问题，但教学的内容是国际人权法。我们之所以设置这门课程，一方面是因为国际人权法本身的重要性，另一方面就是因为国际人权法教学的重要性。

国际人权法本身的意义当然可以从多重的角度来认识，我这里列举了四个角度：第一个是国际法的角度，第二个是人权法的角度，第三个是人权实现的角度，第四个是其他角度。从国际法的角度来看，国际人权法体现了国际法的重大变革，是国际法的重要内容，更重要的是代表了国际法的未来发展方向，这对从事国际法的教学、研究和实际工作的人来说是非常重要的。我们做国际法教学和研究的老师在以前很少讲国际人权法，就是因为没有认识到它在国际法中的重要性。从人权法的角度来看，国际人权法是人权法的一个重要组成部分。从形式上看，现在有越来越多的国家有专门的人权法案（human rights act），也有很多与人权有关的国内立法（human rights related legislation），这样的国内法在任何一个国家都不很系统。但国际人权法是很系统的，无论是规范层面还是机制层面都比较发达，而且它和国内人权法有非常紧密的联系。我们要想做人权法的教学、研究乃至实务工作，绝对离不开国际人权法。从人权实现的角度来看，可以说国际人权法是确认、尊重、保障和实现人权的重要途径。这里就涉及如何尊重和保障人权这样一个基本问题。人权实现的一种途径是国内途径，另一种途径是国际途径，具体来说，主要就是国际人权法的制定和实施。从其他方面来看，国际和国内的和平、安全、发展等其实都是和国际人权法有关系的。

国际人权法教学的意义也可以从多个方面来看，我也列举了四个角度：人权教育的角度、所在单位的角度、学生的角度和教师的角度。我在昨天上午大致概括了一下，一个是"义"——应该这样做；一个是"利"——这样做有好处。从人权教育的角度来看，应该把国际人权法作为一门课程来讲授。与此同时，开设这门课程对于所在的单位、对于学生、对于老师都有好处，这个就不再重述。我想特别强调一点，就是从人权教育的角度认识设置国际人权法课程的意义。大家知道，人权教育的最终目的是促进人权的普遍尊重和实现，中间目的是建立人权文化，直接目的是传授人权知识、培养人权技能、塑造人权态度、促成人权行动，而国际人权法的讲授可以直接促进以上目的的实现。

从事国际法教学和研究的老师，也包括从事人权法教学和研究的老师，可能会有一个疑问：国际人权法和我们国内有什么联系？对我们国内的社会成员有什么影响？我想简要说明一下国际人权法的国内相关性、适用性和有效性。相关性是说国际人权法和国内社会成员有没有关系或联系。国际人权法和国家机关的联系是很明显的，因为国家要承担和履行国际法的义务。但是，国际人权法和其他国内社会成员有什么关系呢？如果我是一个一般的个人，或者一个非政府组织、社会团体，或者一个公司和企业，国际人权法和我有什么关系呢？如果和我没有关系，我为什么要学习它呢？或者我讲授这门课程有什么用呢？适用性是说，如果国际人权法和国内成员有关系的话，那国内成员要不要遵守它，能不能在国内适用它，比如说立法机关在制定法律的时候，审判机关在审理案件的时候，律师在代理案件的时候，公益组织或者非政府组织在从事人权实践的时候，能不能适用国际人权法？所谓有效性，一方面是说国际人权法是可以选择适用的、想用就用的，还是必须适用的、不愿意也要适用的，就是说它是拘束性的还是指导性的。如果说是可以选择的话，知不知道它可能问题也不太大，但如果说是必须适用的，那必须要了解它。有效性的另一方面是说它的实际效果怎么样，能不能促进国内人权状况的改善。如果说它有约束力，但是对人权状态的改善没有好处，那可能没有必要或者不应该去学。很多老师其实都知道，国际人权法的相关性是毫无疑问的，它是要在国内适用的，而且也是有效的。当然，它的适用方式如何，适用程度怎么样，有效程度怎么样，这是另一个问题，但不能排除、不能否定它的相关性、它的适用性和它的有效性。

这里顺便提一下人权教育和一般法学教育有什么不一样。我们讲国际人权法，怎么样使它成为人权教育的一部分，而不单单是国际法教学或者法学教育的一部分？关键不在于内容，而在于目的和方法。我们知道，不少联合国人权文件都规定了人权教育的定义。我把这个定义概括为三个方面：第一个是 education on human rights——关于人权的教育，这是讲它的内容，包括传授人权知识、培养人权技能等；第二个是 education for human rights——为了人权的教育，这是讲它的目的，是促进人权的普遍尊重、保障和实现，这和学了国际人权法之后读一个研究生或者去外交部找工作还不一样；第三个是 education by, in or through human rights——通过或借助人权的教育，这是讲它的方法，要把人权的精神和原则贯彻在整个的课堂设置、讲授、评估等各个环节。总之，关于设置国际人权法课程的意义，一方面要考虑到国际人权法本身的重要性，另一方面要考虑到人权法教学和整个人权教育的重要性。

二、国际人权法课程的内容

客观来说，一门全面的国际人权法课程应该涵盖国际人权法本身的各个基本问题。那国际人权法本身的基本问题是什么呢？这个问题非常重要。我觉得，人权乃至人权法的基本问题，最核心的、实践性最强的问题无非就是三个：什么是人权？为什么要尊重和保障人权？如何尊重和保障人权？如果借用哲学术语，可以把这三个问题比喻为本体论问题、价值论问题和方法论问题。我们讲人权原理、人权法学、国际人权法，都离不开这三个问题。围绕这三个基本问题，可以从不同角度、不同领域去展开、去研究、去分析、去讨论、去认识，这样它会有一个核心的主线，不会很分散，不会很凌乱。

基于这个考虑，我把国际人权法的基本问题分为五个方面：第一个是概念，第二个是意义，第三个是形成，第四个是内容，第五个是实施。其中，概念问题涉及国际人权法的含义、性质、特征、表现形式、范围和体系；意义问题涉及国际人权法的价值、地位和作用；形成问题涉及作为整体的国际法出现和发展的背景和过程，以及国际人权法的具体规范、标准的形成途径和方式；内容问题涉及国际人权法的实体性规范的内容和程序性机制的情况；实施问题涉及国际人权法的遵守、执行、适用和监督。

从理想的、应然的角度来看，一门全面的国际人权法课程应该涵盖国际人权法的各个基本问题。实际上，我们可能会受到一些因素的影响，不能包括所有的问题，那就可以选择其中的某一部分来讲。大家看我们硕士研究生的国际人权法课程大纲，会发现上面列的专题不是特别具体，这是为了避免和我们设置的其他课程发生冲突。除了联合国人权机制和区域人权机制这两门选修课外，我们在实体权利专题研究这门学位课中讲的绝大部分都是国际人权法的内容。所以，我们在选择国际人权法课程的内容的时候可以有一定的灵活性，最好能涵盖国际人权法的三个方面的基本问题，但也可以集中或专门讲授其中某一方面的问题。

三、讲授国际人权法课程的基础条件

要想比较好地讲授国际人权法课程，使它能够达到一个比较理想的目的，需要具备一些基础条件。从专业角度来看，一是要掌握国际法的基本原理，二是要掌握人权的基本原理。

国际人权法从性质上来看属于国际法，它在规范的产生、运行、遵守、适用方面和国际法的一般规则都是一致的。所以，我们如果不了解国际法的基本原理，是很难讲好国际人权法的。在国际法中，有五个方面的基本原理与国际人权法的联系最为直接和紧密：第一个方面的基本原理是国际法的渊源，也就是国际法规范的形成方式和表现形式。国际人权法的渊源和国际公法的渊源是一致的，尽管有一些具体的差别，但总的来说是一样的。如果不了解国际公法的形成方式、表现形式、效力和约束范围，就很难理解国际人权法的这些问题。第二个方面的基本原理是国际法和国内法的关系。我们前面提到国际人权法的国内相关性、适用性和有效性的问题，这三个问题都涉及国际人权法和国内法的关系。第三个方面的基本原理是国际法的基本原则。我们在讲授国际人权法或者人权法的时候会遇到这方面的问题，学生也会提到这方面的问题，比如说国家主权原则、不干涉内政原则、诚实履行国际义务原则和人权的国际保护是什么关系？人权与主权哪个更高，那个更低，有没有矛盾？这些都涉及对国际法基本原则的含义的理解。第四个方面的基本原理是条约法规则。我们知道，从数量、形式和规范程度等方面来看，国际人权法最主要的渊源还是国际条约。我们要想正确地、准确地认识国际人权法规范的形成、内容和适用，就必须要精通条约法的原理。第五个方面的基本原理是国家责任。国际人权法对于接受的国家有约束力，国家不履行自己承担的国际法律义务就要承担国际法律责任。怎么证明一个国家没有履行国际人权法的义务，应该承担国家责任，以及承

担什么样的责任，这就涉及国家责任的构成要件和责任形式，还可能涉及国际争端的解决。由此可见，对于没有国际法背景的老师来说，要想讲好国际人权法，确实有很大难度。但是，由于国际人权法具有十分重要的作用，特别是它和国内法有非常紧密的联系，我们还是很有必要去创造这方面的条件。

国际人权法在形式上表现为国际法，在性质上属于国际法，但它的目的和内容则是促进人权的普遍尊重和实现。所以，讲好国际人权法的另一个基础条件就是掌握人权的基本原理。如果我们对人权的基本问题没有一个充分认识的话，我们对国际人权法的讲授很可能就成为前面所说的一般的法学教学或国际法教学，或者成为司法考试培训的手段，就可能丧失了应有的人权教育的功能。

四、讲授国际人权法课程的一般方法

要想讲好国际人权法课程，除了具备前面所说的两个方面的基础条件，还要掌握一些一般的方法。首先一个方法就是资料的获取。其实，我们讲任何一门人权法课程都要有必要的资料。需要哪些资料？怎么去发现、去分辨、去识别这些资料？它的质量怎么样？它的内容是不是准确？这就需要我们熟悉国际人权法相关资料的范围、形式、出处、性质、作用和内容。除了获取资料，还有两个比较具体的方法，一个是条约解释，一个是案例分析。我们知道，国际条约是国际人权法最主要的渊源，要想认识国际人权法的具体内容，必须要对国际人权公约的措辞或用语的含义进行说明。因为它是一个条约，所以就不能把它当成人权理论那样随意地去说明，而是一定要按照条约解释规则去说明它的措辞或术语是什么意思。另外，联合国层面、区域层面、国内层面都有很多与人权有关的案例，这些案例虽然没有一般的约束力，但能够反映出国际机构或国家机关在人权领域的实践，也有助于了解国际人权法规范的内容和适用。如果我们要想了解和认识某一个国际人权法规范的内容和它在实践中的适用情况，也需要通过案例去认识。由于时间有限，我不能展开说明这三个方法，大家可以参考我在《人权研究方法课程大纲》中列举的一些材料。

五、国际人权法的六个有争议的问题

我们在国际人权法的教学、研究乃至相关实际工作当中经常会遇到一些存在争议的问题。我这里提出六个问题，供大家参考。

第一个问题涉及国际人权法的范围。我这里面列举了几个有争议的部分，包括国际人道法、区域人权法、国际劳工法、国际难民法和国际刑法，可能还有其他部分。这些是不是国际人权法的范畴？要讨论这个问题的话，肯定会有不同意见，因为大家的考虑是不一样的。不管对这个问题的认识是不是很准确、很客观，我们都要有一个明确的认识。我们可能首先要问，什么是国际人权法？我觉得，对于这个问题，我们要有一个发展的眼光，要考虑到它的目的和形式。我倾向于从广义上来理解国际人权法的范围，用一句不太严谨的话来概括，国际人权法就是旨在促进人权的尊重、保障和实现的国际法。这里有几个要素：性质上是国际法；内容上涉及人的权利；目的是促进人权的尊重、保障和实现。只要具有这三个要素，就可以说它是国际人权法。至于说在国际人道法和国际劳工法出现的时候还根本不存在国际人权法的概念，国际人道法只适用于战争或武装冲突期间，这些都不是主要的，因为国际人权法概念的出现有一个特定的历史背景，不能因为这个概念出现得晚，就说之前出现的相关规则不能被包括在这个概念当中，也不能因为更多的人权问题出现在和平时期，就说在特定的战争或武装冲突期间侵犯人权的问题不是人权问题。所以，我觉得我们不能受概念的局限、名词的局限和学科的局限，一定要看它的实质，不能让形式上的东西妨碍我们对本质的认识。

接下来的四个问题都涉及国际人权法的内容。国际人权法的内容可以分为两大部分，一部分是实体性的，一部分是程序性的。实体性的内容又可以分为两类，一类是权利，一类是义务。不论是权利还是义务，都涉及主体、种类和内容的问题，这些方面的争议是比较多的。

第二个问题涉及人权的权利主体。个人或自然人是国际人权法确认的权利主体，这应该是没有什么争议的，但在个人或自然人之外，法人、公司、企业是不是人权的权利主体？这就是有争议的。此外，一些

所谓的集体或群体，如人民、国家，是不是人权的权利主体，这也是有争议的。

第三个问题涉及权利的种类和内容。与权利主体相对应的一个争议问题是集体权利问题，比如说有没有集体权利？如果有集体权利的话，哪些是集体权利？我们国家强调的首要人权是生存权、发展权和国家独立权，这些是不是集体权利？另外一个和权利种类有关的问题是，国际人权公约规定了公民、政治、经济、社会和文化权利，这五类权利各自包括哪些具体权利？还有一个问题更加复杂，就是各种权利之间的关系，这就涉及权利的重要性问题：是个人权利更重要，还是集体权利更重要？是公民、政治权利更重要，还是经济、社会、文化权利更重要？在所谓的"公民"权利中，是生命权更重要，还是免受酷刑权、宗教或信仰自由权或者其他某种权利更重要？有没有一个明确的界分？再有一个问题，涉及某项权利的规范性内容到底是什么？比如说，《公民及政治权利国际公约》规定的第一项个人权利是生命权，它的核心内容是任何人的生命不得被任意剥夺，并应受法律保护。但是，这里所说的"人"是什么？是不是包括胎儿和克隆人？这里所说的"生命"从何时开始，到何时结束？哪些对生命的剥夺是"任意的"剥夺？死刑或者警察开枪打死人是不是任意剥夺生命？国家应当采取哪些法律措施保护每个人的生命权？对这些问题，都可能有不同的理解和认识。

第四个问题涉及人权的义务主体。国家毫无疑问是国际人权法确立的首要的义务主体，但是在国家之外，国际组织、国际机构、个人、公司、企业，特别是跨国公司，是不是国际人权法确立的义务主体？关于这个问题有很大的争议。

第五个问题涉及义务的种类和内容。一般认为，国家的人权义务有两大类别：一是消极义务，二是积极义务。这两大类别还可以分为三个层级：最基础的一级是尊重的义务，就是说不要去侵犯人权，不要去非法地、任意地限制人权，这是消极的义务；接下来的两个层级是积极的义务，一个是保护的义务，一个是实现的义务。保护义务体现在三个方面：一是防止个人权利受到侵犯，二是在个人权利受到侵犯的时候采取措施去制止侵犯，三是在侵犯人权的行为发生之后对侵犯权利的人进行惩治，对权利受到侵犯的人提供救济。实现义务又分为两种：一种是提供实现权利的机会，另一种是直接提供实现权利的条件或者保障。比如说，适当生活水准权的一个内容是人人可以获得适当的食物，国家可以通过改进粮食的生产、贮存和分配办法来促进这项权利的实现，也可以通过直接提供食物来帮助无力或不能利用这些办法的人实现这项权利。有人认为，积极义务对应的是经济、社会和文化权利，而消极义务对应的则是公民和政治权利，也就是说，经济、社会和文化权利的实现必须依靠国家的投入，而只要国家不作为、不侵犯，公民和政治权利就可以实现了。这种说法是似是而非的。实际上，国家在经济、社会和文化权利方面不仅仅负担积极的义务，在公民和政治权利方面也不仅仅负担消极的义务。其实，只要国家履行了尊重的义务，不去侵犯或剥夺个人的权利，个人依靠自己的力量，再加上亲戚朋友的帮助、市民社会的帮助，也有可能实现工作权、受教育权、适当生活水准权和其他经济、社会、文化权利，并不一定需要政府来解决每个人的温饱问题，否则政府要多累呀！执政党要多累呀！至于公民和政治权利，也不是说不需要国家的投入就可以自动实现了。比如说，没有足够的合格法官，没有足够的审判场所，怎么能实现公正审判呢？所以，经济、社会和文化权利既需要国家积极地促进和保障，也要求国家消极地不侵犯；公民和政治权利既要求国家消极地不侵犯，也要求国家积极地加以保护。

除了消极义务和积极义务，国家的人权义务还有其他几种分类方法。一种方法是把国家义务分为行为义务和结果义务：行为义务对国家的具体的作为或不作为有明确的要求，比如说国家不得任意剥夺任何人的生命、死刑只能适用于最严重的罪行等，国家只能这样做，必须这样做，或者绝对不能这样做；结果义务只要求达到尊重、保障或实现人权的结果或目的，对具体的保障或实现权利的措施没有要求。这种分类涉及国家义务的具体内容，也涉及国家的行为是否符合有关义务的要求，需要根据国际人权公约的规定对义务内容和国家行为来加以认定。另一种方法是把国家义务分为核心义务和其他义务：核心义务是任何一个国家不论国情如何都必须履行的义务，其他义务是国家可以根据国情来做一些灵活处理的义务。比如说，《经济、社会文化权利国际公约》第2条第3款规定，发展中国家可以根据本国的经济情况，决定对非本国国民享受本公约确认的经济权利的保证程度，但是它在这样做的时候，不能违反第2条第2款规定的不歧视原则。再比如说，这个公约的第11条允许缔约国根据自己的经济情况确定个人应当获得的食物的营养水平，但任何一个缔约国都必须保证本国管辖下的每个人免于饥饿。这种分类既涉及国家义务的内容，还涉及国家义务的重要程度，也涉及国家行为是否符合有关义务的要求，同样需要根据国际人权公约的规定对义务内容和国家行为来加以认定。还有一种方法是把国家义务分为即时义务和渐进义务，在英文里分别叫做 immediate obligation 和 progressive obligation，这方面的争议是很大的。大家知道，1966 年的两个综合性的国际人权公约，美国和中国分别批准了其中的一个公约，有人说这是因为《经济、社会文化权利国际公约》规定的国家义务是渐进的，而《公民及政治权利国际公约》规定的国家义务是即时的。也就是说，国家可以批准前面这个公约，但什么时候去做、做到什么程度都不着急，因为这个公约要求缔约国用它"能够获得的最大资源"，采取所有"适当的"步骤、方法和措施来"逐渐"实现本公约确认的各项权利，而国家一旦批准后面这个公约，就必须立即对国内的法律、政治、经济、文化作出变革。这种理解过于夸张了，是不准确、不客观的。其实，一个义务是即时的还是渐进的，并不取决于它所对应的是哪一类权利，而往往是与那个义务是行为义务还是结果义务有关。也就是说，即时义务往往是对行为（包括作为和不作为）的要求，比如说不歧视、不得任意剥夺生命、不能使用酷刑等，一旦公约对一个国家开始生效，这个国家就必须立即遵守这些要求；而渐进义务往往是对结果的要求，因为任何一个国家都不能保证在批准公约之后马上实现所有的权利。所以说，尊重、保护和实现权利的行为可以是即时的，而尊重、保护和实现权利的结果可以是渐进的。

最后一个容易出现争议的问题就是中国的实践。我们讲国际人权法，必须要把它和国内实践，特别是中国实践，结合起来。中国在国际人权法方面的实践到底是一个什么样的情况？中国政府有很多公开的声明、报告，有的是向联合国的条约机构和宪章机构提交的，有的是向国内社会公开发布的，都在不同程度上总结了中国在国际人权领域的立场和实践，但是说的和做的是不是一致，到底做得如何，这涉及一个评价的问题。在这方面，哪些方面做得好，哪些方面还有不足，政府当然有自己的一个评价，同时，国际社会、国际机构、外国政府、国内外的非政府组织和个人也有评价，对这些评价要有一个全面的理解。我在这里提出一个问题，供大家参考。这是我们从事人权法教学、研究和实务工作的人都要考虑的一个问题，我把它概括为"对国际人权标准的自主性理解和选择性适用"。"对国际人权标准的自主性理解"是指不严格按照条约解释规则，而是按照自己的意见去理解一项权利或义务的内容。比如说，我们国家的宪法、法律、法规规定了很多权利，有人认为这些规定和国际人权公约的规定是一致的，甚至包括了国际人权公约没有规定的一些权利，还有人说我们在批准《公民及政治权利国际公约》的时候不需要保留，因为公约规定的权利在我们国内法里都有了。可是，我国国内法的规定和国际人权公约的规定是不是一致的？是自己认为是一致的，还是真的就是一致的？自己认为一致可能有两种情况：一种是在研究和分析之后确定是一致的，另一种是本来知道不一致，但出于某种考虑而把它们说成是一致的，这都可能是对国际人权标准的自主性理解。"对国际人权标准的选择性适用"是指不严格按照国际人权公约的要求，而是按照自己的喜好去适用某一国际人权法规范。我们知道，国家在接受国际人权标准方面一般是可以选择的，比如说，不同的国家可能批准了不同的国际人权公约，批准同一个公约的国家也可能会有不同的保留。但是，一个国家对于它所接受的国际人权标准，原则上必须认真、全面地遵守和执行。实际上，有的国家在履行国际人权法律义务的时候，可能会基于政治和其他因素的考虑，选择自己愿意履行的义务、愿意保障的权利主体或权利种类、愿意采取的国内措施。这里涉及几个问题：一是主权和人权的关系，二是人权的国际保护和不干涉内政的关系，三是国际标准和中国国情的关系，也就是所谓的普遍性和特殊性的关系。这些问题都与国际人权标准的理解和适用有关，值得从事人权教育、研究和实务工作的人认真对待和考虑。

六、国际人权法的主要参考资料

国际人权法的参考资料很多，我这里只能给大家简单地提示一下了解这些资料的三个渠道：第一个渠道是《中国政法大学人权法学硕士研究生培养方案》，这个培养方案列举了几百本教材和专著，既涉及国际人权法的全面内容，也涉及联合国人权机制、区域人权制度等国际人权法的部分内容，既有中文的，也有英文的。第二个渠道是我们为人权法学专业硕士研究生编写的《国际人权法课程大纲》。和培养方案中列举的资料相比，这里列举的资料有两个特点：一是包括了一些第一手资料，二是包括了一些网站。第一手资料就是没有经过加工的资料，既包括有约束力的国际人权公约，也包括没有约束力的国际人权文件，还包括联合国的出版物。国际人权法方面的网站有官方的和非官方的，有综合性的和专题性的，有中文的和外文的。各位老师不管是从哪个角度从事人权法的教学和研究，都需要知道和利用两个非常基础的网站：一个是联合国人权事务高级专员办事处的官方网站，另一个是美国明尼苏达大学人权图书馆。除此之外，这份课程大纲里还列举了一些学术机构或学者个人所做的综合性的或专题性的研究指南。第三个渠道就是我主持编写的《实体权利专题研究课程大纲》。我在讲"实体权利专题研究"课程的时候，非常强调国际标准，所以在大纲中列举的很多资料都是关于相关权利的国际人权标准的，同样是从事国际人权法教学和研究工作需要参考的重要资料。

交流互动

问：国际公法调整的是国与国之间的权利义务的关系，但国际人权法调整的是主权国家对人权是否尊重的问题，国际人权组织主要起到监督的作用。从严格意义来说，国际人权法应该是不包括国际难民法的，因为难民很难由哪个国家进行公权力的保护。我的问题是，国际难民法究竟应该放在狭义的国际人权法下，还是宽泛的国际人权法下？国际人权法下的国际人权机构到底要不要尽到国际人权义务？

答：我所理解的国际人权法是旨在促进人权的尊重、保障和实现的国际法，国际难民法可以被纳入这种广义的国际人权法范畴。至于说谁有义务来尊重和保护难民的权利，至少有两个国家：一个是难民的国籍国，再一个是难民的所在国。按照国际人权公约的要求，缔约国的义务是确保本国境内以及受本国管辖的每个人的权利得到尊重、保障和实现，而本国境内的人和受本国管辖的人都可以包括难民在内。从这个意义上来说，难民本来也属于国际人权法保护的对象。

国际人权组织或机构的人权义务问题涉及人权的义务主体和义务内容，这不仅是国际人权法的一个重要问题，也是整个人权理论和人权实践的一个基础性的问题。国家是首要的人权义务主体，在理论层面和实践层面，在国际层面和国内层面，这都是没有疑问的。但是，个人、公司、国际组织、国际机构是不是人权的义务主体？如果是，它们的义务是什么？能不能取代国家的作用？这些方面是有争议的。我个人的理解是，人权的义务主体是多元的和普遍的，不同主体的义务内容则可以是有区别的。从义务主体来看，国家毫无疑问是人权的首要义务主体，而国际和国内社会的其他成员也都是人权的义务主体。我们不可能设想存在这么一种状况，那就是国家有义务尊重和保障我们的人权，而国际组织、国际机构、非政府组织、社会团体、公司和个人就不应该尊重或保障我们的人权。如果是这样的话，我们的人权的基础是不稳固的。从义务内容来看，每一类义务主体的地位和职责不一样，其人权义务的内容也可以不一样。国家作为公权力的集中掌管者和使用者，它的义务就是尊重和保障人权，这是不能够推卸的义务。国际组织和国际机构很重要的一个职责确实是监督和促使国家履行义务，但同时自身也负有尊重人权的义务。我们知道，《联合国宪章》的宗旨之一就是促进人权的普遍尊重和遵行，联合国的所有机构当然要为此承担义务，包括与会员国合作的义务。随着人权主流化在联合国的确立，整个联合国系统，包括联合国的各个主要机关和附属机关，都要把人权作为自身工作中非常重要的考虑因素，要体现人权的原则。所以，国际组织和国际机构很显然负有尊重和促进人权的义务，尽管它们的义务的范围和程度和国家的义务不一样，而且它们履行义务的方式往往是要通过国家，不能够取代国家，但并不是说它们没有人权的保障义务和责任。

国际人权法律制度[1]

孙世彦

国际人权法律制度基本上涉及五个方面的问题：第一要澄清一些概念，第二看看国际人权标准的性质，第三是回顾国际人权法的历史发展，第四和第五着重介绍一下国际人权法律制度的两大组成部分——以宪章为基础的机制和以条约为基础的机制。

一、若干基本概念

我们经常会提到"国际人权标准""国际人权文书""国际人权文件"，这些概念指的都是什么？国际人权标准指的是以联合国为代表的国际社会所宣示的有关人权的规范及内容。作为法律学者，我们应该知道"规范""内容"指的是什么，就是权利义务及其实施。国际人权文书就是这些规范性内容的载体。国际人权文件和国际人权文书有共同点，也有差别，差别在于两者强调的不一样：国际人权文书更多地强调其载有的规范性内容，而国际人权文件可能更多地是指存在形式。所以，国际人权文书和国际人权标准是紧密相关的，规范性内容叫做标准，载有这些标准的叫做文书。从英语来讲，国际人权标准用的是 standards，国际人权文书用的是 instruments。这是第一组我们需要了解的概念。

第二组我们需要了解的概念是所谓的"硬法"和"软法"。在国内法中也会偶尔讨论硬法和软法的问题，像中国人权研究会会长罗豪才先

---

[1] 本文是中国社科院国际法研究所孙世彦研究员 2014 年 8 月 16 日在 "2014 年中国高校教师人权法教学研讨会" 上所做的专题讲座，由朱海整理、孙世彦审定、班文战校对。

生有几年非常关注软法的问题。在国际法中，硬法其实指的就是真正的法。至少从国际法角度而言，有一些规则是法律规则，对国家有约束力。国际法中的"硬法"主要有两类：一类是条约，一类是习惯国际法。在人权领域，也有一些习惯国际法，比如，现在公认禁止酷刑是一项习惯国际法规则，也就是说，不论一个国家的国内法是否禁止酷刑，在国际法中，这个国家都承担着禁止酷刑的义务。但总体来讲，在国际人权法当中，最主要的渊源还是条约，按国际法中的定义来讲，就是国家之间缔结的约定有关人权的权利义务关系的、有法律约束力的文书。在国际法中，能够归为国际人权条约的法律文书比较多，但一般认为，由联合国主持通过的九项国际人权公约是其中最重要的组成部分，所以这九项公约被称为核心人权条约。当然，除了公约本身之外，还有很多议定书。所以，我们下面提到的国际人权核心条约，除了指这九项公约，还要加上它们的议定书。这些核心人权公约及其议定书就是最主要的国际核心人权文书，最主要的国际人权标准就载于这些文书。

关于国际人权文书，可以再说两点：第一点就是名称。我们可以看到，国际核心人权公约的中文基本名称都叫做公约，但英文中是两个词：1966 年联合国人权两公约用的是一个词，是 covenant；其他七项公约用的是另外一个词，是 convention。我们阅读英文文献，看到"two UN covenants"，我们就该知道这指的是《经济社会文化权利国际公约》和《公民及政治权利国际公约》。第二点要说的是这些议定书，所有这九项公约都有任择议定书。公约与任择议定书的关系是相对独立的：所谓"独立"是指任择议定书是一个单独的文书，不是公约的一部分；"相对独立"是说任择议定书与公约有紧密的联系。一般来说，任择议定书规定两种事项：一种事项是程序性的，《经济社会文化权利国际公约任择议定书》就是规定人申诉机制、国家间指控机制、调查机制的，这都是程序性的，它没有规定实体性的权利和义务。程序法的运作必须要以实体法的存在为前提，在这种情况下，公约就是实体法，任择议定书就是程序法。另外一种情况就是，对于公约当中没有规定的事项，以议定书作为一个补充，这里的典型就是《旨在废除死刑的〈公民权利和政治权利国际公约〉第二项任择议定书》，该任择议定书是有关废除死刑的。因为《公民及政治权利国际公约》本身并没有禁止死刑，在后来国际社会对废除死刑有越来越多的共识的时候，采取的并不是修正公约的方式，而是缔结附加议定书的方式。一般而言，接受议定书要以接受母公约为前提，比如，要接受《经济、社会、文化权利国际公约任择议定书》的话，必须要以接受《经济社会文化权利国际公约》为前提。但是也有例外，就是《儿童权利公约》下的两个任择议定书，一个有关武装冲突下的儿童权利，一个有关买卖儿童、儿童卖淫、儿童色情制品问题，这两个任择议定书是可以单独批准的，就算一个国家不批准《儿童权利公约》，也可以单独批准这两项任择议定书。

关于核心人权公约及其议定书，最后一点要讲的就是"国际人权宪章"。一般都会说，国际人权宪章包括《世界人权宣言》《经济社会文化权利国际公约》《公民及政治权利国际公约》及其两项任择议定书，但是《经济社会文化权利国际公约》有了任择议定书之后，我们也可以把它加进来，将这六项文书合称为国际人权宪章。

条约、议定书都是"硬法"，对国家有约束力。在国际法当中，还有一类称之为软法的规范，它不仅在人权领域中存在，在国际法其他领域中也存在，指的是对国家没有明确约束力的一些规则。最典型的是昨天李步云老师提到的联合国大会在1986年通过的《发展权利宣言》。联合国大会的决议是没有约束力的，所以它不是硬法。但是，《发展权利宣言》中肯定有一些规范性的内容，所以它依然属于国际人权标准，但只能把它归纳到软法中。这种软法的意义在于：一是它可能会变为条约，很多公约之前都是软法，比如《儿童权利公约》就是从《儿童权利宣言》慢慢演化而来的；二是软法可能对习惯法的形成有影响。所以，在人权法的研究和教学中，我们要同时重视硬法和软法，不能因为硬法有约束力而软法没有约束力就将软法弃之不顾。实际上，在人权的发展中，软法经常扮演着重要的角色。

第三组基本概念有关条约法，主要是让不太熟悉条约法的老师们了解一下。首先是条约的名称。在国际法中，"条约"是一个统称。就像国内法中的法律有很多名称，如法、规章、规定等一样，国际法中的条约也有很多名称，有叫条约的、有叫公约的、有叫宪章的、有叫议定书的、有叫盟约的。尽管条约的名称五花八门，但只要是国家等缔约主体在文书中明确权利义务关系并且承认它有法律约束力，那这一文书就是条约。关于人权条约的主要名称，刚才我也已经提到了，可能叫做公约，英文中是 covenant 或者 convention，也可能叫做议定书。所以，我们不能说这些议定书不是人权条约，它依然是人权条约的一种。

关于条约的通过和生效，取决于不同的条约种类。国际条约大致可以分为两种：一种是双边条约，双边条约的生效一般比较简单，两个国家交换批准文书或者约定的条件达到，条约就会生效；另一种是多边条约——基本上所有的国际人权条约都是这一类，它不是两个国家之间缔结的，而是几十个甚至上百个国家之间缔结的。这些条约一般有两个时间点，一个是通过，还有一个是生效。通过是指文书的内容获得认可，也就是说，这个条约的形式和内容已经获得确定和同意。但是，条约通过了并不意味着它已经成为法律，一般来说，它还要满足一定的条件之后才能生效，才正式成为法律、具有法律约束力。打一个比方，全国人大或全国人大常委会通过一个法律后，经常会规定这个法律要到哪年哪月哪日才能生效，因此，全国人大或全国人大常委会通过一项法律和这项法律正式生效并具有法律约束力是不同的。条约的情况也是类似的，即通过并不意味着立即生效。就条约的生效而言，我们还需要区分两个方面：第一个是条约本身的生效，我们一般说的条约生效就是指条约本身生效，成为具有法律约束力的文书；与之相对应的是第二个方面，即条约对某一个国家生效。国际条约和国内法不一样。我们刚才讲，全国人大或全国人大常委会通过了一项法律，这一法律生效之后，至少在大陆地区具有普遍效力，不会说哪一个地区、机构或者人不受这个法律的约束。国际条约则不同：国际条约只约束接受它的国家；接受必须要通过一定的行为体现出来；只有通过一定的行为，一个条约才可能对这个国家发生法律约束力，对其生效。比如《经济社会文化权利国际公约》，它是联合国大会在 1966 年通过的，通过之后这个条约的形式和内容就算是确定了。但是，通过之后是否说明其成为法律了呢？不是，因为它本身规定，要有 35 个国家批准或者加入之后 3 个月才能生效。1975 年 10 月 3 日，终于有第 35 个国家批准了这个公约，所以它在 1976 年 1 月 3 日生效，从这一天开始成为有约束力的法律。但是，在生效这一天，它只约束此前批准或者加入这个公约的 35 个国家，对其他的国家就没有约束力。例如，中国在 2001 年 3 月批准这一公约，因此到 2001 年 6 月，这个公约才开始对中国生效。我们可以看出，这个公约本身成为法律和这个公约开始约束中国的时间，中间隔了 25 年。所以，条约本身的生效和其对某个国家的生效是要区别开来的。

关于国家的缔约行为。国家的缔约行为涉及几个方面：第一个是签署。签署是指国家代表在条约上署上自己的名字，它仅仅表示国家已经认可了这个条约的形式和内容，但绝不意味着一项公约已经对有关国家产生法律约束力。国际法中有争论，说签署是不是完全没有法律效果，在这里我不妨把它简单化：签署没有法律效果。举一个例证：中国在 1998 年 10 月签署了《公民及政治权利国际公约》，到现在快 16 年了。有些学者说，中国已经签署了该公约，就承担着履行公约的义务，这个说法是有误的。简单地说，这个签署是没有任何法律效果的，中国并不因为签署的行为而承担这一公约之下的任何义务。真正产生法律效果的是批准和加入，批准和加入都是一个国家表示受条约约束的行为。批准和加入还要分为两个方面，一个是国内方面，一个是国际方面。关于国内方面，每一个国家的法律都会规定条约应该如何批准和加入，例如中国有《缔结条约程序法》，规定哪一类条约由人大常委会批准、哪一类协定可以由国务院来核准，这是国内的法律行为。关于国际方面，无论是批准还是加入，一般要向条约的保管机关交存批准书或者加入书，就是把一份写着本国在某一天批准或者加入某公约的文件交给条约的保管机关。联合国的人权条约的保管机关一般都是联合国秘书长。有一些条约，在一国交存批准书或者加入书之后立刻就对该国生效，而有一些条约则要等一段时间以后才能对批准或加入的国家生效，很多人权条约都规定在一国批准或者加入之后 3 个月才对该国生效。那批准和加入有什么区别呢？批准和加入的法律效力是完全一样的，都表示一个国家对一项国际法律文书的接受。它们的不同与签署有关：如果一个国家先签署了一个条约，之后它表示受条约约束的行为就叫批准；如果一个国家没有经过签署这道手续，直接接受条约约束，就叫加入。所以，加入和批准在法律效力上没有任何差别。

还有两个条约法概念需要介绍一下。一个是继承，条约也是可以继承的。这个问题对于我们来说关系并不大，但是 20 年前在欧洲，这是一个很重要的问题，因为苏联解体、南斯拉夫解体、捷克斯洛伐克解体，它们承担的条约义务怎么办，这曾经是个很麻烦的问题，现在基本上解决了。但也不能说继承这个问题和中国一点儿关系也没有，这个问题主要体现在香港和澳门的问题上。我们都知道，中国现在还没有批准《公民及政治权利国际公约》，但这个公约是适用于香港和澳门两个特别行政区的，这个法理依据何在？有一种解释就是，这是一种继承行为。另一个有关条约的概念是保留，这在人权法里面是一个非常重要也非常严重的问题。什么叫保留？按照《维也纳条约法公约》，一个国家在签署、批准、接受、同意或者加入一项条约时所做出的单方声明，不管该声明的措辞和名称是怎样的，只要其目的在于对适用于该国的条约的某些条款的法律含义予以排除或者修正，那它就是保留。保留有几个要素：第一个是，不管是签署、批准、接受、同意或者加入时都可以提出保留；第二个是，某一个法律行为是否构成保留与它的名称无关，因为在国际实践中，这种行为除了叫保留，还叫声明、理解、解释性声明等。从国际法角度来讲，不管这种单方面声明的形式如何，只要它的目的在于排除或者改变条约对于声明提出国的适用效果，那它就是保留。这里有一个例证：我国在批准《经济社会文化权利国际公约》时声明，该公约第 8 条第 1 款（甲）项要按照我国《宪法》《劳动法》《工会法》的规定来实施。我国《工会法》《劳动法》等对于工会权利的规定和第 8 条第 1 款（甲）项的规定是有差别的：第 8 条第 1 款（甲）项规定人人有权组织工会，但是在我国的相关法律中发现不了这项权利。尽管我们用的名称是"声明"，但它的实际效果是排除了公约第 8 条第

1 款（甲）项所保障的权利，所以还是有一些北欧国家如荷兰、瑞典、挪威把它当作保留并提出了反对。

二、国际人权标准的性质

关于国际人权标准的重要性，班老师刚才在做课程介绍的时候已经提到。我觉得班老师总结得非常精辟，我也不必重复，而只想就国际人权标准的重要性举一个例子。大家如果觉得这个例子合适的话，以后上课的时候也可以用。我们在中国讲授人权的时候，特别是在面对青年学生的时候，经常会有人问，中国的人权状况到底是好是坏，这种问题很不好回答。第一个难题是态度方面：如果说中国的人权状况好得不得了，好像说不过去；如果说中国的人权状况一塌糊涂，肯定也不符合实际。第二个难题出现在逻辑方面：当我们谈到"好"或"坏"的时候，其实都只是个对比问题、程度问题，这就有个以什么为尺度的问题。所以，我经常反问学生：各位同学，你们看我的个子是高还是矮？有些同学就会说：孙老师，你的个子还可以吧。聪明的学生则会说：那得看跟谁比。我们在座的任何人跟姚明比个子的话，都一定是矮子；但我要是站在潘长江边上，说不定比他还高一些。我跟同学们说，所以我们必须引进一个尺度，才能衡量我的个子到底是高还是矮。再比如，我家的孩子发育得怎么样，这到底怎么判断呢？要是有人说，孙老师，你家孩子怎么面黄肌瘦的，你看隔壁老王家的孩子长得又高又壮，怎么回答呢？也许我们家非常穷，孩子经常吃不起饭、还生病，而老王家非常有钱，他家吃得好、穿得好，孩子当然长得壮，所以这么比不公平。那换另一种方法比，公不公平呢？比如你说，我家孩子面黄肌瘦是因为我虐待孩子，而我辩解说，前天我还只给他吃一顿饭，昨天我已经给他吃两顿饭了，他的生活水平已经大大提高了，这种解释肯定不像话。最合理的衡量方法是什么呢？就是引入一套大家公认的、客观的标准。比如，我们国家有关于孩子的体质发展标准，说一个孩子到了几岁时，身高应该是多少、体重应该是多少，才是发育正常。有了这么一套标准，你才能说一个孩子发育得好与不好。在国际人权法中，道理是一样的。例如，我们不能拿中国的情况跟挪威比，挪威只有不到 500 万人口，有一个大大的北海油田；也不能跟瑞典比，这个国家到今年已经 199 年没有打过仗了。我们跟这些国家比不了。我们跟印度也比不了，印度的民族问题、宗教问题远远比中国复杂得多，甚至都没办法想象，而且印度的民主制度使得政府没法"集中力量办大事"，和我们很不一样。那跟过去比，说我们 20 世纪 70 年代的人均国民生产总值是多少、现在又是多少等，这有意义吗？也没意义。这就像是说昨天只能吃一顿饭，今天吃上了两顿饭，我的日子已经不错了。所以，最可以拿来衡量的就是国际人权标准。由于我下面要讲到的几项性质，国际人权标准可以作为一项比较客观的尺度和标准，用来衡量我们中国或任何国家关于人权的法律规定和实际状况到底如何。这是我对于国际人权标准重要性的一种形象式的说明。

我们前面已经提到，国际人权标准就是国际人权文书当中包含的规范性内容，这些规范性的内容有两方面：一个是实体性的权利义务关系，另一个是关于权利实施的一些规定，粗略点说，就是实体法和程序法。国际人权标准主要是其中实体法的部分，也就是关于各项权利以及与这些权利相对应的义务的规定。这些国际人权标准主要有四种性质：

第一种性质是权威性和中立性。说国际人权标准具有权威性，并不是说它更为正确或强大，而是从国际法的角度来说，国际人权条约在效力上是高于国内法的。国际法有两项非常重要的原则，第一个是"约定信守"，就是说话算数，一国接受了一个条约，那就要善意履行。如果说一个国家今天接受了一个条约，明天就可以违约的话，国际法就没有办法存在了。由这个原则演化出来的第二项原则是，一个国家国内法的规定不能成为它不承担国际义务的理由。从国际法的角度来讲，一国的国内法问题是它自己的问题，它愿意怎么规定，这是它主权范围内的事情，但是国内法的规定不能成为它不承担国际义务的一个理由。我们可以举一个简单的例子：中国与一些国家签订的引渡条约规定不判处被引渡者死刑，但是中国保留了死刑，那中国可不可以把一个贪官或逃犯引渡回国之后判处他死刑，理由就是这是国内法的规定，是我们的主权，法院判的死刑，政府也没有办法，可不可以这样呢？有人可能觉得可以这样主张，但是从国际法的角度来讲，中国这样做就违反了自己承担的条约义务。所以，从这个角度来讲，国际人权条约是有权威性的。一个国家基于本国国内法的不同规定，可以不批准、接受或加入国际人权条约，但一旦接受国际人权条约，这个国家就必须遵守。

和权威性相联系在一起的是中立性。我们在国内这种人权话语的语境中，最经常听到的一种说法就是"我的人权观"和"你的人权观"，换句话说，就是我们有中国特色的社会主义人权观，你们西方有你们的西方人权观，我们把这两个"观"对立起来，认为没有什么可供讨论的余地。也许有些人会自觉或者不自觉地把国际人权标准推到西方那边去，认为国际人权标准是西方人搞出来的。这个想法恐怕是有问题的，我们在下面的普遍性和包容性中再谈这个问题。在我看来，国际人权标准在政治上、在意识形态上是中立的。在我们的人权教学和研究中，使用这个标准有一个好处。如果我们在课堂上讲，美国的宪法、德国的基本法是这么规定的，美国联邦最高法院、德国宪法法院是这么判决的，可能就会有人挑错，说这是资本主义国家的法律和实践，我们的国情不一样。国际人权标准在这一点上受到攻击的可能性就要小得多，但我只能说小得多，不能说没有。如果有人非要说没什么国际的人权标准，那全都是西方的人权标准，对于这种狭隘认识，我除了劝他好好读一读《世界人权宣言》以外，恐怕也没什么别的办法。

第二种性质就是最低性和有限性。我们尽管说国际人权标准具有权威性（这里主要指条约中的标准，软法虽然也有权威性，但这种权威性体现在道德上而不是法律上），但不管是硬法的法律权威性还是软法的道德权威性，并不意味着它们是终极的标准、是最全面的规定，反倒是说国际人权标准具有最低性和有限性。最低性指的是国际人权标准是缔约国在它的法律规定、实践当中必须遵守的最低限度的标准，缔约国必须履行这些义务、达到这些标准。但这并不是说，一国履行了这些义务、达到了这些标准，就意味着它在保护人权中达到了某种理想的水平。因为国际人权标准是最低的，一个国家完全可以有超过这些最低标准的标准。我们可以举一个例子：《公民及政治权利国际公约》第6条第5款规定不得对孕妇执行死刑，但是中国刑事法律中的规定比它还要进一步。中国法律规定，不仅对怀孕的妇女，而且对在羁押期间流产的妇女，都不得"判处"死刑，而不仅仅是不得"执行"死刑。因此，对孕妇不得执行死刑只是最低标准，任何国家完全可以规定比它更高的标准。当然，如果一个国家没有死刑，那是一个更高的标准。

有限性也一样。昨天，我们就"人权"与"基本人权"的异同有过一些讨论。实际上，所有人权都是基本人权，基本人权只是说明人权具有基本性，而不是说人权还有非基本的。但是，这并不意味着在国际人权法所承认的权利之外就没有其他人权。国际人权标准或者国际人权法所规定的，只是在国际范围内得到了很大程度的认可或者达成共识的权利。还有一些权利没有被规定在国际法中，有一些国家承认是人权，有一些国家则不承认。我们不能说这些权利不是人权，但它们目前不在国际人权标准的范围之内，所以国际人权标准具有有限性。这里，我们可以举一个例子：《公民及政治权利国际公约》第18条规定了思想、良心、宗教或信仰自由，在一些国家，有一种现象叫做基于良心拒服兵役，即有一些人基于自己的良心或者信仰反对暴力杀人，所以他拒绝服兵役，因为服兵役的话，可能就要拿起枪、就要杀人，这有违他的良心。这种情况在中国好像就没有听到过，如果在街上问100个人的话，可能有99个人说想不到，但是在其他国家确实有这种情况。现在，有越来越多的国家开始承认，一个人可以基于良心、信仰的理由拒服兵役，这是一项基本权利，而这样一项权利本来并不在国际人权标准之内，所以说国际人权标准具有有限性。是否有一天，这项权利会在国际上得到认可呢？并不是没有可能。所以，我们要记住，国际人权标准具有权威性，但它依然是最低标准，而且只是对于已经获得国际社会公认的一些权利的有限标准，它并不是一个理想的、最高的、全面的标准。

第三种性质是普遍性和包容性。昨天有老师问到了人权的普遍性和特殊性的问题。这里，我并不想重复所有的理论性的讨论，因为关于人权的普遍性和相对性或特殊性的探讨非常多，不论是在中国范围内还是在世界范围内，有很多从理论角度、逻辑角度、实证角度进行的探讨。

在这里，我只想提醒大家，关于国际人权标准，我们可以考虑几个比较具体的事情，通过这几个比较具体的事情来思考或者启发学生来思考国际人权标准的普遍性。第一个，我们要讲到的核心人权条约都有几十、上百乃至几乎世界上所有国家的批准，我们可不可以说，这样的标准是西方的人权标准？如果说它还是一个西方的人权标准，恐怕没有办法解释得通。广大的发展中国家、非西方国家难道是受了武力的强迫来接受这些标准的吗？说不通。有人会说，人权标准本来是西方的，但是后来被非西方国家接受了。如果情况是这样，那么普遍性和西方性之间大概就没有什么差别了。因为某一个东西必然是在某一个地域、某一个文明中产生的，它可能最开始局限于某一个地域，但是完全可以通过普及而获得普遍性。成体系的人权标准、理论的确最早是在西方提出来的，但是如果它们被全世界所接受的话，它们是否就实现了普遍化、获得了普遍性？另外，当我们说到中国、说到中国的人权问题的时候，经常会说我们有特殊的国情。实际上，我能想起来的中国的特殊国情只有一个，这是世界上所有其他国家都比不了的，就是我们有 13 亿人口。除此之外，我想不出来我们中国还有哪个情况是世界独一无二的。讲到国情，就像在生活当中，我们每个人都有自己的情况，我的父母肯定和别人的不一样，我和我配偶、子女的关系肯定也和别人的不一样。我是不是就可以主张说，我和你们都不一样，我们没有任何东西是共同的，你认为应该孝敬父母、夫妻互敬、善待子女，而我就不同意？每个人的确都是独特的，但是我们所有人在一起，一定会有一些共同的价值。国际社会中是不是也这样呢？我经常问的一个问题是这样的：在欧洲的德国和在非洲的博茨瓦纳，在亚洲的韩国和在拉丁美洲的玻利维亚，我们能在这四个国家中找到多少共同点，而找出的共同点又是中国没有的呢？为什么挑这四个国家呢？挑得很随意，但这四个国家都是《公民及政治权利国际公约》的缔约国。我们可不可以说，这些国家都能接受的公约我们不接受，而原因就在于我们特殊的国情呢？这个我觉得不太容易说得过去。有些人会自觉或者不自觉地把人权标准分成"西方人权标准"和"东方人权标准"。当说到"西方人权标准"的时候，又会把美国和欧洲的标准归到一起，叫做西方人权标准，甚至就把美国人权标准当作西方人权标准。而且，在有些人的傲慢的心态中，非西方人权标准只意味着中国人权标准，对非洲、亚洲、拉丁美洲等其他国家就视而不见了。我们需要看一看，国际人权标准是不是西方的东西？这里我举两个例证来说明国际人权标准是怎么来的。第一个例证：《世界人权宣言》是1948年12月10日通过的，后来这一天被定为世界人权日，但《世界人权宣言》并不是联合国通过的第一项国际人权文书。在1948年12月9日，在《世界人权宣言》通过的前一天，联合国大会通过了一项公约，即《防止及惩治灭绝种族罪公约》，这个公约并没有被列在核心人权公约中，但并不是说它不重要。让我们想想，在最近500年间，灭绝种族这事是谁干的？或者是谁干得最多？是西方人。不管是白人殖民者在美洲大陆对印第安人有意或者无意的灭绝，还是这几百年间在非洲贩奴造成的上亿人口的损失，还是纳粹德国二次大战期间在集中营屠杀了上千万犹太人，都是例证。而联合国大会通过的第一项人权公约就是《防止及惩治灭绝种族罪公约》，那么这个公约体现得还是不是西方的标准？或者说，就算这个公约体现的是西方的标准，那算不算是西方承认自己的错误、检讨自己的过失的一个成果？另外一个例证：联合国人权两公约都是1966年通过的，但是在所有九项核心人权公约中，这两项公约并不是最早通过的，因为在1965年，联合国大会通过了核心人权公约中的第一个，就是《消除一切形式种族歧视国际公约》。我们再想一想，种族歧视是谁干的？是谁对谁的歧视？至少在公约通过的当时，甚至直到现在，种族歧视主要是白人对有色人种的歧视，我们可不可以说《消除一切形式种族歧视国际公约》体现的是西方人权观？说到联合国人权两公约，有文献提到，这两个公约的起草过程非常艰难，这两个公约最后能在1966年得到通过，谁在其中发挥了重要作用呢？是发展中国家。因为在所谓的东方国家和西方国家对两公约的通过犹豫不决的时候，是发展中国家大力推动把这两个公约提交联合国大会付诸表决，以便使其尽快通过。从这些例证来看，至少现在的国际人权标准，很难说它反映的是一种西方的人权观。我并不否认这些人权标准从源头来讲可能来自于西方文明，但是发展到今天的国际人权标准应该说是全人类文明的共同结晶，或者按照《世界人权宣言》序言的最后一句话，它是"所有国家和所有人民努力实现的共同标准"。

国际人权标准的这种普遍性也就意味着包容性——我不想用"相对性"或者"特殊性"这些提法。国际人权标准具有普遍性，但并不意味着它是僵硬的、一刀切的，它对于许多国家的特殊状况、特殊考虑是能够给予包容的。但这并不意味着，每个国家都可以以特殊情况为由说"你要来包容我"，并不是这样的。像李步云老师昨天提到的新加坡的鞭刑，还有在某些国家妇女通奸会被用石头砸死，这样的行为是不能为现在的国际人权标准所包容的。

国际人权标准的第四种性质是补充性和监察性。国际人权标准很权威，但它毕竟是补充性的，是对国内人权法律制度的补充。人权在本质上还是涉及一个国家的公权力和个人的关系，个人的权利首先还是要在一个国家国内、依靠本国的法律制度来得到尊重、保障、促进和实现。国际人权标准只是一个补充，国际人权机制只是起到一个监督的作用。我们不能指望国际人权标准成为一个世界人权法典，也不能指望国际人权机构成为国内人权法院的上诉机构，能够直接对国内的人权状况发挥作用，它只具有补充性和监察性。

还有一个国际人权标准的性质，我没有列在这里，但对我们理解国际人权标准或者对我们的人权研究非常重要：国际人权标准具有自主性。所谓自主性，指的是国际人权标准的范围和内容独立于任何国家的法律制度而存在，不受国内法的限定和约束。这就意味着，对于国际人权标准中任何概念或者术语的解释，都必须按照它们在这些标准中本来的含义进行，而不能依赖于国内法律制度中对它们的解释。非常容易出现这样的情况：某一个国际人权法中的概念，有人按照国内法的解释来理解它。出现这种情况，可能有两个原因：第一个原因我已经讲到，国际人权法调整的并不是国家和国家之间的关系，而是一国之内公权力和个人之间的关系，所以它调整的范围和许多国内法调整的范围是一样的。由此带来了第二个原因，就是国际人权法当中的许多术语和概念本身就来自于国内法，是对国内法概念的提炼或者总结。但是，这样一种调整领域的重叠或概念渊源的联系，绝不意味着解释国际人权标准时要依赖于国内法中的概念。国际法中的这些概念具有自主性和独立性。这里可以举一个例子，通过这个例子，我们就可以更清楚地知道国际人权标准或者其中概念的自主性的含义是什么。我反复提到的《公民及政治权利国际公约》第 9 条第 3 款规定，任何因刑事指控被逮捕或拘禁的人应被迅速带见审判官或其他经法律授权行使司法权的官员。一个人被逮捕或者拘禁时，他应该被迅速带见审判官，也就是法官。但与法官并列的，还有一个"经法律授权行使司法权的官员"。在中国有刑事拘留，拘留之后要刑事逮捕或者批捕，这是由检察院进行的。那么怎么来看这种情况呢？国内有学者是这么解释的：公约规定被逮捕或拘禁者可以被带见法官，也可以被带见其他经法律授权行使司法权的官员；在中国，检察机关是司法机关，所以由检察官来批捕也没有问题。这是个非常典型的用国内法来理解国际法的错误。至少在《公民及政治权利国际公约》里面，司法权力中的"司法"要比我们国内法中的"司法"狭窄得多。公约所说的"其他经法律授权行使司法权的官员"，是一定要独立于控辩双方的，他不能是警察，不能是检察官，也不能是律师。公约之所以这样规定，是因为有些国家有所谓的初审法官，英文中并不叫 judge，而是叫 magistrate。警察把人抓起来了，是继续羁押、审判还是保释，由初审法官来决定，公约是为了考虑这种情况，才规定了"其他经法律授权行使司法权的官员"，而并不是像我们国家这种由检察院批捕的情况。这并不是我的解释。人权事务委员会在类似的案例中明确地提到，从国际人权标准来看，东欧国家的检察院（在我看来其职责与中国检察院的职责很像）不具有第 9 条第 3 款所要求的这种机关和人员应具有的独立性、公正性、客观性。所以，我在这里提醒大家，在我们进行人权教学和研究的时候，对于人权标准中的一些概念，用起来一定要小心。如果以后遇到国际法中的概念，一定要想想它是不是有某种区别于从国内法角度理解的含义。

交流互动

A 老师：我对国际人权标准的包容性以及包容性和普遍性之间的关

系还不是很明白，希望您能解释一下。

答：我举一个例子，看看能否让你多一点理解。比如说，《公民及政治权利国际公约》的实质性条款中最长的一条（第14条）规定了公正审判。但是，怎么样实现公正审判？是像英美法系那样实行控辩制，还是像大陆法系那样实行纠问制？公约对此没有要求，各个国家的法律规定、法律实践、法律传统不一样，可以自己来选择，但只要审判符合公约要求的公正标准就可以。这就是一种包容的例证吧。

A 老师：孙老师学识比较渊博，研究的也比较多，所以在讲授这些课程的时候，效果可能比较好。其实，我觉得在讲课的时候，这些权威性、中立性、最低性等很难讲，但是通过实例的话可能就会好得多。但是，我们在平时的讲述中，好像不是很容易找到每一个对应的、能让学生较好理解的实例。不光是国际人权法，在国际公法的其他领域也是这样，有关案例要么太长，要么太旧。我们怎么去解决这个问题？

答：从我的角度来讲，你让我从理论上对这些性质做大篇幅的阐释，我还真没这个能力。李步云老师的出身是法理学，有这么多年的研究功底，对理论问题能有很好的阐释，而我能做的还就是举例子，我觉得举例子能够说明问题。这些例证从何而来呢？大概就是自己多琢磨吧。只要脑子里随时带着这根弦儿，然后去看一些资料，就会发现例证。比如我刚才说的我个子的高与矮、孩子营养状况的好与坏，你脑子里随时带着一些问题，反复想，在生活当中就会发现很多这种例证，不是说你非要对法理学、国际人权标准了解多少。但是，可能还是要了解一些东西，比如刚才所说的《防止及惩治灭绝种族罪公约》和《消除一切形式种族歧视国际公约》的通过时间。其实，这两个公约什么时候通过，早《世界人权宣言》一天、早1966年联合国人权两公约一年，我们找任何一本国际人权法的教材来看都会发现，就是看你有没有心将其做一个对比。

A 老师：讲授人权法需要一种知识的沉淀，但是因为我们学校不是很大，每个老师的教学任务其实是很重的，也就意味着学校的分工不是很细，老师承担的东西很多，不可能在某一个领域中都深入进去。

答：我充分理解。这样吧，像班老师、我还有其他一些专门搞这方面研究的老师争取多写点东西，让大家能够集中地做一些借鉴吧。

B 老师：李老师昨天讲到，人权法涉及国际人权法和国内人权法。您今天讲，国际人权标准并不仅仅是西方的，它其实是整个人类大家庭的。这样的话，还有没有必要提国内人权法，现在有国内人权法这个东西吗？

答：李步云老师一向强调有国内人权法，他昨天也是这么说的。在我们的课程设置中，国际法是和宪法、刑法等课程并列的，但从法律制度来说，和国际法对应的并不是宪法、民法、刑法等，和国际法相对应的是国内法。在国际法中有一个部门叫做国际人权法，那在国内法中是不是有一个部门叫做国内人权法呢？好像并不好说。如果非得把国内人权法强调成一个法律部门，这个有点儿问题。但是，肯定有国内人权法。而且，如果人权法是一个大的体系的话，国内人权法甚至是一个比国际人权法更加重要、分量更大的一个部门，因为在国内法律制度当中，有无数和人权的尊重、保障、促进和实现相关的规则，最核心的是宪法，其他的还有刑事诉讼法，以及有关社会、劳动、保障、教育的法律等。

我看过两个数据，后来发现这两个数据几乎是一致的。中国向联合国人权理事会提交的报告中提到，自从改革开放以来，我们已经通过了近250项保护人权的法律。另一个数据说，社会主义法律体系已经基本建成，其中包括现行有效的近240项法律。这意味着什么？意味着我们把我们通过的所有法律都看作和人权保护有关系。所以，从这个意义上讲，国内法和国内人权法又变成一样了。或者像李步云老师说的那样，法律规定的最终目的应该落实在保障人权当中，所有的国内法都是国内人权法。

所以，有没有国内人权法，这取决于你怎么看国内人权法：你可以把它看成一个单独的部门，也可以因为没有直接和人权保护相关的规则，而不这么看，这是其一。其二，为什么说国内人权法更重要呢？一方面，别看国际人权法有这么多的性质，国际人权法也有很多的毛病。

因为它是几十个、上百个国家协议达成的，所以它会非常原则，有些时候会非常含糊，有些时候会故意留下漏洞，这些都需要每个国家根据本国的情况对它做一个更加细致的规定。另一方面，从补充和监察方面来说，现代的国际法和国内法相比还是一个软法，这种"软"并不体现在它的规则是否充分、完善上，而是体现在它的实施机制上。有一些涉及国家利益的规则，国家可能同意建立较强的实施机制。例如，WTO就有争端解决机制，要是任何成员方不服从裁决的话，其他国家可以采取报复措施。但是，在人权领域中就没有这样的机制。比如，如果某个国家的警察喜欢把人抓起来先打一顿，这对其他国家的利益并没有影响，后者没有什么措施可用来改变这种状况。国际人权标准很重要，但是国际人权标准不能自行起到作用。最终使得整个社会达到一种基本自由和人权达到普遍尊重和保护的状态，还是要靠国内法律制度。所以，我在这里大讲特讲国际人权标准，其实，要是国内的人权标准非常发达的话，这些东西不要也罢。

C 老师：刚才您提到，国际人权法调整的其实是国家的公权力和个人权利之间的关系。我们知道，宪法的一个基本调整对象是国家权力和公民权利，但在我们国家的宪法中，并没有对国际条约做一些原则性规定。在这种情况下，您觉得宪法和国际人权法的关系是怎样的？未来我们国家宪法可以努力的方向是什么？

答：我不是宪法领域的专家，关于国际人权标准与宪法的关系，只能简单说几句。宪法的一项核心内容就是对基本权利的保障，而宪法中有关基本权利的规定和国际人权标准的调整范围是基本一致的，因为它们调整的对象都是国家与个人之间的关系。这里涉及两个非常不同的问题：一个是宪法和宪法诉讼的问题，好像我们曾有过一两个案子让大家欢呼了一下，后来就偃旗息鼓了。另外一个问题就是国际人权条约在中国国内的地位和效力问题。因为我们的《宪法》和一些宪法性的法律，包括《立法法》，甚至包括《缔结条约程序法》，对于国际条约在中国国内法中的地位如何、效力如何、如何适用没有具体规定。当然，有一些法律（比如《民事诉讼法》）中有这样的规定：如果本法与中国缔结的国际条约和惯例相冲突的，国际条约和惯例优先，但中国保留的条款除外。但这只是具体法律的具体规定，能不能把它上升为一般性的原则还是存疑的。有人说这就是原则，但是我觉得，就算是一项原则，司法机关也不会认同，因为在人权领域中，我相信从来没有人听说过中国的哪一级法院适用过哪一项国际条约。倒是有律师提到过，根据中国已经批准的公约，当事人有这样那样的权利，但我没有听说哪个法院在判决中提到过这个。所以我想，在中国将来的人权保护中，至少从制度设计来讲，这两个问题恐怕都得解决，一个是宪法诉讼问题，一个是国际人权公约在国内的地位和适用问题。也许没有必要两个问题都解决，但至少要解决其中一个问题。要是宪法诉讼的问题解决了的话，我们的宪法规定也没那么单薄。出现了宪法诉讼，必然会涉及对宪法规则的解释问题。一个律师要辩护的时候，援用美国法院、德国法院的案例，可能说服力远不如引用国际人权标准，那么宪法诉讼中就会用到国际标准，为中国的宪法实践与国际人权标准的结合打开一道门。或者反过来，要是国际人权标准能在国内法院得到直接适用的话，由于国际人权标准中的权利和宪法中的权利基本是一样的，国际人权标准的司法适用在某种意义上就能取代宪法诉讼。但是，这两件事都不是我们能够指望在短期内实现得了的。

三、国际人权法的历史发展

1945 年之前的国际法叫做传统国际法，可以说已经存在了 300 年。一般认为，传统国际法产生于 17 世纪初。在这 300 年间，国际法中是基本没有人权内容的，或者说零散地有一些与人权有关的规则，但是没有体系性的、制度性的国际人权法。因为国际法是调整国家之间的关系，而人权法在本质上是调整一个国家和个人的关系，所以说传统国际法不关注人权。但是有一些零散的规则，比如说废除奴隶制，还有就是在一战至二战之间的 20 年间，国际联盟有一些保护少数人、保护劳工权利的实践等。为什么第二次世界大战之后国际人权法产生了？因为在第二次世界大战期间，同盟国在与轴心国作战的过程中认识到，这不仅是一场反侵略战争，不仅是一场解放战争，而且也是一场争取人权的战争。在 1945 年，国际社会的一个认识是，人权问题是战争爆发的一个起因。对于战争的反思和战争与人权的联系，在《联合国宪章》中有非常明确的体现。《联合国宪章》序言的第一句话就明确地说："我联合国人民同兹决心，欲免后世再遭今代人类两度身历惨不堪言之战祸，重申基本人权，人格尊严与价值，以及男女与大小各国平等权利之信念。"它非常明确地将战祸和人权联系在一起，而且重申基本人权的目的就是欲免后世再遭战祸。所以，尽管人权是一个国家的内部事务，但不能完全由一个国家自己来决定。《联合国宪章》成为国际法历史上第一份明确提到人权的国际法律文书，它在本质上是联合国所有会员国之间的一项条约。《联合国宪章》在序言之外，还有六七处也提到了人权：第 1 条，联合国的宗旨之一就是要增进并激励对于全体人类之人权及基本自由之尊重，这里的人权及基本自由的含义和人权是一致的，这是联合国的宗旨之一；第 13 条，联合国大会作为唯一由所有成员国构成的机关，它的职责之一就是要发动研究，并作成建议，以促成人权和基本自由的实现，这是联合国大会的职权之一；第 55 条又重复了一遍联合国的宗旨，包括应促进人权及基本自由；第 56 条跟第 55 条相配合说，各会员国"担允"与联合国合作以实现上述宗旨，这里面的"担允"一词包含着法律义务性；第 62 条规定联合国的另外一个主要机关经社理事会，它的职权之一也包括为促进人权做成建议；第 68 条规定，经社理事会为了履行它的职权，可以设立各种提倡人权的委员会，我们会在下面提到，有两个人权机构都是经社理事会根据这一条设立的；第 76 条规定托管制度的基本目的之一也是提倡人权和基本自由。我们非常粗略地看了一遍《联合国宪章》关于人权的规定，会发现有这么几个问题：第一个问题，它提到了人权和基本自由，但是没有界定是哪些权利、哪些自由，这就如同一国宪法中说国家尊重和保障公民的基本权利，但是没有列举公民的基本权利一样。第二个问题，对于怎么样提倡、怎么样促进、怎么样增进人权，也没有规定明确的措施。这也不是《联合国宪章》起草者的一个故意疏忽，有这么几个原因，而且都是历史性的原因。第一个原因，《联合国宪章》是在 1945 年 6 月通过的，那时欧洲的战火刚刚熄灭，亚洲太平洋战区的战火还在燃烧，对于联合国51 个创始会员国来讲，这个时候最重要的是建立联合国，恢复战后的国际秩序，为战后的国际秩序建立一个框架。在这样的考虑之下，人权就不是一个紧迫的因素。第二个原因，尽管如此，《联合国宪章》的起草者并不是认为人权就不重要，当时他们决定的是采用一个类似美国宪法的路径。我们知道，美国宪法是 1787 年通过的，7 条中没有一条提到权利，《权利法案》是在两年之后的 1789 年才加到美国宪法中的。所以，国际社会当时达成一个共识，《联合国宪章》只对人权做原则性规定，随后国际社会应该尽快订立一份国际人权宪章，在这个宪章中对人权和基本自由做明确的列举。所以，为了这个目的，经社理事会在1946 年设立了联合国人权委员会，它的主要任务是起草国际人权宪章。在当时的规划中，国际人权宪章应该包括三个部分，第一个部分应该是一项宣言，第二个部分应该是一项人权公约，第三个部分应该是一套实施机制。所以，联合国人权委员会的第一项任务就是起草国际人权宪章，这个宪章当中的第一部分就是一项宣言。宣言起草完毕后，1948年 12 月 10 日在联合国大会获得了通过，这就是我们都知道的《世界人权宣言》。

我们可以看看《世界人权宣言》的序言，看它把人权放在什么位置："鉴于对人类家庭所有成员的固有尊严及其平等的和不移的权利的承认，乃是世界自由、正义与和平的基础……大会发布这一世界人权宣言，作为所有人民和所有国家努力实现的共同标准……"宣言一共 30条，很简短。第 1 条规定了人的尊严与权利平等，第 2 条规定了不歧视，第 3 条至第 21 条规定了我们平时所说的公民权利和政治权利，第22 条到第 27 条规定了经济、社会和文化权利，第 28 条规定了要求良好的国际秩序的权利，第 29 条简短地提到了人的责任，第 30 条是一个保障条款。《世界人权宣言》是联合国大会通过的，当时并没有法律约束力。因为根据当时的设想，它只是国际人权宪章中的一部分，有点类似国际人权宪章的序言。根据当时的规划，很快会有一项国际人权公约把宣言规定的权利法律化、具体化、精细化，然后再组织一套实施机制。

但是后来发生的情况和当时的设想不同，以至于现在过去 60 多年了，《世界人权宣言》已经形成了自己的独特地位。现在有一种主张认为，不能说《世界人权宣言》完全没有约束力。我们提到过，硬法中除了条约之外，还有习惯国际法。这种主张说，《世界人权宣言》的绝大部分或者部分条款已经经由国家实践，在国家的接受中发展成了习惯国际法。由于对这个问题并没有一个权威认识，所以《世界人权宣言》究竟在多大程度上、多大范围内成为习惯国际法，并不是十分明确。但是，无论《世界人权宣言》是否发展成习惯国际法，它在道德和政治上的权威性，世界上没有一个国家敢于公开否认。因此，《世界人权宣言》在国际人权的发展历史中具有一个非常重要的位置。在列举世界人权文书的出版物中，《世界人权宣言》几乎都要排在第一位。为什么说几乎呢，因为有时候会把《联合国宪章》中有关人权的规定排在它的前面，在《联合国宪章》之后，紧跟着的必然是《世界人权宣言》。那么，谁对《世界人权宣言》这样一份重要的文件做出了最大的贡献呢？有一种提法说《世界人权宣言》有一个 mother——世界人权之母，就是奥莉诺·罗斯福（Anna Eleanor Roosevelt），美国二战时期的总统富兰克林·罗斯福（Franklin Delano Roosevelt）的夫人。她本人是著名的社会活动家，也是联合国人权委员会的第一任主席，对《世界人权宣言》的通过做出了重要的贡献。当然，有妈妈就要有爸爸。谁是"国际人权之父"呢？不是罗斯福总统，尽管罗斯福总统对二战后的国际人权的发展做出了重大贡献，他在二战中提出了我们所熟知的四大自由，但是他本人在 1945 年 4 月去世了，没能看到二战的结束和联合国的建立。在《世界人权宣言》的起草过程中，也有一些男性发挥了重要的作用，比如加拿大的约翰·汉弗莱（John Humphrey），他是联合国人权署的第一任署长，据说《世界人权宣言》的第一份草稿就是出自他的手上；另外还有一个法国人勒内·卡森（René Cassin），也对宣言的起草发挥了很大的作用，并因为这种贡献在 1968 年获得了诺贝尔和平奖。但是，在国际人权学界，还流传着一种黑色幽默的说法，说希特勒才是世界人权之父。这也很好理解，正是由于他及其领导的纳粹政权的暴行，才使我们认识到人权必须在国际层次上受到保护，否则人类就有可能再次陷入像二战这样的浩劫之中。

四、以《宪章》为基础的机制

《世界人权宣言》是国际人权宪章的第一部分，第二部分应该是一项人权条约，这项人权条约应该辅之以一套人权机制，这是联合国当时的构想。但是，这个构想没有完全实现，它只在部分层面上实现了。而且，当这样一个国际人权宪章的部分构想实现的时候，已经比《世界人权宣言》通过晚了将近30年。《联合国宪章》中规定了要尊重、促进和保障人权，但在这30年中，联合国在人权领域中却无法可依。那它对于在国际事务中的许多人权问题该怎么办？无法可依，是不是就什么都不做了？并不是，联合国只能依据《联合国宪章》——其中有六七条规定了人权，而这个人权的具体内容在哪里呢？在《世界人权宣言》中，尽管这个宣言并没有法律约束力。所以，联合国发展出来一套"以宪章为基础的机制"，这个"宪章"指的是《联合国宪章》。《联合国宪章》规定了联合国大会、经社理事会在人权方面的一些职权，所以这些机构就设立了一些机制来促进人权，我们可以逐一看一看。

第一个，联合国大会。它在人权领域的职责非常广泛，包括发布研究和建议；通过有关人权的决议和宣言——《世界人权宣言》是它通过的，《发展权利宣言》是它通过的，《给予殖民地国家和人民独立宣言》是它通过的；审议有关人权的报告；还有一个非常重要，就是设立人权附属机构。联合国大会是一个非常泛泛的议事机构，其实联合国所有的事务它都可以讨论。

再一个，联合国经济及社会理事会，简称经社理事会。它在人权领域当中的工作比联合国大会更加集中和重要，它有54个成员国，而且还在不断扩展中。它在人权领域的主要职能包括召开国际会议、起草国际公约、进行研究、准备报告、提出建议、设立以提倡人权为目的的委员会，联合国人权委员会还有1235、1503程序都是它设立的。

简单地说一下1235和1503程序。经社理事会在1967年通过了1235号决议，在1970年通过了1503号决议，这两个决议所设立的机制分别被称为 1235 程序和 1503 程序。这两个机制规定的是，如果有任何人或组织认为在一个国家内部存在大规模的、系统的、严重侵犯人权的情况，他们就可以向联合国提交申诉，联合国的相关部门就会跟受指控的国家联系，让它作出一些解释。这个程序有个最大的特点，它是保密的。我们在联合国资料中查不到任何和这个程序有关的事项，比如说哪些国家受到指控，指控的数量是多少，尽管我们偶尔会听到一些透漏出来的消息。

再说一下人权委员会。它最初的成员是 18 个，几经扩展，最后变为 53 个。它 1946 年成立，到 2006 年结束，存在了 60 年。它是联合国最主要的人权机构，但是要记住，这是一个政治性的机构，是由国家而不是个人组成的。作为联合国最主要的人权机构，人权委员会在 60 年间实际上进行了联合国绝大部分的人权工作，包括制定人权标准——比如起草《世界人权宣言》和绝大部分核心人权公约，审查人权标准，协助联合国进行人权活动，提供咨询服务和技术协助，具体负责 1235 和 1503 程序。但人权委员会毕竟是一个政治性机构，每年大概就开 6 个星期的会，所以处理不了很多技术性的问题。所以，在 1947 年的时候，经社理事会又为它设立了一个辅助机构，主要负责民族、宗教和语言上的少数人的保护，在 1999 年改成促进和保护人权小组委员会这个名称。它的成员和人权委员会的成员完全不一样，是 26 个独立专家以个人身份任职。它在人权领域的主要职能是作为人权委员会的思想库，负责大量技术性、理论性的工作，如进行各种研究、起草人权标准、做出建议等，还要履行经社理事会和人权委员会交付的其他职能。

联合国人权委员会存在了 60 年，对于联合国人权事业的发展做出了重大贡献。冷战结束以后，国际人权事业迎来了一个新的高峰，其代表就是 1993 年联合国维也纳人权大会，而人权委员会被认为越来越不能适应这样一个情况。第一，人权委员会越来越沦落为政治工具，在它进行讨论的时候，很多内容都不是关于人权本身的，而是各个国家之间相互指责、攻击。第二，很多国家都抱怨说人权委员会实行双重标准，它的调查机制只针对弱国，像美国、中国等大国从来不会成为调查对象。所以，人权委员会的工作就越来越让人不满意，而且还不是部分国家不满意，而是大家都不满意，发达国家不满意，发展中国家也不满意。第三，由于制度设计方面的问题，人权委员会每年就开 6 个星期的会，这 6 个星期里，各国的代表还要进行政治性的争吵，根本就没有多少时间来处理真正的人权问题，而国际社会中的人权问题越来越多，所以人权委员会的时间、精力就不够了。第四，这与联合国工作重心的转化有关。我们看一下《联合国宪章》第 1 条就会发现，联合国其实有三个主要的目标，第一个是和平与安全，这个任务由谁来负责呢？安理会。第二个是目标是社会发展，这个目标由谁来负责呢？经社理事会。而无论是安理会还是经社理事会都是联合国的主要机关。人权是联合国的第三大主要目标，它由谁负责呢？这个负责机关的级别就不够了，是经社理事会下设的人权委员会。所以，进入 21 世纪以后，改革人权机构的呼声就越来越高，最后导致的结果就是 2006 年的时候建立了人权理事会。

人权理事会很有意思。一方面，它和安全理事会、经社理事会等机构的名称是一样的，和这些理事会平起平坐，分别负责联合国的三大任务领域；但另一方面，它们的法律基础是不一样的：经社理事会和安理会本身是《联合国宪章》规定的，而人权理事会则是以联大决议的形式建立的。这个原因在哪里？原因在于修改《联合国宪章》简直千难万难，从 1995 年联合国成立 50 周年开始到现在，一直存在着修改《联合国宪章》的呼吁，但是有人说要改这一条，就有人提出要改那一条，有人说要改那一条，就会有人说改另一条，最后扯来扯去就会涉及安理会的改革问题，而安理会的改革问题必然涉及否决权的问题，然后就谈不下去了。所以《联合国宪章》就动不了，只好退而求其次，以联大决议来设立人权理事会。所以，2006 年，人权理事会就取代了人权委员会，成为联合国的主要人权机构。人权理事会全面接收了原来人权委员会所有的任务，这里就不细讲了，具体内容可见于联合国网站。

原来的人权委员会有一个配套机构是促进和保护人权小组委员会，作为它的思想库。人权委员会被撤销了，那么这个小组委员会怎么办呢？也被撤销了，取而代之的是联合国人权咨询委员会，它的人数减少了，从 26 个减少到 18 个，它在 2007 年由人权理事会建立，是人权理事会的思想库。

人权理事会有很多的职能，有两个职能要特别提醒大家注意：一个叫做普遍定期审议，英文简称是 UPR。在人权理事会建立之前，对人权委员会有一个重大批评，就是它的双重标准和选择性，某些国家会受到它的审查，某些国家不受审查。到了人权理事会，干脆一视同仁，每一个联合国会员国都有义务接受审议。所以，联合国人权理事会刚成立不久就通过决议，要求联合国所有的会员国每四年提交一份报告，陈述自己在人权领域采取的措施、取得的成就、遇到的困难和存在的问题，然后由它来进行审查。这个机制有三个要素："普遍"，所有国家都要接受审查，谁都跑不了；"定期"，第一轮审查用了四年，第二轮改成了四年半；"审议"，国家之间相互监督。最后一点与人权条约不同：人权条约也规定了报告审议机制，但国家根据人权条约提交的报告是由一个专家机构来进行审查的，而不是由其他国家审查，而在 UPR 下面是由人权理事会的成员国进行的彼此之间的审查，所以也叫"同侪审查"。这个机制是 2008 年开始运行的，第一轮已经审议完了，现在正在进行第二轮审议。中国第一次接受审议是在 2009 年 2 月，因为第一批成员国必须在第一轮接受审议。2013 年 10 月，中国接受了第二轮审议。审议的时候很激烈，每一个国家的审议时间只有 3 个小时，不管是只有几万人口的国家还是有 13 亿人口的国家。中国的代表团由三部分构成，中央代表团、香港特别行政区代表团和澳门特别行政区代表团，所以格外地占用时间。首先，中国代表做一个简短的陈述；然后，联合国其他会员国可以对中国政府的报告提出评论、问题或者建议，每个国家发言的时间只有 50 秒。从第一轮审议的情况来看，联合国的 193 个会员国中只有 1 个没有遵守这个机制，不是美国，尽管美国对人权理事会很反对，也不是朝鲜，而是以色列。所以，至少在形式上，普遍定期审议机制现在运行得还不错。

人权理事会第二个需要关注的职能是从人权委员会那里继承的一套

机制，叫做特别程序。这套机制可以针对具体的国家，叫国别任务；也可以针对具体的人权事项，叫专题任务。国别任务是这样的：如果人权委员会通过决议说，某个国家的人权状况值得关注，它就会任命一个专家，叫做特别报告员、独立专家，或者由几个人组成的工作组来研究这个国家的人权状况。当年，西方国家就曾想用这套机制对付中国。这个机制现在还有，像今年年初，联合国有关朝鲜人权状况的特别报告员就发表了一份报告。另外一个机制是专题任务，这对我们的人权教学或人权研究来说非常有价值。如果人权委员会或者人权理事会认为在世界范围内哪一个人权问题值得关注的话，它也可能任命一个特别报告员或者独立专家，或者多人组成的工作组，对这些问题进行研究。我想告诉大家的是，他们的工作对于我们的人权研究非常重要。如果在座的哪位老师想从事和人权有关的研究的话，一定要上联合国的人权网站去看一看：关于你感兴趣的这个问题，联合国有没有相应的机制。因为人权委员会、人权理事会任命的专家，不管他叫什么——特别报告员、独立专家还是工作组，都是世界上顶尖的人权专家。他们在对自己所负责问题的研究中会走访很多国家，会提交很多报告，说明这个权利在各国国内的法律中是怎么规定的、可以怎么解释、存在什么问题。我认为，在我们研究人权时，这些报告是最重要的一个参考资料或者最重要的参考资料之一。因为他们是联合国任命的专家，尽管他们是以个人名义提出的观点，但是这样的报告、这样的内容显然比张三、李四这样一个学者提出的观点权威。我们看看联合国人权网站，就会发现这些专题任务覆盖的内容非常广泛。所以，我建议大家，如果要进行人权研究，就不妨去看一看这些内容。

下一个要讲的是联合国人权事务高级专员以及这个专员所领导的办事处。我们前面讲到的这些机构，无论是大会、经社理事会、人权委员会，还是人权理事会，都是议事和决策部门。在联合国系统当中，还需要一个执行部门。在此之前很长一段时间，这个执行部门是由联合国秘书处下设的联合国人权署、人权中心来承担的，当然它们地位比较低，执行力比较弱。1993 年 6 月的维也纳人权大会上达成了一个重要共识，联合国内部要设立一个专门负责人权事务的高级官员。所以，联大在1993年12月通过了一个决议，在联合国内部设立一个高级职位，叫做联合国人权事务高级专员。联合国有一个秘书长，联合国人权事务高级专员就有点类似于联合国体系内部负责人权事务的秘书长，它不是一个决策部门，而是一个行政部门。它的职能非常广泛，联合国的这些决议、决定等技术性的工作全部由它来承担，非常复杂。现在，联合国人权事务高级专员办事处大概有1000多位工作人员。联合国人权事务高级专员简称人权高专，这是个非常重要的职位。到目前为止，先后有6位人权高专：第一位是何塞·阿亚拉·拉索，来自厄瓜多尔；第二位是玛丽·罗宾逊，这位女士曾经是爱尔兰总统，所以大家可以看出来这个职位的重要性；第三位是塞尔吉奥·维埃拉·德梅洛，一位巴西外交官，曾经长期在联合国系统工作，他在2003年作为联合国秘书长的特别代表去考察伊拉克的状况时，在恐怖分子的袭击中不幸殉职了；第四位是路易斯·阿尔布尔，又是一位女士，来自加拿大，曾经在前南斯拉夫国际刑事法庭担任检察官；第五位是现在的高级专员，纳瓦尼特姆·皮莱，是一位南非的人权活动家。还有差不多两个星期，皮莱就要卸任了，因为联合国大会已经任命了一个新的人权高专，是一个约旦的外交官，叫扎伊德·拉阿德·侯赛因，他将从今年8月底开始为期4年的任期。

五、以条约为基础的机制

除了以宪章为基础的机制以外，在国际人权法中，我们还经常提到一种以条约为基础的机制。在联合国主持下，通过了一系列的核心人权公约，不仅确定了相当多的人权标准，而且设立了不少的人权机制，这些机制和联合国的体系成为一种相互独立又相互补充的关系。

联合国主持通过的主要的人权公约有九项。联合国人权委员会在1946年成立以后，最初的设想是要在"国际人权宪章"中包括一项人权宣言——后来成了《世界人权宣言》——以及一项国际人权公约。但是，这个国际人权公约在起草的时候遇到了很大的麻烦，因为东方国家和西方国家对于经济、社会和文化权利以及公民和政治权利这两类权利究竟哪一类权利更重要、这些权利怎样实施和执行达不成共识。后来，联合国大会在 1952 年通过了一项决议，把这项公约一分为二，把两大类权利规定在两个公约之中。所以，这两项公约是原来设想的一个国际人权公约的替代品。如果从通过的时间顺序来讲，《消除一切形式种族歧视公约》比这两个公约早，但是从重要性上看，这两个公约一定要排在前面，它们都是 1966 年通过的，花了 10 年的时间达到所需的批准数目后，均于 1976 年生效。我们可以看出，从 1948 年《世界人权宣言》通过到 1976 年两公约生效，联合国在人权领域走到有法可依的这一步，花了将近 30 年。这就是为什么要有"以宪章为基础的机制"的原因，因为人权条约设立的机制必须等条约生效了以后才能运作。

《经济社会文化权利国际公约》现在有 162 个缔约国，它的一个附加议定书主要规定了个人来文、国家间申诉、调查等程序，在 1 年前刚刚生效，属于所有国际人权文书中比较新的一个，有 15 个缔约国。整个公约本身的监督机构是经济、社会和文化权利委员会，有 18 个人。这个经济、社会和文化权利委员会和我们后面要讲到的委员会都不一样，因为后面要讲到的委员会都是按照有关公约本身的规定设立的，而《经济社会文化权利国际公约》没有这个规定，这个经济、社会和文化权利委员会是在 1985 年由经社理事会设立的，所以它在法律地位上和另外八个委员会有点不一样，但是它的职能和那八个委员会没有什么实质性的区别。我们看一下中国的情况：中国在 2001 年 3 月 27 日批准该公约，公约在 6 月 27 日对中国生效。中国已经提交过两次报告：第一次报告是在 2003 年提交的，经济、社会和文化权利委员会在 2005 年进行了审议；第二次报告是在 2010 年提交的，委员会在 2014 年 5 月进行了审议。

《公民及政治权利国际公约》的通过时间和《经济社会文化权利国际公约》的通过时间一模一样，也是 1966 年 12 月 16 日，但是生效时间晚了 80 天，是 1976 年 3 月 23 日。这一公约有 168 个缔约国，比《经济社会文化权利国际公约》的缔约国多了 6 个。实际上，这两个公约的缔约国有 160 个是一样的，只有两个国家接受了《经济社会文化权利国际公约》但没有接受《公民及政治权利国际公约》，其中一个是中国；有 8 个国家接受了《公民及政治权利国际公约》但没有接受《经济社会文化权利国际公约》，其中包括美国。《公民及政治权利国际公约》的附加议定书有两个，一个任择议定书是关于个人来文的，它和公约同一天通过、同一天生效。那为什么没有把个人来文程序直接规定在公约中呢？这是因为在公约起草过程中，关于把个人来文写入公约本身产生了很大争论，所以起草者决定把它单拿出来规定在任择议定书中，一个国家可以在批准公约之后任意选择是否接受这一任择议定书。这个议定书现在有 115 个缔约国，占到了公约本身的缔约国总数的 2/3。在 1989 年，又通过了公约的第二项任择议定书。这个议定书规定的是实体事项，即废除死刑，现在有 81 个缔约国，不到公约缔约国数量的一半。但是，这绝不意味着在世界范围内废除死刑的国家只有这么多。实际上，世界上废除死刑的国家，不管是在法律上废除还是在事实上废除，数量上远远超过 81 个，已经达到了大概 140 个。《公民及政治权利国际公约》的监督机构叫做人权事务委员会。这个名称非常奇特，因为别的委员会的名称都和它的公约的名称相吻合，唯独这个委员会"帽子比脑袋大"：人权事务委员会是"帽子"的话，它比公约的"脑袋"大。中国在 1998 年 10 月签署了这个公约，但还没有批准。

核心人权公约中通过最早的一个是《消除一切形式种族歧视国际公约》，1965 年通过，1969 年生效，缔约国数目要比联合国人权两公约都多，有 177 个。这个公约的监督机构是消除种族歧视委员会，有 18 个委员。中国在 1981 年就批准了这个公约，但是好像现在国内基本上没有什么人研究这个公约。其中一个原因可能是我们认为中国人都是黄种人，不存在种族或种族歧视问题。这是一种误解，因为这个公约所说的种族也包括民族。实际上，中国向消除种族歧视委员会提交履约报告的时候，主要讲的就是中国的少数民族政策和做法。

《消除对妇女一切形式歧视公约》于 1979 年通过，1981 年生效。这是中国批准的第一项人权公约，在公约生效之前的 1980 年就批准了。这个公约有 188 个缔约国，缔约国数目在所有核心人权公约中排第二位。它有一个任择议定书，是有关个人来文的。消除对妇女歧视委员会是所有人权条约机构中人员规模最大的一个，有 23 个人。我认为有一个非常不幸的现象，就是这个消除对妇女歧视委员会中的委员绝大部分是妇女。但是我觉得，无论是妇女权利、妇女解放，还是消除对妇女的歧视，要是没有男性的关注和参与的话，这个效果一定是成问题的。所以我说，消除对妇女歧视委员会的委员大部分都是女性，这并不是一个很好的现象。中国 1980 年就批准了这个公约，但是这个公约什么时候才开始得到中国人的关注呢？是在 1995 年。那一年，世界妇女大会在中国召开。当时中国的很多人，包括妇联的专家，才知道原来还有这么一个公约，所以，中国对这个公约的研究是从 1995 年开始的。

《禁止酷刑公约》是一个简称，它的全称是《禁止酷刑和其他残忍、不人道或有辱人格的待遇或处罚公约》。这个公约是 1984 年通过，1987年生效，有 155 个缔约国。它的监督机构是禁止酷刑委员会，是所有人权条约机构中人数最少的一个，只有 10 名委员。中国批准这个公约的时间也比较早，是在 1988 年，到现在已经 20 多年了。所以，像中国的刑讯逼供等问题，在国际法中并不是没有相应的禁止性规定。

《儿童权利公约》于 1989 年通过，1990 年生效，从通过到生效的时间是最短的，只有 10 个月。它的缔约国数量是最多的，有 194 个。在现在的联合国成员国中，只有两个国家没有批准这个公约：一个是索马里，这个国家有 20 年处于无政府状态，基本上从公约通过时起就没有正常的国家生活；另外一个国家是美国。这是很有意思的一个事情，至少在国际人权领域中，强调国情的可不只是中国一家，也包括美国——它没有批准《儿童权利公约》的原因之一，就是认为这个公约和自己的价值观不符。这个公约有三个附加议定书，有两个分别是关于买卖儿童、儿童卖淫和儿童色情制品的，以及关于儿童卷入武装冲突的。我在今天最开始讲到，这两个任择议定书不像其他任择议定书，一个国家必须得批准公约才能批准议定书，这两个议定书是可以单独批准的。所以，美国尽管没有批准《儿童权利公约》，但批准了这两个任择议定书。中国也批准了这两项任择议定书。第三个议定书是关于个人来文的，这是所有国际人权文书中最新的一个，4 个月前刚刚生效，现在有 11 个缔约国。

如果在这些国家管辖范围内的儿童的权利受到侵犯的话，他可以把这个国家告到儿童权利委员会。

《保护移徙工人及其家庭成员权利国际公约》是个很奇怪的公约。我们前面讲到的公约保护的都是非常重要的事项，两公约就不必说了，像对种族的歧视、对妇女的歧视都是非常普遍的、恶劣的歧视现象，而酷刑、残忍和不人道待遇是对人性和人的尊严的直接攻击，但我不明白这个《保护移徙工人及其家庭成员权利国际公约》为什么会跻身核心人权公约之列。这个公约于1990年通过、2003年生效，它的通过和生效之间的时间间隔是所有核心人权公约中最长的。它从生效到现在才47个缔约国，这在核心人权公约中并不是最少的，但是我想，过不了两年它的缔约国数量就会是最少的。这个公约的监督机构有14个委员。中国没有签署或批准这个公约。

《残疾人权利公约》是进入21世纪以后制定的公约，2006年通过，一年半以后就生效了，到现在短短6年间，它的缔约国数量就达到了147个。这个公约有一个任择议定书，跟它同一天通过、同一天生效，它的缔约国数量也上升得非常快，到了83个。这个公约的监督机构是残疾人权利委员会。中国很早就批准了这个公约，但也是在公约生效之后批准的。中国在奥运会开幕之前批准了这个公约。这很重要，因为奥运会之后就是残奥会，作为残奥会主办国，如果连《残疾人权利公约》都没有批准，实在是说不过去。

最后一个核心人权公约是《保护所有人免遭强迫失踪国际公约》。强迫失踪也是一种非常恶劣的侵犯人权的现象。这个强迫失踪，不是我和老婆吵架，她离家出走，我找不到她。套用最近一两年的流行语法，它指的是"被失踪"。一个人消失了，有人怀疑他是被公权力机关带走了，但是，谁都说我们不知道人在哪里，这人生死不明、下落不知。这个问题在什么时候引起关注的呢？是在20世纪六七十年代的南美洲。当时在智利、阿根廷等国家，经常有共产党人、左翼知识分子、工会领袖半夜就不见了，家人去问宪兵、问警察、问军队，都说不知道。这个情况曾经非常严重，据说在阿根廷，好多人被抓起来以后就被飞机带到海上、扔到海里去了。所以，这是一种非常严重的侵犯人权的现象。联合国在 2006 年通过了这么一个公约，在 4 年以后就生效了。它的缔约国数量是 43 个，是所有核心人权公约中最少的一个，但是这 43 个缔约国是在 4 年间增加的，所以我相信一两年之后它的缔约国数量就会超过《移徙工人及其家庭成员权利国际公约》的缔约国。这个公约的监督机构是强迫失踪问题委员会，也是有 10 个委员。中国没有签署和批准这个公约。

这些是主要国际人权公约，我们了解了它们是什么时候通过的、什么时候生效的、有多少缔约国、监督机构是哪个。我们下面看看它的实施机制，看以下几个方面：人权条约机构的概况、任务、报告制度、国家间来文制度、个人来文制度、一般性建议和意见、调查制度。

概况的第一点：在人权条约机构或者说人权条约监督机构中，除了经济、社会和文化权利委员会是由经社理事会设立的，其他的都是由有关公约设立的，它们的法律基础是有关公约。概况的第二点：人权条约机构的组成，它们是由公约缔约国选举的独立专家组成的，因此和《联合国宪章》体系内的很多机构都不一样。例如，名称极为相似的人权事务委员会作为条约机构，和人权委员会就完全不一样。人权委员会的成员是国家的代表，而人权事务委员会是由独立专家组成的，这些专家个人以独立身份行事，不接受来自任何国家或者组织的指示。

这些人权条约机构或者说名称各异的委员会的任务是什么呢？任务是负责监督缔约国履行义务的情况，它们不管别的，就管公约的缔约国是否遵守和履行了公约规定的义务。为了监督，就要有各种机制。各个委员会在监督中所提出的各种意见没有正式的法律约束力，所以这些机构不是法庭，尽管有些学者喜欢把它称为准司法机关。

那么人权条约机构通过哪些方式来监督缔约国履行义务的情况呢？有这么几种方式：

第一种方式：缔约国报告制度。所有的公约都规定，缔约国要在公约对其生效后的一段时间内以及此后每隔几年提交一项报告。这个制度是强制性的，一国只要批准了公约，就必须接受这个机制。2010 年，巴基斯坦在批准《公民及政治权利国际公约》的时候，居然对规定缔约国报告制度的第40条提出了保留，然后被人权事务委员会狠狠地批判了一顿。这个制度还具有定期性，即每隔一段时间就要提交报告。还有全面性，即指在这个报告当中，缔约国需要陈述为履行公约义务所采取的措施，包括立法措施、行政措施、社会措施、经济措施等，以及所取得的进展、所遇到的困难、所出现的问题，要非常全面。条约机构在审议之后会提出一个结论性意见，这个结论性意见有一个非常复杂的形成历史，我就不讲了。简单地说，提出结论性意见是人权事务委员会在1992年开创的先例，指的是委员会以整体的名义对缔约国的报告提出一套意见。这个意见基本上分为几个部分：第一部分导论就不说了，第二部分可能涉及一些积极的方面，包括这个国家在履行公约义务方面取得的成就，第三部分和第四部分一开始是分开的，先是列出"关注事项"，然后提出"建议"，后来合在一起了，叫做"关注和建议"。所谓"关注"，这是委员会使用的比较客气的词语。在结论性意见中，委员会会说：我们对你们某个方面的情况表示关注或者强烈关注。但实际上这个关注就是批评。然后委员会会提出建议，比如建议报告国废除某个措施、修改某个法律，以便和相关公约的要求相适应。这里可以举一个例证，《公民及政治权利国际公约》第6条规定，死刑只能适用于"最严重的罪行"。有些国家就采取国内法解释国际法的方式，表示我们刑法中说只能对"最严重的犯罪"判处死刑，国际法中说"最严重的罪行"，国内法中说"最严重的犯罪"，所以没有问题。但是，如果我们去看看人权事务委员会对《公民及政治权利国际公约》缔约国报告的结论性意见，就会发现，它在对很多国家的意见中都说：你们对通奸、贩毒、经济犯罪等判处死刑，我们对这个问题表示关注。然后，委员会说：我们希望你这个国家能重新考虑你们有关死刑的法律，以使其符合公约第6条的规定。其实画外音就是：这些罪行，至少在人权事务委员会看来，并不属于公约第6条说的可适用死刑的最严重的罪行。

第二种方式：国家间来文制度。在这个制度之下，人权公约的一个缔约国可以控告另外一个缔约国。大部分人权公约都规定了这一制度，但都是任择性的，即只要缔约国不主动接受，这一制度对它就没有约束力。《消除一切形式种族歧视国际公约》是一个例外，它规定的国家来文制度不是任择性的，但是很多国家都提出保留，不接受这一制度。这一制度具有对等性，什么意思呢？如果一个国家想控告另外一个国家，这两个国家都必须是接受来文制度的国家，没接受的不可以控告接受的，接受的不可以控告没接受的。至于来文内容，是一个国家可以指控另一个国家没有遵守它根据公约应当承担的义务，翻译成另外一句话，就是这个国家侵犯了公约所规定的权利。国家间来文制度听起来不错，但是有一个问题：尽管大部分公约都规定了这个制度，但直到现在，这个机制从来没被适用过。原因有很多，其中一个根本的原因，当然还是一个国家的人权搞得怎么样，与另外一个国家的利益无关，所以别的国家不会真的关心。

第三种方式：个人来文制度。个人来文制度最开始是规定在《消除一切形式种族歧视国际公约》中，最成功的则是《公民及政治权利国际公约任择议定书》规定的这一制度，这个议定书现在有 115 个缔约国。现在全部公约都有了个人来文制度，连《儿童权利公约》都有了。它的特点是任择性，因为毕竟个人来文制度是对国家主权一个极大制约。受理要求我就不提了，例如用尽国内救济等，也是给予国家主权一定的尊重。委员会在决定受理之后，会对案件的实质问题进行审查，之后会给出一个最后意见，判定被指控的缔约国是否存在侵犯公约有关条款的情况。这个最后意见也没有约束力，但依然构成了人权领域中非常重要的判例法。

第四种方式：一般性意见或建议。所有人权条约机构都可以提出一般性意见或建议，但现在只有 7 个公约的委员会发布了一般性意见或建议。和结论性意见针对具体的缔约国、最后意见针对具体的缔约国和具体的案件不一样，一般性意见或建议针对所有缔约国，具有全面性，可以笼统地说是对公约的解释。我们在理解人权公约内容的时候，我们在进行人权研究的时候，一般性意见或者建议是非常重要的资料。这里有一个明确的例证，那就是人权事务委员会两三年前发布的一份有关公约

第 14 条规定的公正审判权的一般性意见，如果想要研究公正审判权，如果不看人权事务委员会提出的这个第 32 号一般性意见，那是不可想象的。调查制度我就不讲了。

我在给学生讲人权方面的课程的时候，经常会提醒同学们思考几个问题，我觉得也可以推荐给大家跟同学们一起讨论：第一，人权仅仅是大事还是仅仅是小事？是仅仅跟灭绝种族、纽约或日内瓦有关的大事，还是跟我们日常生活相关的小事？第二，人权究竟是西方的概念还是一个普遍的标准？第三，是与第二点相关的，我们的国情和共同的价值到底怎么来理解，是对立的还是可以协调的？第四，有没有首要人权？从逻辑上讲，有首要就有次要，那么首要人权与次要人权之间到底是什么关系？还有，人权的保护和促进与发展、稳定、安全的关系如何？中国要经济发展、社会发展，后来出现了维稳，现在反暴恐、安全问题提上来了，人权的保护和促进与一个国家内部的发展、稳定、安全是什么关系？在国际事务中，人权与发展、稳定、安全又是什么关系？最后还有两段话也可以送给学生。第一段话是《世界人权宣言》的第一句："人皆生而自由，在尊严及权利上均各平等。人各赋有理性良知，诚应和睦相处、情同手足。"据说这句话中，有人权委员会的中国籍委员张彭春先生的贡献，因为他要把儒家当中"仁"的概念引入到《世界人权宣言》中。这也说明了国际人权标准不仅是西方的标准，否则就等于把自己的贡献拱手相让。第二段话是 1993 年《维也纳宣言和行动纲领》中的一段话："一切人权均为普遍、不可分割、相互依存、相互联系，国际社会必须站在同样地位上、用同样重视的目光、以公平平等的态度全面看待人权（也就是说没有什么首要的、次要的）。固然，民族特性和地域特征的意义，以及不同的历史、文化和宗教背景都必须要考虑，但是各个国家，不论其政治、经济和文化体系如何，都有义务促进和保护一切人权和基本自由。"

《公民及政治权利国际公约》规定的
权利和义务[1]

孙世彦

今天讲《公民及政治权利国际公约》中的权利和义务，这是我主动要求讲的。实际上，对于其中的很多问题，我思考得也不是非常充分。我前两年写了一本书——《〈公民及政治权利国际公约〉缔约国的义务》，其中主要分析的是义务。现在想做一个升级版，把权利也加进去。法律讲权利和义务，只讲义务不平衡，恐怕还得讲权利，但是好多问题我想得还不是特别清楚，所以很高兴今天在这里与大家进行一些探讨。我主要讲九个方面：公约的调整对象和特征、权利主体、义务主体、权利的范围和性质、权利的限制和克减、义务的形式、义务的性质、义务的范围，以及对于权利的侵犯和救济。

一、公约的调整对象和特征

《公民及政治权利国际公约》是一项法律文书，所以里面必然要规定权利义务关系。只不过，这个公约是一项人权条约，所以其中规定的权利义务关系有别于人权领域之外的绝大部分国际条约规定的权利义务关系。我们昨天提到，传统国际法是不关注个人的，现代国际法当中除

---

[1] 本文是中国社科院国际法研究所孙世彦研究员 2014 年 8 月 17 日在"2014 年中国高校教师人权法教学研讨会"上所做的专题讲座，由马金娜整理、孙世彦审定、班文战校对。本讲座的提纲原为七个部分，为使层次更为清晰，现由编者将原第一部分"《公约》中的权利义务主体"细分为"公约的调整对象和特征""权利主体""义务主体"三个部分。实际上，该讲座只讲了前五个部分。

了人权以及和人权有关的内容以外，其他的部分依然维持着这种情况。传统国际法或者现代国际法当中除了人权以外的其他内容，主要规定的是国家之间的权利义务关系。在这种权利义务关系中，权利由国家来享有，义务也由国家来承担，国家在享有权利的时候，相对应的义务方是其他国家，国家在承担义务的时候也是针对其他国家而言。同时，任何一个国家的权利和义务都是相对应的：既有权利也有义务。条约在本质上应该具有相对应性。我们举一个最简单的例子：如果两国同意互免关税，那你有权要求对方免除你向它出口的商品的关税，它有义务免除关税；反过来也一样，你如果想要在向对方出口商品时享有免除关税的权利的话，你也要承担相应的义务。这就是传统国际法的经典模式。但是人权条约和传统国际法当中的条约完全不一样。人权条约在形式上还是国家和国家之间的条约，但问题在于，它在实质上规定的却不是国家之间的权利义务关系，而是国家和个人之间的权利义务关系。这是一个非常大的不同，由此带来了这个公约（即《公民及政治权利国际公约》），或者再推而广之的话，国际人权条约的许多特性。我们可以简单地提两个特性：

第一个特性，我们昨天讲到，人权条约机构的主要任务是监督缔约国履行其根据这些公约承担的义务的情况。这种由条约机构监督缔约国对条约的履行，可以说是人权条约的一个很大的特色，在国际法的其他许多领域是没有的。为什么呢？因为国际法其他领域中的条约得以遵守的一个根本基础——用一个英文词来讲，叫做 reciprocity，中文中有翻译成"互惠"的，也有翻译成"对等"的，我用的中文词是"相对应性"。这是什么意思呢？传统的国际条约规定的是国家之间相对应的权利和义务，所以，如果一个缔约国不履行自己的义务，那它的权利恐怕也没有办法实现。很多国际法规则都有这样的特点，例如贸易条约。如果说一个国家昨天签了一个减免关税的协议，今天就说我不遵守，我要把从你这个国家进口的商品的关税给提上来，那对方明天也会那么做，双方的权利义务关系就没有办法维持，这个关税减免协议也就没有办法持续下去。所以传统的国际法靠这个"reciprocity"维持：你对我怎么样，我就对你怎么样。这是传统国际法乃至整个国际法运作的一个基础。所以大体上，国际法的运作和实施不需要有一个超越于国家之上的力量来加以监督。但是人权条约就不同了，它主要规定的是国家和个人的关系，和其他国家没有事实上的利益联系。比如说，一个国家对本国的公民刑讯逼供，会对其他国家的实际利益造成多大的影响呢？肯定是有道德上的影响，我们会觉得这在道德上是不对的，但似乎又会觉得这对于我们的实际利益并没有影响。在这种情况之下，这个 reciprocity 是不起作用的，所以要有一套有别于国家之间相互制衡的独立监督机制。

国际人权条约的另外一个特性有关国际法上一个非常技术性的问题——保留。如果很多国家签订了一个贸易协定，规定从今天开始，所有国家把所有的纺织品的进口关税降到零，但有一个国家说：我原则上同意这一条，但是为了保护我们本国生产衬衣的企业，我要求在 1 年时间内对进口的衬衣依然征收 20% 的关税。这就是一个国际法上的保留。如果一个国家提出这种保留的话，其他国家就面临着如何对待这个保留的问题。另一个国家可以说：好的，我接受你这个保留，我出口到你那里的衬衣，你可以征收 20% 的关税，但是你的衬衣出口到我这里来的时候，还是 0% 的关税；也有些国家会说：如果你提出了这种保留，那么我对你也要实行一个对等的待遇，我向你出口衬衣，你征收 20% 的关税，如果你向我这边出口衬衣，我也要征收 20% 的关税。但是我们想象一下，在人权条约中，这一套行得通吗？如果一个国家说：我保留一个权利，就是我的警察抓到恐怖分子的时候，可以刑讯逼供。其他的国家怎么办？难道其他的国家说：好的，你保留这个权利，那我也保留这个权利，我将允许自己的警察也这么干。这就如同我在街上看到一个父亲打自己的孩子，我说你不能这么干，他说我有权这么干，我觉得这个道理很不错，我也有权回家把我的孩子暴揍一顿——完全说不通嘛！所以，以这个 reciprocity 为基础的有关条约保留的规则对人权条约适用起来，有很大、很多的问题。

《公民及政治权利国际公约》是一个典型和代表，它调整的是国家和个人的权利义务关系。这种权利义务关系体现在什么地方呢？我们来看一下公约的第 2 条第 1 款：“本公约每一缔约国承担尊重和保证在其领土内和受其管辖的一切个人享有本公约所承认的权利……”从这句话中，我们能看出这么两层意思：第一层，缔约国所承担的义务指向的是谁？是其他国家吗？不是。缔约国所承担的义务指向的是在它领土内和受其管辖的一切个人。那么它承担什么义务呢？它承担的是尊重和保证个人的公约权利的义务。所以，我们从这么一个非常简单的规定就能够看出来，尽管这个公约在形式上依然是国家之间的条约，但在实质上，它规定的并不是国家之间的权利义务关系，而是国家与受它管辖的个人的权利义务关系。第二层，在这个权利义务关系当中，谁有权利？谁有义务？从这句话也能看出来，国家承担义务，国家是义务主体，因为是“国家”承担尊重和保证权利的义务。那么谁是权利主体呢？是个人。这就是对公约中的权利义务关系的一个最简单的说明。当然，我们说这个公约在实质上规定的是国家和个人之间的权利义务关系，而且是国家承担义务，个人享有权利，这并不意味着在这个公约中不存在任何国家之间的权利义务关系，还是有的。国家之间的权利义务关系是这样的：这个公约的任何一个缔约国都有权利要求另外一个缔约国承担一个义务，但这个义务并不是对提出要求的国家承担的，而是对在被要求的国家领土内、受其管辖的一切个人承担的。简单来说，根据公约，我有权利对你提出要求，要求你履行你的义务，你的义务并不是针对我的，针对的是在你领土内、受你管辖的一切个人，而我有同样的义务也这么做。不过，这种权利义务之间并不存在对等性。在传统国际法当中，如果你不履行你的义务，我也可以不履行我的义务，比如在协议减免关税的情况中，如果你提高了关税，那么我也可以提高关税。但是在人权条约当中，你不能因为对方没有遵守自己的义务，就主张说自己也可以不遵守这个义务。公约的每一个缔约国的义务都是独立的，并不以其他缔约方承担和履行同样的义务为前提，这种独立的义务又可以说是任何一个缔约国对所有其他缔约国承担的义务。在国际法中，最近几十年发展出来一个概念，“erga omnes”。这是一个拉丁语词汇，可以翻译成“对世义务”。对世义务不是对特定的某一个权利主体承担的义务，而是对不特定的、对所有的其他主体承担的义务。总之，人权条约和其他条约不一样，主要规定的是国家和个人之间的关系，它并非不规定国家之间的权利义务关系，但是这种权利义务关系和国际法其他领域当中的权利义务关系之间存在很大差别。

二、权利主体

从上面这些内容中，我们可以看出，公约规定的是国家与个人的关系。在这一关系中，缔约国是义务主体，受其管辖和在其领土内的一切个人是权利主体，缔约国承担尊重和保证在其领土内和受其管辖的一切个人享有这个公约所规定的权利。这个"一切个人"到底怎么理解？我把这个"一切个人"中的两个词各打了引号——"一切"个人和一切"个人"，各有侧重来分析一下。

首先是"一切"个人，"一切"加引号。这个"一切"如果从字面上理解，就是缔约国领土内和受它管辖的所有自然人。人权事务委员会曾经在一项一般性意见中指出：一般而言，本公约所规定的各项权利适用于每一个人。这里面有一个"一般而言"，这意味着公约规定的权利适用于每一个人，这个是一项基本原则，但可能存在某些例外。看看这个公约中具体规定个人权利的第6条到第27条，我们会发现，有些权利是为特定类型的个人而不是一切个人规定的，缔约国也只针对这些类型的个人承担义务。这种特定类型的个人又分为两种情况，我称之为"处于特定状态"的个人和"具有特定性质"的个人。

什么叫做处于特定状态的个人呢？就是公约当中的有些权利，只有当某一个人处于某一种状态时才能够享有。例如，公约第24条规定的是儿童的权利，这样的权利只有在一个人未满18岁的时候才可以享有。还有，公约第6条规定对孕妇不得执行死刑，那只有一个人处于既是一个妇女而且正好怀孕的这个状态，这一条才对她适用。第14条第2款到第7款规定的是刑事诉讼中被告人的权利，那么，只有当一个人成为刑事案件的被告，他才可以享有这些权利。不过，我们需要认识到，尽管这些权利是只有处于某种特定状态的个人才可以享有的权利，但是每个人都有可能处于这种状态。比如，我们每个人都有童年，都曾经处于儿童状态。这是第一种情况，就是有一些权利，只有处于特定状态的人才可以享有，一个人如果不在这个状态之中，就不享有这些权利。

第二种情况是有一些权利，只有一个人具有某种特定性质才能享有。从公约的规定来看，具有特定性质的人有两种：一种是外国人，另外一种是少数人。公约第 2 条第 1 款要求缔约国尊重和保证在其领土内和受其管辖的一切个人的权利。我们知道，在一国领土内受其管辖的一切个人主要是这个国家的国民，但是除了国民以外，还会有外国人。在世界上几乎每一个国家，都有外国人。那么，外国人是否属于公约的权利主体呢？人权事务委员会在一项一般性意见中也指出，公约的权利适用于每一个人，但有两个显著的例外：第一个例外，公约第 13 条规定的权利只适用于合法处在缔约国境内的外国人，也就是说，这一条只适用于外国人，不适用于本国国民。另外一个例外就是第 25 条，这一条规定的是政治权利，只适用于本国公民或者本国国民，而不适用于外国人。当然，世界上有一些国家也给予外国国民以适当的、一定程度的政治权利，但我们已经知道，任何一个国家都可以给予超出公约范围、高于公约标准的保护，这是可以的。在公约第 6 条到第 27 条中，除了第 25 条规定的这个权利以外，外国人可以享有所有的其他权利。我们看看整个公约的文本就会发现，除了第 13 条，还没有另外一条专门提到外国人。另外，第 2 条第 1 款提到的是"一切个人"，并没有区分本国人和外国人。委员会在它的一项一般性意见中也指出，公约所规定的权利适用于每一个人，而不论这个人的国籍或无国籍身份，也不得区别对待公民和外国人。委员会在很多意见中——包括一般性意见、对缔约国报告的结论性意见、对个人来文的意见中，都提到了这一点。这就意味着，在整个公约中，除了第 25 条以外，所有的权利都能够为处于一国领土之内的外国人所享有，缔约国所承担的尊重和保证公约中所规定的权利的义务也适用于处于本国领土之内或者受它管辖的外国人。对这一点，恐怕很多人会觉得不太容易接受，但公约就是这么规定和要求的。原则上我们需要记住，这个公约所规定的权利，除了政治权利，也就是参与本国公务的权利、选举权和被选举权以及担任公职的权利以外，外国人和本国公民的权利是一样的。

还有一类具有特定性质的人是少数人。人权法中提到少数人的时候是特指的，英文中的对应词是"minority"。公约第 27 条规定的就是少数人的权利，该条规定，缔约国不得否认在人种上、宗教上和语言上处于少数的这些人（ethnic，religious or linguistic minorities）的某些权利。顺便说一句，在这个表述中，有几个词是很麻烦的。我们先说一下这里面的"ethnic"。公约的英文本中出现的这个词，在公约的作准中文本中对应的用词是"种族"，在通行中文本中对应的用词又是"人种"。我中学学地理的时候，人种也好、种族也好，好像指的是白人、黑人、黄种人什么的，但 ethnic 这个词在英语中的意思很可能与中文中的"种族""人种"不一样。如果要在中文中找一个和英语当中的 ethnic 意思最相近的词，可能并不是人种或种族，而是"民族"，我们平时所说的中国有多少个民族、民族习惯等中的"民族"在英文中都应该是"ethnic"这个词。还有一个麻烦的词是"minority"，现在越来越多的学者说"少数人"或"少数者"，但是曾经在很长一段时间内，这个词被翻译成"少数民族"，这是不对的。第 27 条规定了三种状态：一个人在民族上处于少数、语言上处于少数、宗教上处于少数，都属于 minority。可见，民族上的少数只是其中的一种（状态），所以绝对不能把这个minority 仅翻译成"少数民族"。我们中国只有少数民族的概念，而没有语言上或宗教上少数人的概念。在中国，对于信教者，基本上都是从宗教自由的角度看待和处理，而不是从少数人的角度看待和处理。另外，中国的很多民族上的少数人和宗教上的少数人是重合的，比如很多穆斯林，既是宗教上的少数人，也是民族上的少数人。因此，我在这里提醒大家，以后看到这方面的文献、看到这个公约的时候，一定不要把这个 minority 自动地和我们的少数民族划上等号，因为它除了指民族意义上的少数人以外，还包括语言上的少数人和宗教上的少数人。

公约第 27 条规定民族上的、宗教上的或者语言上的少数人群体中的成员可以有权享有自己的文化、践行自己的宗教、使用自己的语言。这种权利的特点是什么呢？它们有别于少数人作为个人和其他人一样享有的权利，也就是说，这些少数人除了可以享有公约规定的其他一切权利之外，还可以享有第 27 条规定的一切权利。这里，我们可以提出一个问题，就是这个 minority 到底根据什么来判断——是根据客观标准来判断，就是这个人非得有某种长相、说某种语言、信某种宗教；还是根据主观标准来判断，就是只有一个人觉得自己是一个少数人；还是根据法律标准来判断，就是法律规定一个人是少数人？当然，要确定这样一个法律标准，还是要回到客观、主观标准的问题上来。到底根据什么来判断，这是一个非常麻烦的问题。尽管中国并没有批准《公民及政治权利国际公约》，但我们仍可以以中国为例说明一下。中国在 20 世纪 50 年代进行了民族识别，在汉族之外划分了 55 个少数民族，但是直到现在，还有些人认为自己应被划分为一个少数民族，还有一些人则不认同自己被划归的少数民族，觉得自己和这个民族根本就不是一个民族。还有，我们国内有很多我称之为"身份证上的少数民族"的情况。什么叫身份证上的少数民族？他拿出身份证，上面写着他属于某个少数民族，但是他无论在语言上、宗教上或者是人种上跟主体民族——汉族已经不存在任何差别，已经没有任何少数人的特征，而且他自己在心理上也没有任何作为少数人的自觉。这些例证都表明了区分少数人时，主观、客观和法律标准各自存在的问题。在这方面，还可以提到一个有关加拿大的案例，这个案例也很有意思。在加拿大，印第安人是 minority，加拿大为了保护印第安人，给他们划了保留地，在保留地之内，印第安人是自治的。有一个印第安人保留地就通过了一项规定，说如果保留地之内的印第安妇女跟非印第安人结婚了，那她就将失去在这个保留地居住的资格，这一规定是为了保护这个保留地内部的印第安特质。有一位印第安妇女先跟一个非印第安人结婚，后来离婚了，离婚之后想回保留地，保留地说她已经不再是印第安人，因为根据当年通过的这个规定，她嫁给非印第安人之后就失去了印第安人资格。这个规定的有效性是加拿大政府承认的，因为印第安人内部自治。但是这引起了与公约有关的一个问题，就是这位妇女的印第安人的身份到底是客观决定的还是主观决定的：是她自己认为是就是？还是由这个部落来决定？还是由这个国家的法律来决定？这就涉及一系列的问题。这个案件的结果，或者说人权事务委员会对她提交的来文的最后意见是：这个妇女的印第安人特性并不是别人说她是就是，说她不是就不是，并不能够这么来决定，而是要参照主客观要素决定。

关于"一切个人"，要讲的第二个方面是一切"个人"，"个人"加引号。《公民及政治权利国际公约》是一项人权公约，而人首先是每一个单个的个体，所以个人的基本权利是人权的核心部分。我们可以看出，无论是这个公约，还是《经济社会文化权利国际公约》，还是《世界人权宣言》，都以保障个人权利为基本导向和特点。人权事务委员会在一项一般性意见中明确宣布，公约所承认的权利的受益者是个人。但是我们知道，个人并不是孤立地存在，而是存在于各种人的集合之中，所以就出现了一个问题，就是公约是否同时承认和保证集体的权利，或者说集体能否作为权利主体来主张、享有和行使公约所规定的权利。在这里，我们必须要限定语境，就是我们是在公约语境中讨论这个问题的。在公约的语境中，个人毫无疑问是公约的权利主体，我们下面要探讨的是"集体"是不是公约的权利主体？这涉及一个非常复杂的法理问题，就是在一般的人权语境中，集体能否是人权主体以及如何成为人权主体。关于这方面的争论非常多，我想首先有个定义的问题，就是什么叫做"集体作为权利主体"。在这里，我自己下了个定义，就是集体权利——这里的集体权利指的是人权意义上的集体权利——可以界定为由人的集合——不是单个人，是若干人的集合——作为一个整体，以自己的名义和资格主张、享有和行使的权利。在这个意义上，一方面，这种权利不是组成这种集合的个人的权利总和，而是这种集合本身作为一个主体的权利。比如说，一个报社是有表达自由的，但是，这种自由并不是为这个报社工作的记者和编辑的表达自由的总和，而是报社自己独立的权利。比如，某国政府要是把一家报社给查封了，这个报社就可以主张说自己有表达自由，而这个自由和组成这个报社的编辑或者记者的表达自由并不一样。另一方面，我界定为集体权利的这一类权利又不同于某一类人中的每一个个体都具有的权利。比如说，被定罪的囚犯是一类人，但是，当我们说到囚犯的权利时，所指的恐怕并不是这些囚犯作为一个集体所享有的权利，而只能是落到属于这一类人中的每一个人的身上的权利。因此，并不存在囚犯作为一个整体所能够享有的权利。在这一点上，我和李步云老师的观点不太一样。李老师认为像囚犯的权利、妇女的权利、儿童权利都是集体权利，在我来看不是。我承认集体权利的存在，但我认为李老师所说的许多集体权利其实并不是集体权利。比如说，儿童权利并不是儿童作为整体的权利，就像报社权利那样的权利，而是落到每一个儿童头上的权利；妇女权利也没有办法由妇女作为一类人来享有，而一定要落实到每一个妇女的个人头上。

下面我就使用这样一个定义：集体权利就是由某些人的集合作为一个整体，以自己的名义主张、享有和行使的权利。我们来看，人类社会中的集体基本上有这么两类：一类是自然形成的集体，比如说人民、民族；还有一类是人为形成的集体，比如政党、公司、社团、工会。另外，还有一些集体大约是混合的，就是自然型的和人为型的混合，像宗教团体和民族团体。因为宗教可能是自然的，但是组成一个团体就是人为的；民族是自然的，但是组成一个团体就是人为的。回到我们这里的问题上来，公约有没有承认和保障我前面所说的这个意义上的集体权利呢？比如像政党的权利、公司的权利、社团的权利、工会的权利、宗教团体的权利？而且一定是保障它们作为一个整体、可以以自己的名义主张的权利，而不是以其中的每个个体的名义来主张权利？我们首先看看公约第 1 条。公约第 1 条规定，所有人民都有自决权，他们凭借这种权利可以自由决定自己的政治地位。这一条毫无疑问规定的是集体权利，因为自决权这项权利只能由人民这一个集体以自己的名义来主张、享有和行使。而公约的第三部分，就是第 6 条到第 27 条，规定的全部都是个人权利，里面见不到集体的影子。但是有人一直主张说，公约并不是没有保障集体权利。比如，曼弗雷德·诺瓦克在他对公约的评注中就说，公约当中除了自决权，其他的权利都是个人权利这一点，并不意味着公约中的一些权利不能由诸如宗教团体、协会、工会、政党和少数人等群体和法律实体所享有。我并不同意这一点。我们首先看一看这个公约的表述，公约第 6 条到第 27 条中每一条在涉及权利主体的时候，它的表述按中文来讲全都是"人人""任何人""所有人"，英语当中则是every human being、everyone、anyone、no one 等，这些用词指的都是个人。其实，最关键的还是第 2 条第 1 款说到了一切"个人"，而这个"个人"在英语当中是什么词呢？是 individuals，指的就是自然人，它没有用另外一个可能产生混淆的词——person，因为在英语中，person既包括自然人，可能也包括法人。所以公约保障的就是个人的权利，没有集体权利。这一点也不是我个人的总结，因为人权事务委员会在一项一般性意见中明确地提到，公约没有提到法人或类似实体或者集体的权利，也就是说公约并不保障集体权利。有人可能会提出一个疑问：难道公约第 27 条规定的这个 minority 的权利不是集体权利吗？的确，这个minority 肯定指的不是个人，或者不仅仅是单个的个人。早年间，联合国一位有关少数人权利的特别报告员卡波托蒂曾给少数人下过一个定义，他说少数人是在一个国家之内，在民族、宗教或者语言上具有有别于该国其他人口的特征，在数量上处于少数，且处于非支配地位的群体。首先，这种少数人有民族上的、语言上的、宗教上的特征；其次，他们在人口上处于少数；最后，他为什么又加了一点，说要处于非支配地位呢？这是因为，比如说，在种族隔离制度结束以前的南非，白人在人口上处于少数，但你没有办法把他们作为少数人，因为他们实际上在这个国家居于统治地位，统治着人数更多的黑人。但最重要的还不在于人数多寡，最重要的是这个特别报告员列出的另一个要素：少数人是具有民族、宗教、语言的特征，居于少数、居于非支配地位的"群体"。在他给这个 minority 下的定义中，minority 是"group"——群体。那么，为什么我还说第 27 条规定的权利是个人的权利呢？难道第 27 条规定的权利不是少数人的集体权利吗？minority 是个 group 啊！这里，我们需要区分两种不同的语境：一个是一般的理论语境，在一般的人权理论当中，的确可以讨论这个 minority 作为集体可不可以有人权，有什么样的权利；而我们这里探讨的纯粹是公约第 27 条，需要根据这一规定本身来理解这个问题。经常有人说，第 27 条保障了少数人的集体权利，我想有两个原因导致了这种认识：第一个原因，就是少数人是一个群体，因此好像讨论少数人的权利就是讨论他们作为一个群体的权利或者是集体权利。另外一个原因，尤其在中国，与公约通行中文本的表述有关。我们先看一下我们这个资料选编收入的公约第 27 条的表述："在那些存在人种的、宗教的或语言的少数人的国家中，不得否认这种少数人同他们的集团中的其他成员共同享有自己的文化、信奉和实行自己的宗教或使用自己的语言的权利。"根据这一表述，缔约国不得否认这种少数人的权利，而这个少数人是 group。既然这个少数人是 group，那为什么我还说公约没有保障集体权利呢？为什么人权事务委员会也说公约没有提到集体的权利？实际上，这也是公约通行中文本的一个重大缺陷。我们看一下公约的英文本，它是这么说的：In those states in which ethnic, religious or linguistic minorities exist。意思是"在这些存在着民族、宗教或语言上的少数人的国家"。然后我们再看下面：persons belonging to such minorities shall not be denied the right。由此我们可以发现，是谁的权利不得被拒绝？不是 minority 本身，是 persons belonging to minorities，是属于这种少数人的个人（不是这个群体）的权利不能被拒绝。所以，这是通行中文本的又一个"罪状"，它把这个东西彻底给搞混了。我们看看作准中文本就说得非常清楚了："凡有种族、宗教或语言少数团体之国家"——对于 minority，它并没有直接说少数人，而是把团体都列出来了，"属于此类少数团体之人……的权利不得剥夺之"。所以，第 27 条规定的是少数人作为群体的权利吗？绝对不是。第 27 条规定的依然是属于少数人群体的这些个人的权利，是个人的权利不能够被否认、被拒绝、被剥夺。这个我们一定要搞清楚，一定不能产生混淆；我们不能说少数人是一个团体，所以少数人权利就一定是一种集体权利。在公约的语境之外可能是这样，但是在公约的语境之内，这个 minority's rights 依然是个人权利，不是集体权利。

不过，需要指出的是，公约规定的权利除了第 1 条以外都是个人权利，这绝不意味着公约的权利只有个人性，没有集体性。公约的许多权利具有非常明显的、强烈的集体维度、集体方面，用一个英文词叫 collective dimension。公约第 6 条到第 27 条规定的是个人权利，这些个人权利当然要由个人主张、享有和行使，并在此意义上有别于集体可以以自己的名义主张、享有和行使的权利。但是，公约所保障的个人权利的享有和行使并不必然纯粹都是个体性的，而无需和他人发生联系。有一些权利，比如说免于酷刑，这个权利的享有纯粹是个体性的，任何人享有这种权利都不需要跟其他人发生任何联系；还有获得公正审判的权利也是这样。但是，有一些个人权利内在地具有群体性或者是集体性，这又分为两种情况：一种情况是，某些个人在某些方面——比如说在种族、民族、性别、语言、宗教等方面，形成了一定的群体，共同信奉某一个宗教、共同使用某一种语言，所以，这类群体当中的每一个个人在享有和这些特性有关的权利，比如说使用自己的语言，或者信奉自己的宗教的时候，很可能要和这个群体中的其他人共同来进行，而不能单独享有。最典型的就是语言：任何人作为一个少数人，他要使用自己的少数语言，只能是和同样说这个语言的人来对话。在这个时候，如果国家拒绝了他这个群体的权利，必然会影响到他个人，我把这种情况称为集体性权利的个体享有和行使——注意我所说的不是集体权利，而是集体性权利。比如，当我使用我自己民族的语言的时候，实际上还是我作为个体在行使这个语言权利，但是这项权利是具有集体性的。另外一种情况，就是有些权利是个人的权利，但是这些权利的享有和行使恰恰体现了个人之间发生的联系。比如说，我有结婚的权利，但我一个人能结婚吗？我一个人结不了婚。我行使这项权利一定是要跟别人发生联系，我要跟另外一个人来结婚。另外，结社也一样，单个人没有办法结社；这个权利尽管是我个人的权利，但是我一定要跟别人发生联系，才能享有和行使这个权利。这种权利的享有和行使，在我看来就具有连带性。我刚才提到了集体性权利的个体享有和行使，现在的这种情况，我把它调换过来说，称为个体性权利的集体享有和行使。比如说，集会是一项个体性权利，但是一个人要享有和行使这一权利的话，就必须以一种集体的形式来享有和行使。所以，公约权利都是个人权利，但是有很多权利具有非常强烈的、明显的集体维度。在公约的行文当中，我们也能够发现很多这方面的例证。比如说，公约第 18 条规定的是个人的宗教或者信仰自由，其中规定，人人有权单独或集体表明他的宗教或信仰，"集体表明"一词就承认了这个权利的集体性。公约第 23 条规定，家庭应受社会和国家的保护，而家庭最少得有两个人。第 27 条也一样。第 27 条尽管说凡属此类少数团体之人的某些权利不可被剥夺，但是我们发现它有一个后缀，按公约的作准中文本来说，就是"与团体中其他分子共同享受其文化、使用其语言、信奉其宗教"。所以，这个权利尽管是属于少数人的个人所享有的，但是在真正行使的时候，要和少数人团体中的其他个人来共同享有和行使。因此我们说，公约保障的是个人权利，但同时综合了这些权利的个体性和集体性之间的关系。公约没有承认任何集体权利，但它并没有否认任何集体权利，而是在承认个人权利这种根本性的同时，对这些个人权利、个体权利的集体性予以了充分的考虑。

对这个问题，在人权事务委员会处理个人来文的实践中有一些意见，我把这个结论给大家说一下：首先，公约第 1 条规定自决权是一项集体权利，个人不能行使和主张这个权利。有一些个人，像加拿大的印第安人，曾经以个人名义向人权事务委员会提交来文，说加拿大政府侵犯了他们的自决权。对此委员会说：自决权并不是个人能够主张、享有和行使的，它的主体只能是人民。至于你们所属的那个印第安部落是不是属于人民，那是另外一个问题，我没有必要回答，但你作为个人不能主张自决权。这是第一点，个人不能主张和享有自决权。这里需要提醒大家的是，千万不要把这个结论泛化，我说的个人不能主张自决权是在公约的语境之内，而脱离公约，在整个人权的领域、语境当中，个人能否享有自决权，我不做回答。其次，任何集体都不能主张公约第三部分也就是第 6 条到第 27 条规定的权利，任何提出这种主张的来文都会被委员会判定为不可受理，因为这个主体不合格。这里有一些例证，第一个例证也是有关加拿大的。加拿大有一个人曾组建了一个党，这个党经常鼓吹一些具有种族歧视的内容，后来加拿大就对这个个人和这个党进行了处罚，这个人就把加拿大政府告到了人权事务委员会。人权事务委员会说：你如果是以个人名义来告加拿大政府，我可以受理，但是你那个党的问题我无法受理，因为在公约中找不出一个党有任何权利，因为集体并不是这个公约规定的权利的享有者。第二个例证有关意大利，有一个保护残疾人的非政府组织控告意大利，委员会也判定该组织缺乏主体资格。第三个例证是这样一个案件：提交人的食品公司在国内受到处罚，他申诉说没有受到公正审判，委员会认为，尽管提交人确实是其所属食品公司的唯一股东，但是公司本身有它的法人资格，从法律上来讲，公司作为法人和提交人作为个人是不一样的，根据公约，提交人可以以个人身份主张权利，但不能以这个公司的名义主张公约规定的权利。不过，尽管委员会不接受任何以集体名义提交的来文，但是，如果有某种情况同时影响了某一个集体和其中的成员的权利，或者难以在这个集体的权利和成员的权利之间做出区分，委员会会尽可能把这些情况解释为涉及个人权利，再加以解决。这里也有个例证：有一些芬兰人建立了一个组织，叫做自由思想者联盟，这个组织的秘书长同时以自己的名义和这个联盟的其他成员的名义提交了来文，这时候到底算是以谁的名义提交来文呢？对此，委员会没有明确宣布说这一联盟不能提交来文，但是要求这个自由思想者联盟的秘书长提交一些文件，证明他有权代表其他人，在他提交了 56 个人的姓名、地址和授权声明之后才审议了来文。也就是说，在这种情况当中，在委员会看来，这个来文是 57 个人提交的，而不是作为一个整体的这个所谓自由思想者联盟提交的。

三、义务主体

现在来看看公约中的义务主体。从我们刚才提到的第 2 条第 1 款来看，毫无疑问，缔约国是公约的义务主体，承担着尊重和保证个人权利的义务。那么，根据公约，除了国家以外，是不是还有其他的义务主体？比如说，个人、其他的非国家行为者——包括公司、政党、社团等，它们是不是公约的义务主体？

我们说，在权利义务关系当中，权利和义务是相联系的。实际上，这种联系可能有两种情况：在一种情况中，一个主体的权利相对应于他自己的一个义务，这意味着，他要享有和行使这一个权利，必须以他承担和履行某一个义务为前提，如果他不承担、不履行这个义务，他就没有这个权利。在另外一种情况中，一个主体具有独立于他的权利的一个义务，这个义务并不是他享有和行使权利的一个前提，而是他无论如何都需要承担和履行的义务。我们可以从国内法中举例。关于第一种关系，最简单的，就是私法当中的"一手交钱，一手交货"。这是最典型的一种权利义务相对应的关系：一个主体要享有权利，他就得履行义务。但是另外有一些义务，是不管义务主体是否有权利、权利如何都必须履行的义务。比如说，人人都有服兵役的义务，但并不存在什么与之相对应的权利。那公约中有没有个人的义务呢？有没有这两个类型的义务中的任何一种呢？我们可以看出，首先，公约中没有规定任何一个人为了享有公约权利必须先行承担和履行的义务，所以没有第一类义务。这是由人权的根本性质决定的，因为人权的基础就是一个人作为人的自然属性和社会本质，如果一个人享有人权要以他承担义务为前提的话，那权利的普遍性就不存在了。为什么呢？因为人有个体差异，他承担义务的能力和程度也不相同，如果说一个人的权利要取决于他的义务，而每个人的义务的程度、范围不一样的话，那每个人的权利也就不一样，那人权就没有办法存在了。所以，不仅在公约中，而且在一般人权理论中，我们都可以说，一个人享有人权，并不以他承担和履行任何义务为前提。当然，这种理论在国内绝非主流。其次，我们来考虑一下第二种类型，就是独立于权利的义务。我们说，个人享有公约规定的权利，而且这并不以他承担任何义务为前提，但有没有独立于这些权利的义务呢？我们可以看一下，在整个公约中，只有两个地方出现了可能和我们这个问题有关的表述。第一个地方是序言。序言第五段，也就是倒数第二段，有这么一句话：本公约各缔约国认识到个人对其他个人和对他所属的社会负有"义务"，有"责任"为促进和尊重公约承认的权利而努力。需要提醒大家的是，这里面提到的"义务"和"责任"在英文本中的对应用语是"duties"和"responsibility"。第二个地方是在第19条，第19条第3款规定：本条第2款所规定的权利——表达自由——的行使，"带有特殊的义务和责任"，这里面提到的"义务"和"责任"在英文本中的对应用语也是"duties"和"responsibility"。大家可能会注意到，尽管中文本当中出现了"义务"和"责任"，但它们在英文中的对应用语分别是"duties"和"responsibility"，而不是我们更熟悉的、表示法律义务的"obligation"。那么，到底怎么理解公约中两处提到了个人的"duties"和"responsibility"，但却没有提到个人的"obligation"？公约有没有为个人规定义务？关于这个问题，在法哲学上首先就存在争论。在中国，一个主流的立场是"权利义务相统一"。我们最经常听到或引用的一句话是革命导师的话，叫做"没有无义务的权利，也没有无权利的义务"，我查了一下，这是马克思在《国际工人协会共同章程》当中的一句话。的确，我们不能只讲权利，不讲义务，那这个权利和义务到底是什么关系？我个人的认识是这样的——整个论述过程我就不展开了，实际上，这种"没有无义务的权利，也没有无权利的义务"分为两种情况：一种情况和我刚才解释的第一种情况一样，每个主体的权利和义务是互相咬合在一起的，任何一个主体的权利都和其他主体的义务以及自己的义务联系在一起，互为前提。我们很多人说人权中也是这种情况，就把马克思的这句话解释为：你想要享有人权，你就要承担相应的义务。但是我们想想，是不是还有另外一种权利和义务分离的情况。比如说，我二十多年前学习民法中的所有权的时候知道，我对这个笔有所有权，意味着我可以对其占有、使用、收益、处分。这是我的权利。我有什么义务吗？好像没有。这个东西是我的，那我就有这些权利，相对应的义务是其他人承担的；我只有权利，我没有义务。在这种情况中，当然可以说"没有无义务的权利"，因为我的权利当中有义务，只不过由他人承担；同时也可以说"没有无权利的义务"，因为他人承担的尊重所有权的义务必须有一个对象，那就是我的权利。所以，我觉得对马克思这句话不能理解得那么狭隘。从人权的角度来讲，我想关系是这样的：每一个人都有人权，这个权利要得到其他人的尊重；但同时，每个人也负有一个义务，要尊重其他人的人权，仅此而已。我们并不能说，因为一个人侵犯了别人的权利，他就丧失了人权。但很多人似乎就是这么认为的，说坏人怎么能有人权呢？我记得有一次中国人权研究会开会，有一个常务理事就说：希特勒能有人权吗？他的理论就在于一个人没有履行他的义务，他就没有人权。我觉得这种认识是有问题的。任何人在一个社会中的确是既有权利又有义务，但是在人权这个领域中，一个人的权利和义务并不是结合在一起的。回头再看公约，它仅仅提到了个人的"duties and responsibility"——义务或者是职责，这更多是道德性或伦理性的，但不是法律性的，因为它的用词不是"obligation"。另外，公约对于这个义务和职责没有作任何进一步的规定，它把这个留给了国内法，一个国家要想规定个人的任何义务，那是它国内法的事情，公约是不作规定的。对这个问题下一个简短结论，那就是：个人并不是公约的义务主体，公约当中规定的是完全的单向权利义务关系，国家有义务尊重和保证个人的权利，个人有权主张、享有和行使公约承认的权利。个人无需为主张、享有和行使公约规定的权利而承担任何义务，公约也没有为个人规定任何义务。

那么，其他非国家行为者是不是公约的义务主体呢？也不是。公约当中并没有任何地方规定诸如政党、社团、组织等有义务尊重和保证个人的权利，这个同样是国内法的事项。但在这个权利义务关系中，并不是说这些其他的非国家行为者完全不会出现，但还是要被纳入国家和个人这个关系当中来处理。其他非国家行为者在这个权利义务关系中的地位是这样的：国家有义务保证其他非国家行为者不侵犯某些权利，所以非国家行为者很可能要根据国内法承担某种义务。比如说一个公司，它不能在招工广告中表示本公司招人只限女性，不要男性，或者只限身高1.65米以上的，1.65米以下的不要。但是，这并不是因为公约直接禁止一个公司这么做，而是因为国家根据公约承担的义务包括保证个人不受歧视，因此国家有义务禁止非国家行为者如此行为，因为这种行为损害了个人的权利。

交流互动

问：我对个人的义务问题还是不太明白。公约到底有没有为个人规定义务？

答：个人在公约中不是义务主体，个人不根据公约承担任何义务。

公约当中，义务由国家承担，权利由个人享有，最典型的体现就是从昨天到今天我反复讲到的个人来文。我们去看一看人权事务委员会到现在为止收到的两千多件来文，就会发现，所有的原告都是个人，所有的被告都是国家，绝对不存在一个张三告李四，或者是张三告某个组织等。如果有这样的来文，委员会就会裁定不予受理，因为某一个个人是否损害人权，这是缔约国国内法的问题，并不是公约所关注的事项。

班文战：我觉得这个问题是很重要的一个理论和实践问题，很多老师可能会有困惑。我理解孙老师在讲到公约没有规定个人和其他非国家行为者是义务主体的时候，应该是做狭义的理解。也就是说，孙老师特别强调"语境"，就是在公约的语境中，最多是在整个国际人权法的语境中，国家是首要的人权义务的承担者，而个人是权利的享有者，从这个意义上来说，个人不是义务主体。但是，孙老师已经反复表述过这么一个观点，我们个人实际上是负有一种尊重其他人的权利的义务的，只不过这个义务不是由这个公约来明确规定的，这是我对孙老师的意思的一个理解，不知道是不是准确？不过，我个人的一个认识是，从这个公约本身里边还是可以看出个人的义务的。除了孙老师刚才提到的公约序言和第19条里面出现的"义务和责任"，公约关于宗教或信仰自由、表达自由、结社自由、集会自由、迁徙自由的相关条款规定，个人在行使权利的时候要受到一些限制，其中一个考虑就是为了保护他人的权利，或者为了维护公共道德、公共秩序、公共安全。那么，我们能否由此解释说，个人对其他个人和社会也负有一些义务呢？另外，这个公约的第5条有一个关于公约解释的规定，就是不能解释为个人有权破坏本公约确立的任何一种权利和自由，从这里也可以看出，个人对公约规定的权利的尊重、保障和实现还是负有义务的，只不过没有那么明确。这是我做的一个补充、一个说明，不知道是不是合适？

答：谢谢班老师。班老师对我前面这个内容的总结比我自己说得还要清楚，但是对于班老师后面发挥这段——这正好是我下面要讲的，我的理解可能有所不同。班老师所讲的也是一个非常流行的观点。中国有不少学者也认为，这个公约当中对于个人义务并不是没有体现，这种义务体现为对个人权利的限制。刚才班老师提到一些条款中的限制性规定，对此，我自己的一个认识是，对个人享有和行使公约权利的限制和个人的义务恐怕还是有区别的。当然，我们得承认，为什么公约当中有一些条款对个人权利进行限制，原因的的确确就是为了平衡个人对于其他个人和社会的责任。但是，好像不可以把这个限制就当成是个人的一个义务，当然更不能说这是一个前提性的义务，即一个人必须得履行这些作为前提性的义务，才能够享有权利。那么，在不详细展开的情况之下，我是这么认为的：这个公约规定或者允许的对个人权利的各种限制只是划定了权利的范围和限度，就是个人的权利不是无限的，这些权利到某个地步就必须停止，到哪里呢？就是不能够侵犯别人的权利，到这里停止。所以对权利的限制只是确定了权利的范围和限度，在这个范围或限度之内，一个个人享有权利依然是无条件的，不受任何制约的，不需要承担任何义务。所以我说，限制是个人的权利范围的限度，而并不是个人的义务。当然在国内法当中，个人有很多的义务，例如不携带危险品乘坐火车。国内法确实是这样的，但是在公约中，这个并不是个人的义务，只是说国家在承认和尊重个人有迁徙自由、行动自由的同时，有权限制个人的权利，个人的迁徙自由、行动自由有一个界限，那就是个人不能够携带危险品乘坐火车。这里，我们可以看一个案子。有一个意大利人建立了一个法西斯政党，这在意大利是被法律所禁止的，因此这个人被意大利法院定罪。为此这个人把意大利告到了人权事务委员会。我们想一想，从公约的角度来讲，意大利惩处这个人、意大利法院将他判刑，是不是因为他的这种行为违反了公约规定的任何义务呢？人权事务委员会是这么判定的：他组建法西斯政党的行为超出了他的行为所涉及的信仰自由、持有和表达意见的自由、结社自由以及参与公共事务的权利所允许的限度，其本身就被排除在公约保护之外。这个"排除在公约保护之外"是委员会的原话，就是说他的行为已经超出了有关权利范围的限度，他组建一个法西斯政党受到惩罚，并不是因为他根据公约有义务不组建这种政党，而是因为这种行为不受这些权利的保护。这是我个人的认识，就是对个人权利的限制在国内法中可能会体现为义务，但是，不能说在公约中这是个人的一个义务。这里可能会有很多争论，而且我自己也没有想得太清楚，所以我也欢迎在座所有的老师共同探讨一下，一般法理语境中的权利和义务、人权语境中的权利和义务、公约语境中的权利和义务以及限制之间到底是一种什么样的关系。有人可能会批判说，这个公约中只保障权利，不讲义务，所以体现的是西方的人权观点，强调个人主义。但我觉得这种批判并不公允。公约当中通过这个限制条款平衡了个人对于他人和社会的一个责任，只不过这种个人对于他人的责任并不是以公约当中的义务的形式，特别是个人对国家义务的形式体现出来的。

四、公约权利的范围和性质

公约权利的范围当然就是公约规定的这些权利。公约规定的只是公民权利和政治权利，因此有一些权利，比如健康权和财产权就不在公约的范围之内。但是，这并不意味着公约的权利的范围就是确定的，因为每一项权利的范围都存在一些模糊的边界。

第一个例证是公约的第7条，这一条规定得非常简单，一共只有两句话。我们先看第一句话："任何人均不得施以酷刑或残忍的、不人道的或侮辱性的待遇或惩罚……"在国内对这一条的研究中，很多时候把其中规定的权利缩减了。有一本书写道："酷刑，在我国司法实践中主要表现为刑讯逼供。"它把酷刑的范围大大缩小为刑讯逼供了。但是，根据人权事务委员会关于个人来文的意见，这一条保护的范围非常广泛。举一个有关绑架和失踪的例子：在乌拉圭，某个母亲的女儿被绑架后失踪了，这个母亲就把乌拉圭告到了人权事务委员会。委员会不仅判断乌拉圭的这种行为侵犯了她女儿的权利，而且还判定："其女儿的失踪，以及其女儿命运和下落的持续的不确定状态，导致了母亲的痛苦和紧张，提交人有权知道她女儿到底出了什么事，在此方面，提交人也是她女儿遭受的对公约，特别是第7条加以违反的行为的受害人。"一个母亲的女儿被绑架了、失踪了，对母亲来说也是一种残忍的、不人道的待遇，违反了第7条。所以，我们可以看出，尽管第7条第一句话非常简短，但其范围可能并不像我们想象得那么简单。还有一个有关死刑的例子：在白俄罗斯，有两个人被判处和执行了死刑，但是他们的家人没有被告知处决的日期、时间、地点，以及他们的尸体埋在什么地方。对此，委员会认为："这是故意使家人处于一种困惑、精神紧张的状态，因而产生了恐吓或惩罚他们的效果。当局起先未能通知提交人处决其儿子的预定日期，后来又一直没有告诉其儿子墓地的地点，这相当于对提交人的不人道待遇，因而违反了第 7 条。"一个母亲的孩子被处决了，她不知道他什么时候被处决的，也不知道他被埋在什么地方，委员会判定这是不人道的待遇。

第二个例证与公约当中的一个用词——"sex"有关。有这样一个案例：一个国家规定，同居的异性伴侣享有某种福利，但是同性伴侣之间没有这个待遇。人权事务委员会是这么解释的：因为这个国家不承认同性婚姻，所以同性伴侣是没有办法结婚的，他们只能处于这种伴侣的状态；如果这个国家规定，只有夫妻之间有某种权利，异性未婚但同居的伴侣没有这个待遇的话，这个可以；但是如果规定了异性的同居伴侣有这样的待遇，而同性的同居伴侣没有这种待遇，这是一个问题。委员会的解释当中就涉及怎么理解这个"sex"的问题。我们来看一下公约第 2 条第 1 款。这一款规定，本公约缔约国承担尊重和保证在本国领土内受其管辖的一切个人享有本公约所承认的权利。一个不得据以区别对待的标准是什么呢？中文本当中这个词是"性别"，而英文本当中就一个词——sex。中文当中的"性别"指的是男女之别，所以按照中文本，这一规定的意思是缔约国在尊重和保证对公约权利的享有时，不得区别对待男女。但是，英语当中的这个"sex"的含义可能不仅限于"性别"。那怎么解释这个词呢？现在有一种解释导致委员会认为，上面讲的那种情况构成了歧视。这种解释就是将 sex 理解为跟"性"有关的一切事项，所以公约禁止基于 sex 的歧视意味着，除了禁止基于男女性别的歧视以外，也包括禁止基于跟性有关的一切方面——比如说性取向——的歧视，这种解释就使得非歧视的待遇的范围扩大了。实际上还有一种解释，是把这个 sex 归到"其他身份"中。我们接着读第 2 条第 1 款就会发现，除了种族、肤色、性、语言、宗教等以外，还有一个不能据以区别对待的标准，是"其他身份"。这个"其他身份"其实也是一个筐，是可以扩展的。有些学者就说，性取向、性偏好都可以归到这里面，缔约国也不得根据性取向、性偏好加以歧视。所以，尽管公约权利的类型比较固定，但是每一个权利的范围其实是处于变动之中，对此我们可以举出很多个例子。

下面谈一谈权利的分类、等级和联系。首先说权利的分类。有很多学者试图对公约第6条到第27条当中的权利做一个分类。这大约也是人的一个思维特点：只要东西超过一定的数量之后，我们就必须得把它们归类，要不然就觉得把握不了。这种思维用到公约规定的权利上，就是第6到第27条一共22项权利，太多了，所以要把它归类。李步云老师前天做了一个简单的归类，他说公民权利和政治权利可归为两大类，人身自由和安全是一类，政治权利是一类，这是最简单的归类。另外，还有人把公民权利和政治权利分为四类、五类的。但是在我看来，所有分类实际上都存在一个不周延的风险，而且每一类当中的某一项权利和其他类中的权利不是能够截然分开的，都存在着联系。我们仔细看的话就会发现，从第6条到第27条有四个趋势，而且这些趋势都是互相联系在一起的：首先，这些权利是逐渐地从反映人的自然属性到体现人的社会本质：生命权、免于酷刑，这都是人的自然属性的反映，逐渐往后，表达、结社、婚姻、家庭到第25条的政治权利，就变成体现人的社会属性了，这是第一个趋势。第二个趋势是从人的消极权利到人的积极权利的变化。为了享有生命权，我需要做什么吗？不需要做什么。生命权我只能享有，我恐怕没有办法行使。什么叫做行使生命权？我活着就已经在行使。免于酷刑也一样，我不需要做什么。但是到后面，表达、结社、家庭权利、政治权利等，都是我可以积极地行使的。第三个趋势，就是我刚才提到的，从纯粹的个体性向逐渐地具有集体性的变化。生命权、免于酷刑、人身自由、公正审判都是纯粹个体性的，但是从第17条的隐私、通讯，就开始有集体维度。第四个趋势是从公民权利向政治权利的递进，就是从与国籍无关向与国籍联系递进。这里涉及一个很有意思的问题，就是我们这里讲的"公民权利"到底是什么意思？我们这里讲的"公民权利"在英语中叫做"civil rights"。这和我们宪法当中讲的——比如中国《宪法》第二章规定的"公民的基本权利"到底是什么关系？如果从英语来讲，公民权利是 civil rights，而我们宪法当中的公民的基本权利是 rights of citizens，到底是什么关系？我没有时间展开，但可以告诉大家的是，"公民的权利"和我们这里所说的"civil rights"是有很大差别的。中国宪法当中如何定义公民？凡是具有中华人民共和国国籍的人就是中国公民。所以，《宪法》第二章规定的所有权利，都是为中华人民共和国公民——国际法上更多地称为国民——规定的。可是我前面已经讲到，公约所规定的权利，除了第 25 条规定的政治权利以外，其他权利都跟国籍没有任何关系。我们看看第 6 条到第 27 条的每一项规定的主语就可以发现，大部分都是人人、任何人、所有人，只有第 25 条的主语不一样，它叫 every citizen——每一个公民，这个才是跟国籍有关的。所以对权利进行分类，我们可以从学理上进行尝试，但是一定要对分类保持一个警惕，就是任何分类可能都不见得完全科学。

还有权利的等级的问题。对公约规定的权利能否划分出一个等级？能否说，规定实质性个人权利的第三部分中，最先一条——就是第 6 条——规定的是生命权，那么生命权最重要，随后规定的权利的重要性递减？有一些学者曾尝试无论是在公约的语境之内，还是在公约的语境之外，对权利进行等级的划分。但是，我认为，所有对公约权利或所有人权划分等级的尝试，没有一个能够完全成立。人权事务委员会的确曾经提到过，生命权是一项至高权利，这个"至高"在英语中是"supreme"，但这是否意味着生命权比其他的权利更重要呢？我认为这更多的是一个事实判断，就是一个人享有生命是他享有其他权利的一个事实前提，但并不意味着生命权更重要。在这里我们可以举一个例子，这是在人权领域中最著名的一个讨论，叫做"滴答作响的炸弹的困境"。假设某一恐怖分子在城市内放了一颗炸弹，我们可不可以为了挽救这颗炸弹所威胁的人的生命，对这个恐怖分子，或者更准确地说"恐怖罪行嫌疑人"实施刑讯？至少根据公约是不可以的，我们不可以把生命权置于一个人免于酷刑的自由之上，不可以因为生命重要，为了挽救生命就什么都可以做。这一个例证就足以说明，生命权很重要，但并不能说生命权就一定是"最"重要的权利。

关于权利之间的联系，这个大概不需要多说。权利之间的彼此依赖在公约中体现得非常明显。比如，在对很多来文的审理中，人权事务委员会都认定，一个人如果因为不公正的审判被判处了死刑，那么，缔约国不仅违反了保障公正审判权的第 14 条，同时也将违反保障生命权的第 6 条。我们从这里就能看出来，获得公正审判的权利和生命权之间存在紧密联系。这是一个例证，还可以举出其他很多的例证，因为时间关系就不讲了。

关于公约规定的权利的性质，可以从权利本身的角度来讲。比如说，从个人的角度来讲，某一个权利如果是一项消极权利，个人不作为就可以享有，如果是一项积极权利，个人需要积极地去主张、行使。像免于酷刑就是一项消极权利，表达自由就是一项积极权利。从国家义务的角度来讲，表达自由其实就不是一项积极权利了，而是项消极权利，国家需要承担的是不干涉的消极义务。而像公约第 10 条第 1 款规定的任何被拘禁的人获得人道待遇的权利，这个权利从个人角度来讲是一项消极的权利。一个被拘禁的人不需要做什么，他不需要在监狱中自己动手、丰衣足食；而对国家来讲，这就是一项积极义务，它需要在监狱中提供符合人道的、尊重人的固有尊严的拘禁条件。这是区分积极权利、消极权利的两种方式。另外，还有一种对权利性质的认识，将权利分为绝对的和相对的，我们下面讲权利的限制的时候还会提到。有些权利是绝对的，不受任何限制；有一些权利是相对的，可以限制。另外，我们已经讨论了很多的权利的普遍性和相对性。公约中没有规定哪些权利是相对的，这取决于各国的条件。但是在实践中，各国实施权利的情况肯定是有差别的。

五、权利的限制和克减

对于权利的限制，我们已经涉及过一些，现在再多谈一点。首先来看一下限制的定义，什么叫做对权利的限制。对权利的享有和行使的任何禁止、干涉、妨碍或者是处罚，都属于对权利的限制。我们这里可以举两个例子：第一个例子是有关加拿大的。有一个老师在课外——不是在课堂——散布了一些反犹太人的言论，学校的董事会因为这件事情把他调到了非教学岗位，他就认为自己的表达自由受到了侵犯，向人权事务委员会提交了来文。加拿大政府说，他的表达并没有受到限制，因为他被调到这个非教学岗位，依然可以想说什么就说什么，他的表达自由并没有受到影响。但是，委员会认为，这个人被调到非教学岗位，实际上就构成了对他表达自由的一个限制，为什么呢？因为他失去这个教学岗位，即使没有造成经济损失，也是一种损害，而这种损害是因为他表达的观点而强加给他的。当然，这个案子不是到这里就结束了，因为委员会断案是一步一步的，首先要判定缔约国的某种行为是否构成了限制，然后再来看这个限制是否符合公约。这个案子最后的结论应该是，委员会认为，加拿大这么做，或者是学校这么做是合理的。还有一个例证是有关澳大利亚的。澳大利亚要把在该国长期非法居留的一对夫妇遣返回印度尼西亚，但是有一个问题，他们13岁的儿子出生在澳大利亚，具有澳大利亚国籍，澳大利亚要驱逐他的父母，这个孩子是进退两难：要么单独留在澳大利亚，要么跟着父母去一个完全陌生的国家。人权事务委员会认为，澳大利亚的这个行为表面上只是驱逐两个非法居留的人，但构成了对家庭生活的干涉，实际上也构成了对权利的限制，因为这个少年面临的这种两难是由缔约国要驱逐他的父母造成的。

从公约的角度来讲，并不是所有的权利都可以被限制。我们前面提到，个人对社会、对他人负有责任，在公约中体现这一点的就是对权利的限制。但是，并不是所有的权利都属于这种情况，因为有一些权利在任何时候都持续存在，不管情况怎么样，都不能够受到限制。一般把这种权利叫做绝对权利、无条件的权利，包括第7条规定的禁止酷刑和其他残忍的、不人道的待遇，第8条规定的禁止奴隶劳动，第11条规定的不得因为欠债而被监禁，第16条规定的法律人格权，第19条第1款规定的意见自由——就是我自己有什么想法。我们看一看公约就会发现，可受限制的权利和绝对权利在表述上有微妙的区别：绝对权利的表述基本上都是"任何人不得被如何"或者不受干涉,而可以限制的权利一般是以主动语态表达的,比如"任何人有权如何"。这是一个非常大略的一个区分。除了极少数绝对权利以外,公约当中规定的大部分权利都可以受到限制。

对权利的限制有三种类型。第一种类型是公约明文规定的限制,这又包括三种具体情况。第一种具体情况是,有一些规定本身就包含了一款,说这个权利可以受到限制,像第12条、第14条、第18条、第19条、第21条、第22条就是非常典型的。我们可以看一下第18条,它的第3款规定:"表明自己的宗教和信仰的自由仅受法律所规定的以及为保障公共安全、秩序、卫生或道德,或他人的基本权利和自由所必需的限制。"这一款明确地规定可以限制表明自己的宗教和信仰的自由。但是大家要注意,它限制的究竟是什么?它限制的只是"表明自己的宗教或信仰的自由",只有"表明"受限制。一个人如果不是"表明",而只是"具有"某种宗教或者信仰,这是不受限制的,这是一项绝对权利。明文规定限制的第二种情况,就是公约第4条规定的克减。国家在遇到紧急状况的时候,可以对权利施加比公约允许的在平常情况之下更多的限制。明文限制的第三种情况就是公约的第5条第1款。该款规定,公约任何部分不得被解释为暗示任何国家、团体或个人有权从事任何旨在破坏本公约所承认的任何权利或自由,这也是一项限制,任何个人都不能够以公约规定的权利为由,损害公约规定的权利。

对权利的限制的第二种类型是公约暗含的限制。有的时候,由于权利本身的性质,这些权利就是相对的,也就是可以被限制的,这也分三种情况:第一种情况是,公约的某些条款本身使用了一些弹性用语,类似"不得任意""迅速""合理",这些弹性用语本身就意味着,这个权利是有一定弹性范围的,而不是绝对的。比如,生命权是非常重要的权利,但是人权事务委员会就认为,在执法行动中,如果警察使用致命武力是为了保护自己或他人所必要,或者为了执行逮捕或防止有关的人逃跑所必要,那么由此造成的死亡就不是对生命的任意剥夺。"任意"是个弹性用语,个人的生命权其实由此是受到了一定限制的。第二种情况是，公约的某些条款规定了对于需要予以尊重和保证的权利，可以存在例外或者附加一定的条件。比如说，生命权受法律的保护，不得被任意剥夺，但是，死刑实际上是一个例外；合法入境的外国人有一系列的权利，但是因为国家安全的紧迫原因可以被驱逐出境，而且他无权提出申诉。第三种情况是，公约的某些规定没有包含限制条款，但是从权利的性质本身就能够推导出允许对它进行限制。这里最典型的是第 17 条。第 17 条规定，个人的私生活、家庭、住宅或通信不受任意或非法干涉。人权事务委员会在有关第 17 条的一般性意见中说，既然所有人都在社会中生活，那么对隐私的保护就必然是相对的。这可以理解，从国内法的角度也能理解。我关起门来在家里干什么可以是我的隐私，但是我跑到公园做某些事情就不可以。这就是委员会所说的，所有人都在社会中生活，对隐私的保护就必然是相对的，而不是绝对的。

最后一类限制是一般国际法允许的限制，因为一国还有可能对人权条约提出保留，那么提出的保留，对于权利来说也构成了限制。

下面讲的问题可能是个更重要的问题。公约的绝大部分条款都允许缔约国对个人享有、主张、行使权利予以限制，但这并不是允许国家想怎么限制就怎么限制，因为公约规定了很多对限制的限制。我们刚才提及的第 18 条第 1 款规定，任何人表明自己的宗教或信仰的自由可以受限制，但是，这个限制必须由法律所规定，并且为保障公共安全、秩序、卫生或道德，或他人的基本权利或自由所必需。根据公约有关限制的条件的规定，以及人权事务委员会的一般性意见、审议个人来文的最后意见，我们可以看出，任何限制都必须由法律所规定，任何限制都必须服务于特定的目标，而且要为实现这些目标所必要。如果再进一步总结的话，对权利的限制要满足四个要求。第一个要求是有限性。对权利的任何限制以及限制的理由都必须是公约所规定的，不能是在公约规定的范围之外，我称之为有限性。第二个要求是合法性，就是缔约国对任何公约权利的限制，都必须被明确地规定在法律中。第三个要求是目的要具有合理性，这个目的只能是公约所列举的限制的目的，而不能是其他的什么目的。这里可以给大家举两个例证：一个例证发生在乌兹别克斯坦。有一个女学生是这个国家公立大学的学生，她是穆斯林，所以在校园里戴头巾。乌兹别克斯坦有一项关于良心和宗教组织的法律，其中规定，乌兹别克斯坦的国民不得在公共场所穿戴宗教装束。根据这项法律，这个学生就因为戴头巾被学校开除了。为此，她把乌兹别克斯坦告到了人权事务委员会。我们看看委员会是如何一步一步分析这个案件的：委员会首先承认，表明宗教的自由包括个人按照自己的信仰或者宗教公开穿戴服饰的权利；第二步，委员会指出，缔约国阻止某个人公开或者私下的这种宗教穿戴可能会构成一种限制；第三步，委员会要断定的是，这种限制是否被允许，这就要适用第 18 条第 3 款，而缔约国并没有援引任何特定的理由说明对提交人所施加的限制从该款的规定来看是必要的。委员会得出的结论是，由于缔约国没有对自己的行为提出任何正当合理的解释，因此存在对第 18 条第 2 款的违反。再举另外一个例子：比如说，有一些严格的穆斯林，特别是女性，把身体所有的部分全挡住了，就露出眼睛，但是到机场安检的时候就必须把面罩摘下来。这是出于公共安全的考虑，否则安检人员怎么知道这个护照上的人和本人是同一个人呢？这种限制是可以的。但是不准一个人戴头巾上大学，这种限制是没有合理性的。第四个要求是，除了目的的合理性之外，手段也必须具有合理性。手段合理性还可以拆分为很多方面。例如，从事行政法教学和研究的老师可能很明白，手段合理性意味着相称性，限制的手段和限制的目标之间要相称。人权事务委员会处理过一个案子。在这个案例中，有个人在法庭上叫嚷，法官说，你要遵守秩序，但他还继续叫嚷，然后法官当庭就判他藐视法庭罪，判处他 1 年的监禁，而且监禁时还要进行强度很大的劳动。委员会认为，缔约国的手段和目的之间并不相称。手段的合理性还包括限制不能任意、不能具有歧视性、不能滥用。从人权事务委员会处理的来文来看，相当一部分来文并不是有关对权利的赤裸裸的侵犯，比如说警察把人抓过来殴打一顿，而是涉及于权利的限制。当国家限制一项权利时，这个限制到底是属于公约允许的有限的、合法的、合理的限制，还是超出了这个范围，由此构成了对于公约（权利）的侵犯，这在公约的实践中是一个重点问题。

对于权利的克减，我就不讲了，如果大家有兴趣的话，可以去看看诺瓦克的《〈公民和政治权利国际公约〉评注》对第 4 条的详细分析。另外，中国有一位学者专门写了一本书——《紧急状态下的人权克减研究》，也可以看看。

对于缔约国义务的形式、性质和范围，还有侵犯的救济等问题，我那本《〈公民及政治权利国际公约〉缔约国的义务》也都涉及了，尽管有一些表述是有问题的。

《公民及政治权利国际公约》与
中国刑事司法[1]

杨宇冠

　　感谢班老师给我这次机会，让我能够跟在座的各位老师进行交流。还要感谢奥斯陆大学法学院的熊瑞丽女士，使这次讲座能够成功地举行。在座的都是各个高校的人权法教师，所以非常高兴今天能有机会跟大家交流。

　　人权法在中国也就是这几年开始发展起来的，这方面还有很多的问题需要进行研究。我今天跟大家交流的是关于《公民及政治权利国际公约》和中国刑事司法的问题。我发现大部分老师的专业背景是宪法学、法理学，没有刑事司法，尤其是刑事诉讼法。今天的交流如果能引起大家对于人权和刑事司法方面的一些兴趣或者一些关注，那我就感觉到欣慰了。

　　其实，人权和刑事司法的关系是非常非常密切的，因为刑事司法关系到人的生命、人的自由、人的财产、人的隐私等一系列方面，是人权保障的非常重要的一部分。今天讲的这个《公民及政治权利国际公约》，它的实体部分的权利大概有 27 条，其中有一半是关于刑事司法权利的，可见刑事司法在国际人权中的重要地位。我以前在中国的司法部

---

　　〔1〕　本文是中国政法大学诉讼法研究院杨宇冠教授 2012 年 8 月 21 日在 "2012 年中国高校教师人权法教学研讨会" 上所做的专题讲座，由李超燕、李风傧整理，杨宇冠审定，班文战校对。

和联合国的有关机构工作过，从 1986 年到 2000 年，十几年间多次参加联合国的人权文件和一些刑事司法文书的制定，通过参加联合国的人权会议和联合国预防犯罪委员会的会议，参与制订了一些刑事司法方面的法律法规。联合国的这些规则同时又是人权方面的规则，从这个意义上来说，人权和刑事司法其实完全是一回事。

一、公约的背景

我现在先简单地介绍《公民及政治权利国际公约》的背景问题。我注意到给大家发的材料里面有这个公约的英文本，也有公约的原始中文本和现代的中文本，这个准备工作是做得非常充分的。怎么会有这么多的文本呢？这要结合这个公约的背景来谈一谈。这个公约是来源于1948 年 12 月通过的《世界人权宣言》，人权宣言通过以后，对全世界的人权和法治的事业产生了很大的影响。但是大家都知道，宣言是没有法律效力的一个文件，它不需要各个国家去批准和加入，也没有缔约国，也没有监测这个文件怎么执行的一个机构。而公约是不一样的，公约需要有缔约国参加，去签署、去批准，通常有一个机构去管理这个公约，在联合国通常叫 Treaty Body，比如这个《公民及政治权利国际公约》就有一个 Human Rights Committee，中文翻译成人权事务委员会，由它去监督这个公约的实施情况。《世界人权宣言》通过以后，因为它是没有法律效力的，国际社会决定把它转化为有法律效力的公约，后来把宣言分成两部分，一个叫《经济社会文化权利国际公约》，另一个叫《公民及政治权利国际公约》。这两个公约通过以后，需要各个国家履行签署和批准手续。目前，《公民及政治权利国际公约》已经得到了全世界 167 个国家的批准。在联合国的公约系统里面，《儿童权利公约》的缔约国是最多的，因为保护儿童的权利是全世界都没有异议的事情，都是非常赞成的事情，缔约国第二多的就是《公民及政治权利国际公约》。联合国大大小小的成员国一共也就是 190 多个国家，现在有 167 个国家批准了这个公约，可见这个公约在全世界得到接受的广泛程度。中国在 1998 年 10 月 5 号签署了这个公约，但是还没有批准。所谓签署就是说在公约上签了字，签署的意思就是说有意向参加这个公约，但是如果没有批准的话，这个公约还不能在中国产生法律效力。当然，签署本身也有一定的法律效力，按照国际法的原理，签署了公约以后，这个国家不能做与这个公约的核心宗旨相违背的事情，并且要创造条件去参加这个公约。

中国的许多国家领导人都在许多非常大的场合公开声明，中国要积极创造条件，而且会很快批准这个公约。最近一次是在2011年3月12号，全国人大闭幕的时候，温家宝总理举行记者招待会，有外国记者问到《公民及政治权利国际公约》批准的问题，温总理说我们现在正在积极创造条件，会很快批准这个公约。从1998年10月5号到现在，已经十几年过去了，中国现在还在一个准备的过程中。我们国家目前还不是这个公约的缔约国，但是我相信迟早中国会参加这个公约的，因为这个公约涉及的都是极为重要的权利，关系到人的生命、自由、隐私等，也就是与人的生活的各个方面都须臾不可离开的一些权利。全世界167个国家的人都能享受到这些权利，中国是世界上人口最大的国家，中国人也应当享有这些权利。这对每一个个人，每一个中国人，或者是每一个在中国领土上和中国管辖下的人都有特别重大的意义。

现在讲这个公约的本身。这个公约的中文名称是《公民及政治权利国际公约》，英文名称是 International Covenant on Civil and Political Rights。请注意，这个地方用的是 covenant。还有一个公约叫《经济社会文化权利国际公约》，英文叫 International Covenant on Economic, Social and cultural Rights。这两个公约的英文名称都用 covenant。我们知道，国际条约有很多名称，通常我们都称它 treaty，或者 convention，或者 agreement，只有这两个公约用的是 covenant，跟别的不一样。为什么不一样呢？covenant 这个词有一种神圣的意义。在《圣经》的旧约中，人和上帝订的约叫做 covenant。我们中国古代，尤其在春秋战国时代，各诸侯国经常对上天起誓进行盟约，通常举行重大的仪式——祭天，用很多的牛羊做牺牲，然后制定一个盟约，它带有神圣的意义在里面。不仅是在名词上有这个神圣的意义，它的内容确实跟其他的国际条约也是不一样的。比如说，一个国家和另外一个国家或者几个国家一起形成了一种合意，大家都同意的一种东西叫 agreement。convention 也是这种意思，其实就是取得一致的意见。convention 也好，agreement 也好，就是订约者之间规定权利和义务，通常不涉及第三方的权利义务。但是这个 covenant 完全就不一样，它从表面上看是联合国的各个成员国之间所订立的一个条约，但是从它的内容来看，它规定的不是成员国之间的权利义务关系。它规定的是什么呢？它规定的是成员国对它管辖下的和它的领土上的个人所承担的义务，是这些个人（individuals）所享有的权利，而不是成员国互相之间的一种权利义务。也就是说，这么多国家庄严地向世界宣布，我们要对我们领土上和我们法律管辖下的所有个人进行什么样的保护，那么所有在这个成员国管辖下的个人就可以根据公约的内容去主张自己的权利，当自己的权利受到侵犯的时候，或者自己认为权利受到侵犯的时候，去要求补救（remedies）。所以说，这个公约的性质带有一种神圣的意义，也就是这么多国家一起庄严宣誓，要对个人实行这种保护。

二、刑事司法的概念

我今天跟大家一起探讨的问题是公约与刑事司法的关系。刚才讲了一些公约的背景情况，现在再介绍一下刑事司法。通常我们所讲的刑事司法有两种概念，一种是仅指法院的审判活动，对应的英文词叫 judicial activities。比如说，国际上司法独立之类的提法就是从这个层面上来说的，就是说审判的机构要独立，要独立于任何政党、个人、团体之外。另外一个概念比较大，包含了整个刑事活动，侦查、起诉、审判都叫刑事司法。还有更大的概念，甚至包含了立法活动。比如中国的司法改革，一个最重要的组成部分其实是立法的改革。2012 年 3 月 14 号全国人大刚刚通过《〈中华人民共和国刑事诉讼法〉修正案》，对刑事诉讼法进行了很大的修改，这也是我们司法改革的一个内容。联合国有个文件叫 Norms and Standards on Criminal Justice，翻译成中文，这个 Criminal Justice 被翻译成"刑事司法"。我今天跟大家交流的《公民及政治权利国际公约》与中国的刑事司法包含这三个方面的内容，也包含有关刑事立法方面的内容和侦查、起诉方面的内容，不局限于审判方面。

　　我们大学的刑事司法方面通常有两个专业，一个是刑法，一个是刑事诉讼法，这是互为表里、联系非常紧密的两个专业。刑法学本身是一种实体法，说明什么是犯罪、犯罪的构成和对犯罪的处罚。刑事诉讼法说明怎么处理犯罪，包括疑似的犯罪发生以后怎么进行侦察、怎么进行起诉、怎么进行审判、怎么进行执行的整个一套程序。无论是刑法还是刑事诉讼法，都与人权有着最紧密的关系。以刑法来说，它说明什么是犯罪，还牵涉到剥夺一个人的生命、自由和财产等方面的一些处罚，而生命、自由、财产正是人权的最核心的部分。刑事诉讼法规定犯罪的侦查、起诉、审判的一整套程序，规定了在什么情况下才可以进行侦查，在什么情况下才可以剥夺一个人的自由权，在审判的过程中，乃至在侦查和起诉的过程中，犯罪的嫌疑人或被告人有什么样的权利，包括无罪推定的权利、得到律师帮助的权利、与证人对质的权利等这些重要权利。刑事诉讼所保护的不仅仅是犯罪嫌疑人和被告人的权利，它所保护的其实是社会上每一个人的权利，因为没有刑事诉讼法的保护的话，社会上的每一个人都会面临着被任意地（arbitrary）逮捕、扣押、剥夺自由和审判的危险。

　　我们的《刑事诉讼法》明确规定，犯罪的侦查和逮捕是侦查机关的权力，起诉是检察院的权力，进行审判是法院的权力，除此之外，任何其他机关都没有这个权力。所以，只能根据刑事诉讼法来行使这些权力，控制或限制一个人的自由。如果严格地根据这个法去执行的话，个人的权利是能得到一定的保障的。如果在刑事诉讼法之外，侦查机关、起诉机关和审判机关之外的其他的机关可以对一个人的自由、财产、名誉等进行侵害或限制的话，这实际上是违反了刑事诉讼法的。没有按照刑事诉讼法的规定去限制一个人的自由，把一个人抓起来了，本来就是一个违法的事情。

　　《公民及政治权利国际公约》第9条就是关于人的自由的（规定）。它说：Everyone has the right to liberty and security of person. No one shall be subjected to arbitrary arrest or detention. No one shall be deprived of his liberty except on such grounds and in accordance with such procedure as are established by law. 这个第 9 条非常有意义。我会根据这个英文本来说。为什么讲到英文呢？因为现在有很多词在中文里面表达得很乱。它是讲任何人都有自由权和人身安全权，任何人不能够被 arbitrary arrest，不能够被任意地逮捕。为什么我现在谈到一个逮捕问题呢？因为在中国的刑事诉讼中，逮捕是一个专门的名词，是指对于已经被拘留的人，由检察机关批准逮捕或法院决定逮捕，通常是检察院批准逮捕。批准逮捕的时间最长可以到 37 天，就是公安机关把一个人抓起来后先审查，通常是在 7 天之内去报检察院批准逮捕，对于重大的案件可以延长到 37 天。我们的逮捕是一种对于已经被羁押的人确认对其继续进行羁押的一种手续，而公约第 9 条里面的 arbitrary arrest 是指把一个人抓起来的行为，还没有达到我们刑事诉讼法所说的逮捕的那个程度。我们刑事诉讼中的逮捕是非常严重的，犯罪嫌疑人被逮捕的话通常都会被判实刑，通常都会被判有罪，因为根据我们的刑事诉讼法和国家赔偿法，如果你逮捕之后对他宣判无罪、没有判实刑的话，国家通常是要赔偿的，所以我们的司法机关逮捕以后通常要判有罪，可能极少极少没判有罪。我调查的司法机构有的一年或几年间没有一个无罪的案件，都要判有罪。公约第 9 条讲的这个 arbitrary arrest 就是任意地把一个人抓起来的行为，arrest 在英文里面就是指把一个人抓起来，限制他的自由，一直到什么时候呢？起点是抓，终点是带到警察局，这一段时间就叫 arrest，限制了一个人的自由就叫 arrest，所以任何人不得被 arbitrary arrest or detention。我们的中文把 detention 翻译成"拘禁"，其实在英文里面，detention 就是把他关押起来。下面的这句话很重要：No one shall be deprived of his liberty except on such grounds and in accordance with such procedure as are established by law. 意思是说，除非根据法律所规定的理由和法律所规定的程序，你不能够剥夺任何一个人的自由。我们很欣喜地看到，中国的《宪法》《刑事诉讼法》也规定人的自由、生命得到保障，不能被任意剥夺，我们的《立法法》也有规定，凡是剥夺个人自由的这种事情只能通过法律来规定。我觉得立法的规定是非常好的，但是在实践中还有一些剥夺自由的现象，它不是根据法律所进行的，没有根据程序进行。剥夺人的自由只能由刑事诉讼法规定，只能根据刑事诉讼的程序才能剥夺人的自由。根据刑事诉讼法、立法法和宪法的规定，劳动教养、收容教育、收容遣送其实不符合法律。这个收容教育可以持续多长时间呢？可以是 6 个月到 2 年。是根据什么呢？是根据国务院的一个规定。这个劳动教养可以是 2 年到 4 年，最长可以到 4 年，也不是根据刑事诉讼法。

三、公民权利

有人问，为什么把《公民及政治权利国际公约》中的 civil rights 翻译成"公民权利"？我理解，civil rights 包含很多的权利，包括个人的生命权、自由权、财产权、表达自由权等，它起源于古罗马时候罗马的公民——就是具有罗马国籍的人——citizen 享有的权利。civil rights 为什么最重要呢，它是包含了一个人所需要的最基本的权利，作为一个人生活最基本的保证。但是，我们在中文里面把它翻译为公民权利，确实是有一点容易引起人的误解。因为在汉语里面实在找不出一个词来翻译这个 civil，所以只好把它翻译成公民。但是在现代汉语中，"公民"是有特定的含义的，它是指具有一个国家国籍的人。所以，我们在初看这个公约的名称的时候，特别容易理解成这是关于公民的权利和他的政治权利，非公民就不涉及了，其实这是一种误解。这个公约的全文在说到权利主体的时候都用的是 individuals（个人），或者是 no one（任何人都不），或者是 anyone（任何人），这就说明享有这些权利的主体不仅仅是 citizen，而是国家管辖下的任何人。我们不能把这个公约规定的权利理解成公民的权利和他的政治权利，这样理解就差远了。比如说，我们的刑法对于公民和非公民，也就是说外国人，都是适用的，只要是在中国的管辖下犯罪，或者是对中华人民共和国犯罪，或者是对中国公民的犯罪，哪怕是在国外，或者是外国人，我们的刑法都是适用的，但用公民这个概念是不准确的。我们的《刑事诉讼法》谈到个人的时候都是用的公民，保护公民的权利、教育公民等，其实这个是不对的。因为现代社会全球化的程度越来越高，在中国有很多外国人、无国籍人，难道法律就不保护他们了吗？我们的《刑事诉讼法》说保护公民的人身权利、财产权利等权利，那外国人的权利就不保护了？照样要保护。所以说，我们中国的法律用"公民"这个词不是很严谨。我提过很多次，凡是提到保护什么人，应当是保护个人的权利。那为什么我们法律里面总是用公民，不用个人呢？这有很多原因。第一个原因就是从语义上来说，用公民好像很庄严、很神圣。我们以前一直批判个人主义，个人好像就有一种特别贬义的感觉。中华人民共和国成立以来很长一段时间，人被分为各种不同的人。"文化大革命"中，有很多人被叫做五类分子，五类分子指什么呢？地主、富农、反革命分子、坏人、右派，这五类分子是没有公民权的。所以，从历史的角度来说，个人不是包括罪犯了吗？我们怎么能保护敌人呢？怎么能保护坏人呢？所以用公民好像很庄严。其实，根据人权法的原理，人人都是平等的，人人不能受歧视，即使一个犯罪的人也应当有法律所规定的权利。我们的《刑事诉讼法》的任务说得很明确，第2条规定："中华人民共和国刑事诉讼法的任务，是保证准确及时地查明犯罪事实，正确依据法律，惩罚犯罪分子，保证无罪的人不受刑事追究，教育公民自觉遵守法律，积极同犯罪做斗争……保护公民的人身权利、财产权利、民主权利和其他权利……"对这一条稍微研究一下就觉得有问题了：保护"公民"的人身权利、财产权利，难道就不保护在华的外国人、无国籍人吗？另外，这个第2条的任务还有其他问题，《刑事诉讼法》的任务是准确及时地查明"犯罪事实"，这里面有一个什么问题呢？不是所有的刑事案件都是犯罪案件，有很多的案件被告人本人是无罪的，所以这个地方应该是查明"案件"的事实。法律首先规定了查明"犯罪"事实，给人的感觉是侦查机关、审判机关、起诉机关一开始就要把这个事实推定为犯罪，但实际情况不一定是犯罪。要正确运用法律"惩罚"犯罪，惩罚是什么？惩罚是刑法的任务。也就是说对一个定了罪的人我们要对他判刑，只有定了罪以后才能判刑，比如说判拘役、有期徒刑乃至死刑，但是《刑事诉讼法》本身规定的不是一种惩罚，它规定的仅仅是查明案件事实，查明这个人是不是犯罪的一整套程序。

四、诉讼与调解

有人问，有些案件是自己私下调解的，或者经过宗教人士或社区的人调解的，那联合国对调解或和解是一个什么态度？我理解，联合国是主张而且鼓励案件进行调解或者和解的，联合国有很多文件是关于恢复性司法的。调解有利于案件的快速处理，有助于社会的和谐，但是调解也不是没有条件的，调解要根据法律进行。在我们国家，诉讼过程中也是主张或者是鼓励调解甚至是和解的，但并不是所有的案件都能够和解或者调解。比如说轻罪，有人因为一些什么事情互相斗殴，受了一点轻伤之类的，这些事情调解的效果就比较好。如果是重罪，涉及杀人，或者是抢劫、强奸之类的，调解就有一定的限度。不能用调解替代法律，比如说杀人了，给一点钱就不追究了，这样不行。这里有个什么道理呢？从人类的司法史上来看，从原始社会向奴隶社会过渡的早期，曾经有过血亲的复仇，人在受到别人的侵害以后，自己或者自己的族人、家人去报复，或者去和解。但是在国家成立了以后，这个司法权被收归国家所有，由国家来对案件进行审判。侦察和起诉这一部分收归国家是近代的事情，像英国到20世纪才完全由公诉取代了自诉。司法权由国家来行使有一个最基本的原理。从表面上看，有些犯罪就是一个人侵犯了另外一个人的利益，把另外一个人杀了，把另外一个人强奸了，或者把另外一个人的财产抢了，表面上是个人与个人之间的冲突，但是从深层次、从法理上来解读，它是侵犯了国家所保护的一种社会关系，侵犯了国家法律的尊严，侵犯了社会的和谐。假如我们允许所有案件，像杀人、抢劫这样的重罪，都能通过个人来和解的话，那也就造成了有钱的人什么都能干，没钱的人就要受到刑罚惩罚，这样就形成了新的不平等。所以说，原则上是支持调解这件事情的，但是要有一定的限度。在一个小的案件中，根据法律的规定完全可以个人解决的，可以个人解决。在重大的案件中，比如说在杀人的案件中，也不是不可以调解，有些事情是可以调解的，但并非调解以后这个杀人罪就不受追究了，而是在调解以后，犯罪人对被害人以及家属表达一种悔罪的诚意和补偿，那可以作为量刑的一个考虑，本来是一个死刑的可以判一个死缓，本来是判10年（有期徒刑）的可以减成8年之内。

五、公约与司法独立

有人问，《公民及政治权利国际公约》有没有关于法官独立和律师独立的内容？我理解是有的。公约第 14 条第 1 款规定：All persons shall be equal before the courts and tribunals. In the determination of any criminal charge against him, or of his rights and obligations in a suit at law, everyone shall be entitled to a fair and public hearing by a competent, independent and impartial tribunal established by law. 其大意是说，任何人在面临着一个刑事指控，或者在一个案件中的时候，有权利得到一个公正的、公开的审理。由谁来审理呢？由一个 competent（合格的、适格的）、independent（独立的）和 impartial（中立、不倚的）的 tribunal（法庭）去审理他。虽然这中间只有 independent 一个词，但可以把它演绎出很多内容，司法独立的含义具体表现在几个方面：第一种含义是说司法权要与行政权和立法权分开，这个就叫著名的三权分立的原理，这是一种关于政治制度的司法独立，这样三种权力可以互相制约。最典型的就是美国的三权分立制度，司法权不受行政权的干扰，不受任何人的干扰，这是从政府的机构方面来说的。第二种司法独立的含义是指法院独立，法院在审理案件的时候不受到行政机关、其他个人、党派的干扰，法院作为一个整体，或者法院系统作为一个整体是独立的。因为法院系统里面还有一定的关系，比如说中国的法院系统，上下级之间就是一种指导关系，下级有问题向上级请示，上级进行指导，下级审判的案件可以经上级法院审核，进行重申或者上诉审。第三种司法独立的含义就是法官本身独立，是指法官自己在审理一个案子的时候，在法庭上一切应当由法官决定的事情，不受法庭之外的任何人的干扰，包括本院的人的干扰。当然，法官独立牵扯到一系列的保障问题：一个是法官的任免，不能因为法官在审理案件的过程中不受指挥就把他免了，应该有一种公正、公开的任免制度，不能因任何人不听话而不任用他，改为任用一个听话的人，这些都是不行的。另一个是法官的薪酬要得到保障，要随着物价的上涨提高薪酬，而不能使他的生活下降，要使他过上一种 decent life，就是一种很体面的生活。

六、公约与不强迫自证其罪

公约第 14 条第 3 款（g）项规定了不强迫自证其罪的问题。第 3 款下面都是很多小的分句，我们必须把这个主语找到。首先看公约英文本的第 14 条第 3 款的第一句话，因为它是总领下面这些话的主语，它说：In the determination of any criminal charge against him, everyone shall be entitled to the following minimum guarantees. 其大意是说，在决定对一个人的刑事指控的时候，任何人享有下列最低限度的保障，其中 g 项是说 not to be compelled to testify against himself or to confess guilt。compelled 就是一种强迫，任何被刑事指控的人都不能被强迫 to testify against himself。在法庭审判的时候，在国外，尤其是在西方的刑事诉讼中，被告人是有沉默权的。如果他在法庭上讲话，就会被看成证人一样，而不是以被告人的身份去讲话。在外国的法庭，法官坐在中间，公诉人坐在一边，通常有两个公诉人，公诉人叫政府方律师，被告人坐在另一边，跟他的律师坐在一起，并排坐着，对着法官，证人席就在法官的座位旁边。通常被告人不需要讲话，但是他愿意讲话的话，会让他到证人席来，叫 testify，证人也是到证人席来。任何人在法庭上不能强迫被告人做什么呢？作证，作不利于他自己的证言，不能强迫他这样做。也不能干什么呢？也不能强迫他承认犯罪。这就牵涉到另外一个原理，叫无罪推定的原则。无罪推定是贝卡利亚在 18 世纪初提出来的，他在《犯罪与刑罚》这本名著当中提出，任何人在被法庭审判定罪之前，应该被推定是无罪的。其实，公约第 14 条第 2 款也规定了无罪推定：Everyone charged with a criminal offence shall have the right to be presumed innocent until proved guilty according to law. 大意是说，任何人受到一个刑事指控的时候，他有权被推定为无罪，直到根据法律证明他有罪的时候，这时候他才有罪。那么这个证明的责任应当是谁的呢？这个证明的责任应当是起诉方的。在过去，如果个人起诉，就由个人来承担这个责任。在公诉的情况下，检察官或者公诉人要证明他有罪。证明要达到什么程度呢？证明要达到法律所规定的程度。中国《刑事诉讼法》规定，证明要达到证据确实充分。在英美法系，证明要达到排除合理怀疑的程度。这次我们修改《刑事诉讼法》，把英美法系的排除合理怀疑借鉴过来了。所以，我们证明一个人有罪，要达到证据确实充分和排除合理怀疑的程度。可是人的认识能力都是有限的，表达能力也是有限的，我们把过去的事情再现的话总是受到一些限制，所以不是说所有的案件都能达到这么一个程度。那么有些案件达不到怎么办？要做有利于被告人的解释。因为没有达到法律规定的程度，所以这个时候就应当做有利于被告人的解释。我们刑事司法中原来有一种口号式的东西叫做疑罪从无，曾经有很多人很赞扬这个东西。但是"疑罪从无"这个口号本身是不严谨的，从无就是无罪，可疑罪就是无罪吗？不是。疑罪应当根据不同情况处理。一个案件是有很多证据的，我们证明他拿别人的东西是违反了被拿的人的意志的，如果不能证明他抢劫，但是还可以证明他抢夺；不能证明他抢夺，可以证明他偷窃；等等。也就是说，疑罪不能简单地从无，而是要根据各种情况来确定这个人是不是有罪。在此罪和彼罪之间如果有疑问的话，那么做有利于被告人的解释，就是要从轻处理。我们要正确理解疑罪从无！联合国人权事务委员会对《公民及政治权利国际公约》的解释，对疑罪从无有四个要求，刚才我已经讲了三个要求，就是证明责任，证明要达到法律规定的程度，达不到要做有利于被告人的解释。第四个，就是任何公共部门都不能在法院依法判定一个人有罪之前宣称或者暗示他有罪，因为这违反了无罪推定的原理。比如，一个人才被抓起来，还没有被审判之前，还没有判决之前，有关国家机构就在电视上宣布他涉嫌谋杀，证据确实充分。这实际上就违反了无罪推定的原理。一个国家机构在国家的电视上已经宣称某个人涉嫌犯罪、涉嫌谋杀、证据确实充分，这不是给法院压力吗？国家机关都已经公开这么说了，法院如果判无罪的话，或者判别的罪的话，这不是跟国家机关原来宣称的不相符合吗？当然，任何个人对于一件社会上发生的事件，尤其是公众事件或者是犯罪事件，有自己的看法是正常的，有不同的看法也是正常的，说出自己的看法也是正常的，但是，对政府的官员是有一定限制的。为什么有限制？因为政府官员在公开的场合，尤其是在电视等媒体上表达意见，可能影响到法官对案件的判决。在国外，尤其是在英美法系，在正式的诉讼中，是由陪审团来确定被告人有没有犯罪。在一起案件进行审理之前，有一个挑选陪审团的过程，这个挑选的过程法语叫 voir dire，就是由法官和控诉方律师和辩护方律师一起来挑选陪审团（团员）。陪审团是从当地的选民（candidates）里边任意选的。通常一个陪审团要有 12 个团员，而在选团员的时候要选 14 个。为什么选 14 个呢？因为案子的审判时间可能会很长，中间如果有某个或某两个陪审团团员突然生病了，或因其他事由不能履行职责了，就由替补团员顶替，而且替补团员就必须从头到尾听完整个庭审。挑选的过程中，控辩双方的律师要对候选的陪审团团员问很多的问题，包含家庭背景、对这个案件了解不了解、对类似的案件了解不了解及个人看法等。通常的规则是，如果候选团员了解案情，将不会被选上，因为这会影响其对案件的判断。挑对这个案件一点也不了解的人，才能使这些陪审团团员完全根据法庭上所出示的证据来判断被告人有没有罪。因为陪审团团员事先了解的情况没有经过法庭的检验、质证等一系列程序，有可能是虚假的。政府的部门或者官员在电视等大众媒体上随意发表意见的话，因其特殊身份，可能对陪审团团员产生一定影响、压力。所以联合国人权事务委员会提出，在判定有罪之前，任何公共部门不能够预定某人有罪。我个人觉得这还是有一定的道理的。

我刚才在讲任何人不能被强迫自证其罪的时候联系到无罪推定，我们现在再回过头来讲任何人不能被强迫自证其罪的问题。公约第 14 条的原意是在法庭期间适用的，但是现在刑事司法对人权保护的这一部分被前提了，在侦查阶段、起诉阶段也不能强迫犯罪嫌疑人、被告人做不利于自己的供述或者陈述。我们回过头看，什么叫强迫？强迫就是不自愿。我们要是罗列强迫的种类或形式的话，范围就太大了，可以是刑讯逼供，而刑讯逼供又有各种各样的方法，包括肉体上的、精神上的折磨等手段，难以穷尽。不能够为了得到被告人或犯罪嫌疑人的口供采取这些手段。

这里面又牵扯到一位老师今天跟我谈的一个问题：根据《公民权利和政治权利国际公约》的规定，审前羁押不能成为一个常态，而应当是例外。就是说，刑事案件中审前通常不应当羁押，而羁押应当仅仅是例外。那么在什么情况下可以羁押呢？就是为了防止嫌疑人犯罪，防止嫌疑人毁灭证据。羁押的目的本来不是得到口供、供述，羁押本身不应作为收集证据的手段。联系到我们中国的《刑事诉讼法》，这次《刑事诉讼法》修改有很大的进步，保障人权的观点也被规定进去了，不强迫自证其罪也被规定进去了。但我们的《刑事诉讼法》还没有规定沉默权，还是要求被侦查人如实供述。所以，在我们的刑事诉讼过程中，羁押的目的是什么呢？羁押最主要的目的就是把嫌疑人关起来以后，要让他进行陈述，得到他的口供，这个情况目前很难被改变。虽然这次《刑事诉讼法》改变得确实很多，但是原来的第93条，就是关于犯罪嫌疑人面临讯问的时候要如实陈述，到现在还完全没有变化。人们有时候可以在电视上看到，在讯问抓捕到的嫌疑人时侦查人员第一句话通常是：知道为什么抓你吗？这样问是有法律根据的，因为我们的《刑事诉讼法》（1996年）第93条是这么规定的，即面临讯问时要如实供述，侦查人员首先要让犯罪嫌疑人陈述自己是不是犯了罪或者是他犯罪的具体情节。但是这一点跟公约的规定是有一定差距的。假如说我们真正地批准了这个公约，假如我们的羁押不是为了得到口供，那么相信我们的羁押率会下降的，但是这要经过漫长的道路。

刚才讲到，任何人不得被强迫自证其罪，而强迫的具体形式太多了。甚至我认为，长期关押一个人，只要他不陈述罪行就关着，什么时候开口才继续处理，这也是事实上的一种强迫。所以，国外把口头证据叫 voluntary statement，如果说这个证据不是 voluntary statement 的话，应当怎么办呢？应当排除。所谓排除就是说，不符合法律的规定、在刑事司法中违反了被告人的权利所取得的证据应当排除到刑事司法之外，不能用作对被告人不利的证据。我们的《刑事诉讼法》这次增加了5条关于非法证据排除的规定。但是，将来执行起来还有很多的具体问题需要解决，然后才能够根除这些非法取证现象。

七、公约与质证

现在中国大陆常用的公约中文本的第14条第3款戊项说，在讯问的时候，被告人有权利讯问或已讯问对他不利的证人，并使对他有利的证人与对他不利的证人在相同的条件下出庭和受讯问。现在班老师给大家的这个文本第 14 条第 3 款写的是"直接或间接讯问对他不利的证人，并使对他有利的证人在与对他不利的证人相同的条件下出庭和受讯问"。班老师提供的这个文本比几年前我收集到的那个现代汉语文本要准确。因为几年前我收集到的版本，"讯问和已讯问"这一表达让人搞不懂是什么意思，很明显地是一种错误的翻译。如果大家以后要研究这个公约的话，我认为班老师提供的这个中文本最起码这一条的表达是准确的。这一条的英文是这样的：To examine, or have examined, the witnesses against him and to obtain the attendance and examination of witnesses on his behalf under the same conditions as witnesses against him. 这里面讲的是一个"询问"的问题，正确的用词应当是"询问"。因为在刑事司法当中，对于证人应该用"询"。"讯问"通常是国家权力机关对于犯罪嫌疑人、被告人进行讯问，有一种强制的意思，而"询问"通常用于平等主体之间，所以这个地方应当用询问。在英美法系的法庭审理过程中，证人要到法庭上来作证，而作证的形式是接受双方的询问。询问有几种：一种是由本方的证人，比如说起诉方向法庭提交的证人或者提供的证人进行询问，叫直接询问（direct examination），本方的证人通常是对本方所证明的事情有好处的；本方证人询问以后，再由对方比如说被告方对起诉方提交的证人来进行询问，就叫 cross examination，汉语里面可以叫做交叉询问。凡是在法庭上作证，不能够仅仅是宣读一个证人证言就结束了，证人必须在法庭上经过双方的询问，然后陪审团根据他的回答来判定这个案件的事实。法庭之外所做的证人证言叫 hearsay（传闻证据），hearsay 是不能够在法庭上出示的，因为没有经过双方的询问。根据我刚才提及的这一条，这个询问（行为）本身是刑事案件被告人的一个重要的权利，他有权利 confront witness，就是说当面对这个证人进行询问，也可以委托别的人，通常是律师，对他进行询问。这一条继续规定，有利的和不利的证人在相同条件下出庭接受询问。我刚才讲了，双方都可以提供证人。虽然在刑事司法中，证明的责任是由起诉方来承担，所以通常起诉方提交的证人比较多，但是被告方同样可以提交证人，他有这个权利，所以不能不让被告方提交的这些证人出庭。

被告方的证人可以证明什么东西呢？他可以证明被告人不在现场，也可以证明他精神不正常或者其他任何的可以被判无罪或者轻判的事项。我们现在这个《刑事诉讼法》中也清楚规定了，凡是知道案件事实的人都有义务作证。但是在司法实践中，我们证人的出庭率很低，非常低。据我了解，有的法院一年当中没有一个证人出庭，起诉方的证人也不出庭，被告方的证人更没有出庭。我们有时仅仅在法庭上宣读一下证人证言，它就被固定下来，甚至没有质询的过程。这种没有质询的过程与联合国《公民及政治权利国际公约》的规定是不相吻合的，一方面侵犯被告人的权利，另外确实也容易造成冤假错案，因为这个证人证言是不是真实，应该经过法庭上双方的询问，然后由陪审团或法官当场作出判断。在法庭之外做的证言可能受到各种因素的影响，可能不是证人意思的真实的表达。另外，人的认识能力有限，他的记忆、他的表述都有一定的限制。而且，证人证言通常是由办案人员记录下来，再由证人签字确认的，而这种表述与记录之间是不是存在差异？这种差异从理论上、从实践上有时是难以避免的。关于证人证言的认定方面，其实我们还有很大的完善空间。

第四部分
人权国内保障制度与人权国内保障课程的设置和讲授

人权国内保障课程的设置和讲授[1]

班文战

　　我在 2005 年开始设计人权国内保障这门研究生课程，从 2006 年开始讲授这门课程。这里向各位老师汇报一下自己的经验和体会，说明一下这门课程的意义和内容、讲授的基础条件和一般方法、值得关注的几个问题和一些相关的资料。

一、人权国内保障课程的设置情况

　　我看了中国社科院孙世彦老师 2010 年做的关于我国大陆地区高校人权法教学情况的调研报告，也看了各位老师在参会申请表里填写的本单位和本人开设或讲授人权法课程的情况，自己去年也对我国高校的人权法教学情况做过一个小范围的调研，发现以"人权国内保障"为名的课程，或者说比较全面地从国内层面来讲授人权保障问题的课程只有两个，一个是中国政法大学设置的"人权国内保障专题"，再一个就是西南政法大学设置人权法学二级学科论证方案里列明的"人权保障制度比较研究"。除了综合性的人权国内保障课程，还有一些从某个领域或角度来讨论人权国内保障问题的课程：一个是从宪法的角度，叫"宪法与人权"或者"宪政与人权"；再一个是从刑事司法的角度，包括刑事实体法和刑事诉讼法的角度，叫"刑事司法与人权"或者"刑事司法中的人权保障"；还有的是从行政执法、劳动法或者其他角度讲授人权

---

　　〔1〕　本文是中国政法大学人权研究院班文战教授 2015 年 8 月 22 日在"中国高校硕士研究生人权法教学研讨会"上所做的专题讲座，由秦鹏博整理、班文战审校。

的保障问题，比如有的警官学校设有警察执法与人权保障的课程。北京大学的人权硕士项目有两门课程涉及人权国内保障问题：一门是"人权专题"，既有国际的保障部分，又有国内的保障部分；另一门是"人权与法治"，既有人权原理的内容，也有人权国内保障的内容。从各位老师提供的课程设置计划来看，也有老师打算开设人权国内保障方面的课程，但基本上都是从某一个具体的领域来入手。

既然有的老师已经开设了人权国内保障方面的课程，还有的老师准备开设这方面的课程，我们就需要了解为什么要设置和讲授这方面的课程，这对硕士研究生的教学、整个高校的人权法教学甚至整个的人权教育有什么样的作用、意义和价值？这门课程，尤其是综合性的人权国内保障课程，应该包含哪些内容？怎么样才能讲好这门课程？在讲课过程中可能会遇到哪些问题，怎么来理解这些问题？这些都是需要明确的。

在说明这些问题之前，首先要明确人权国内保障的基本含义，不然就很难理解这门课程设置的意义、内容和方法。我给大家提供了一个不是很严谨的解释：人权国内保障是一国国内成员通过国内途径确保本国境内和受本国管辖的人的人权得以实现。它的核心的、实质的方面当然是人权保障，但它突出的是国内性，它的保障主体是国内社会成员，保障对象是本国境内和受本国管辖的人的人权，保障途径是国内的途径、方法和措施，这是它和人权国际保障或人权国际保护的显著区别。

二、设置人权国内保障课程的意义

设置人权国内保障课程有什么作用、意义和价值？我主要是从三个方面来理解：一是人权保障，二是人权国内保障，三是人权教育。这其实和我们之前讨论的国际人权法课程设置意义的思路是一致的。

从人权保障的角度来看，人权国内保障问题属于人权理论和实践的三个基本问题当中的方法论问题。按照李步云先生对人权形态的划分，人权体现为应有人权、法定人权和实有人权三种形态。对于应有人权，人们可以有各种各样的主张。但是，应有人权如何得到法律的确定，如何能够切实地享有和实现，需要一定的措施、途径和方式，需要具备各种各样的条件。人权的国内保障也好，国际保障也好，都是为了促使应有人权转化为法定人权，再从法定人权进一步转化为实有人权的重要途径。

从人权国内保障的角度来看，它的意义主要体现在两个方面：一方面是与国家的消极义务相比较，另一方面是与人权的国际保障相比较。我们知道，人权的实现既要求所有义务主体的消极的不侵犯，同时也要求部分义务主体的积极的保障。随着国内和国际社会成员的活动方式日益复杂，影响日益扩大，对人权的积极保障的要求也在日益增加。而相对于人权的国际保护而言，人权的国内保障具有三个特征：一是基础性，二是优先性，三是直接性。"基础性"涉及保障的基础或条件，是指人权的国内保障在理论上可以不依赖于人权的国际保护，也就是说，人权的国际保护不是人权国内保障的必要基础和条件，没有人权的国际保护，人权的国内保障也应该不受影响。我们从人权实践的历史可以发现，在1945年之前就已经有了人权国内保障的实践。但是，反过来看，如果没有人权国内保障的话，人权国际保护就很可能落空。联合国层面也好，区域层面也好，那么多的人权公约和机制，如果没有国家的国内措施的话，都很难得到落实。"优先性"涉及保障机制或措施的适用次序，是指在发生人权争议的情况下，人权保障的国内机制原则上要先于国际机制来运行。我们学过国际法和讲过国际法的老师都知道"用尽当地救济"原则，这项原则同样适用于人权领域。人权国际保障的机制，无论是联合国层面的还是区域层面的，一般都要在用尽国内救济办法且仍然不能有效解决问题的情况下才能适用。虽然也有例外，例如国际刑事法院可以在成员国不愿意管辖的情况下直接对有关个人行使管辖权，但国内保障措施在原则上是优先适用的。"直接性"涉及保障的效果，是指法律、政策、计划、教育等人权的国内保障措施可以直接落实到所有的国内社会成员，特别是作为权利主体和义务主体的个人。国内保障措施，不论是保护、促进、帮助实现个人权利，还是防止、制止和惩治侵害权利的行为，通常可以直接落实到具体的个人和其他行为者，包括国家机关和它的工作人员，但国际保障措施，不论是要求国家承担或履行国际法律义务，还是通过裁决和判决认定国家违反国际义务，要求国家承担国际法律责任，往往都是要通过国家这个中介来发挥作用。从这个意义上说，人权国内保障比国际保护更为重要。当然，强调人权国内保障在这些方面的重要性，并不是要以此否定人权国际保护的重要性。在理论和实践领域，往往有两个比较片面的认识：一是过于强调人权的国际保护，忽视或者无视人权国内保障的基础性、优先性和直接性；二是过于强调人权的国内保障，强调本国的国情和特殊性，忽视或无视国际法律义务对本国的要求，甚至认为人权的国际保护就是对本国内政和主权的干涉和侵犯。这两种认识都是不全面的、不客观的、不准确的。实际上，人权的国内保障和国际保护在当今社会是并存的，这是不能被否认的客观现实。它们彼此之间既有相同之处，也有不同之处：它们保护的对象都是人的权利，负有主要保护责任或义务的都是国家，只是保护的途径和方式有明显差异。两者尽管有若干明显的区别，但在事实上还是紧密联系、相互支持、彼此补充的。我们知道，人权国际保护取得重大进展的最直接的原因是两次世界大战，而两次世界大战的受害者就包括了发动战争的国家的国民。所以，正是因为人权国内保障不足，所以才需要国际保护。从另一个角度来看，没有国内的人权保障的实践和思想的发展，人权的国际保护也不可能凭空产生。我们可以看《联合国宪章》和《世界人权宣言》，这两个国际文件和人权有关的精神、价值和一些内容都是建立在此前国内的人权思想、理论和实践的基础之上的。所以，人权的国际保护和国内保障是相互补充的，也是可以相互促进的。当然，实践中会有彼此妨碍甚至矛盾的现象，但我认为，这不是因为两者之间有内在的矛盾，而是因为我们的理解和运用是不妥当的。由此可见，我们想要从事国际人权法的教学、研究和实务工作，就需要对人权国内保障问题有足够的、准确的理解和认识，我们想要从国内的角度从事人权法的教学、研究或实务工作，也必须对人权的国际保障有足够的、准确的理解和认识。

关于设置人权国内保障课程对人权法教学乃至整个人权教育的意义，这个问题在昨天介绍设置国际人权法课程的意义的时候已经提到了，这里就不再做过多的重复。简单来说，人权国内保障问题的国内相关性、适用性和直接效力都是显而易见、无需论证的，它与国内社会的所有成员，包括教师和学生在内，都有十分紧密而重要的联系，设置和讲授这门课程无疑可以促进人权教育目的的实现，特别是更能贴近教师和学生的生活。我们也会注意到，人权国内保障涉及社会的各个领域，我们如果对这个问题没有一个充分的理解和认识，那对国内的政治、法律、经济、文化等问题也很难有充分的理解和认识。

三、人权国内保障课程的内容

从理想的或应然的角度来看，一门综合性的人权国内保障课程应该包括人权国内保障的全部基本问题。关于人权国内保障的基本问题，我还是要把它和前面提到的人权的三个基本问题联系起来，并归纳为五个问题：第一个问题是人权国内保障的意义，我们在讲授这门课程的时候需要首先给学生说明这个问题，否则学生可能会不知道学这个有什么用。包括国际人权法、人权原理在内，任何一门人权法的课程，我们上第一次课的时候都有必要向学生说明这门课程的意义、内容和学习方法，说明为什么要学习这门课程，学习这门课程应该关注哪些最基本的问题，有哪些基本的学习方法。第二个问题是人权国内保障的主体：谁负责或者开展人权的国内保障？这些主体在人权国内保障方面都有什么作用，或者说有什么义务或权利？这个问题十分重要，如果不清楚人权国内保障的主体，那就没办法再讲应该采取的保障措施了。第三个问题是保障的对象，一是体现为权利的主体，二是体现为权利的种类和内容。昨天我们在讨论国际人权法课程设置的时候也涉及了这个问题，就是难民的权利应该由谁来保障。有人觉得人权国内保障的对象就是本国人，其实不是这样的。在一国境内和受该国管辖的所有人，包括本国人、外国人、无国籍人、难民，都是这个国家保障的对象。第四个问题是应有的保障措施。我们知道，国家是人权的首要义务主体，负有首要的人权保障义务，按照国际人权公约的要求，应该采取一切或者所有必要的和适当的步骤、方法和措施来促进和保障人权，这就需要明确什么样的步骤、方法和措施是必要的和适当的，否则就没办法对作为义务主体的国家提出要求，也就没办法去评价它做得怎么样。第五个问题是人权国内保障的具体实践，这既涉及一个国家现有的人权保障的国内机制，包括哪些机关或机构有人权保障的职能，有什么程序，也涉及这个国家在法律、政治、经济、文化、社会发展和其他各个有关方面采取了哪些步骤、方法和措施，还涉及这些步骤、方法和措施取得了什么样的效果，这个国家的人权状况，不论是总体的还是个体的人权状况，受到了什么影响，取得了哪些进展，还存在哪些不足。这些问题应该是一门综合性的人权国内保障课程涵盖的基本问题。如果是从某一个领域讲授人权的国内保障问题，同样需要从这几个方面来考虑课程的内容。

当然，上面说的是一个应然的或者说理想的课程内容。实际上，至少对我本人来说，很难全面而准确地理解所有这些基本的问题，更不用说去讲授了。大家看一下我们在2014年5月编订的《人权国内保障课程大纲》，再看一下我们2015年春季学期的课程进度表，就会发现两份材料都列了十个专题，但有的专题是不一样的，其中一个原因就是我们的授课老师发生了变化。这份大纲里列了三个专题，涉及行政实体制度、行政诉讼制度、国家赔偿制度与人权保障的关系，这三个专题一直是由法学院的一位行政法老师负责的，但这位老师在这份大纲刚刚编好之后就退休了，我只好临时在课程进度表里把这三个专题压缩成"执法与人权保障"这个专题，另外增列了一个"社会发展与人权保障"的专题。我对后面这个专题很有兴趣，但是一直没有去研究，讲不了，列上它主要是为了说明它很重要。"人权教育与人权保障"这个专题在这几年也没有讲，主要是因为我在前面几个专题上用的时间比较多。以前还列过"国家人权行动计划与人权保障"的专题，后来也没有再讲，甚至没有再列。所以，在实际设定人权国内保障这门课程的内容的时候，往往要考虑师资的情况，看能请到哪些老师来讲哪些专题。其实，一门综合性的人权国内保障课程的专题可以是很灵活的，而且在绝大多数专题的基础上都可以单独设立一门课程，但原则上是围绕着上面提到的五个基本问题来展开。

四、讲授人权国内保障课程的基础条件

我们想要讲授或者讲好人权国内保障这门课程，需要具备一定的基

础条件，简单来说，就是要掌握人权的基本原理、国内法的基本原理、国际法的基本原理和其他相关学科的基本原理。这几个方面的基本理论、基本知识对于我们从事人权国内保障的教学、研究和实务工作会有不同的作用。人权的基本原理可以帮助我们理解人权国内保障问题的重要性，因为人权国内保障涉及人权基本问题当中的方法论问题。国内法的基本原理可以帮助我们理解人权国内保障的国内法基础以及基本的原则、方法和实际情况，因为人权国内保障涉及理论法学和几乎所有的部门法学，如果没有理论法学和部门法学的基础，就很难把人权国内保障的问题讲准、讲透。国际法的基本原理可以帮助我们理解人权国内保障应有的主体、对象、步骤、方法、措施以及评价和监督国内保障的标准和程序。举一个简单的例子：比如说，国家有义务尊重和保障人权，那"国家"怎么来体现呢？谁的行为可以被认为是"国家"的行为呢？这就涉及国际法当中关于国家行为的"归因"原理，就是说，"国家行为"不仅包括各级各类国家机关及其工作人员的行为，也包括类似"临时工"所做的实际上行使国家权力的行为，还包括国家机关唆使或默许的私人的行为，这与国内法的原理似乎有很大不同。因此，在讲授和研究人权国内保障问题的时候，需要借助国际法的一些比较成熟的理论和实践。另外，由于人权国内保障涉及国内政治、经济、文化、科技和其他相关领域，对这些领域的基本原理的了解同样有助于人权国内保障课程的讲授。

五、讲授人权国内保障课程的一般方法

一门综合性的人权国内保障课程的内容十分广泛，因为我们个人的能力有限，所以讲授这门课程往往需要由多个老师来分工合作。这样做的好处是每个老师都可以讲自己擅长的部分，问题是彼此之间可能会缺乏衔接，不能保持一致，有的时候会相互矛盾。所以，不同的老师讲授同一门课程的时候，需要围绕一些基本的问题来展开，这样可以从不同的角度或领域，用不同的方法和资料来讲授。当然，对于同样的问题，不同的老师可以有不同的理解。另外，还要考虑这门课程和相关课程的结合问题，也就是说可以相互补充，但尽可能不要重复。比如说，我们人权法学专业的硕士研究生在人权国内保障这门课程之外，还要学习宪政与人权这门课程，但我在人权国内保障课程中一直保留了宪法与人权保障这个专题，一是因为这是一个非常重要的人权国内保障问题，二是因为我和负责讲授宪政与人权课程的老师可能会从不同的角度关注不同的问题，还可能对同样的问题有不同的理解。就像前面提到的那样，我们完全可以在综合性的人权国内保障课程里讲授若干专题，同时可以围绕某一个专题开设一门单独的课程，相比之下，专门的课程的内容会更广泛、更深入，只要两者之间没有很严重的重叠，问题应该不太大。

六、人权国内保障值得关注的六个问题

人权国内保障的理论和实践当中有几个值得关注的问题，这和前面提到的人权国内保障课程应有的几个方面的内容基本上是一致的，我在这里再做一些具体的说明。

第一个问题是人权国内保障的对象，包括人权的权利主体、种类和内容。在这个问题上，理论界和实务界都有不同的理解和认识，特别值得一提的一个争议就是私主体能否实施侵犯人权的行为，或者说有关方面有没有义务保障人权免受私主体的侵犯。有一种很有影响的观点认为，人权的核心问题是国家如何对个人行使公权力的问题，人权法的调整对象就是国家和个人之间的权利义务关系。我非常赞同把公权力问题以及国家和个人之间的权利义务关系视为人权法核心的、首要的调整对象，但不认为这就是人权法唯一的调整对象。我在昨天曾提到一种不可思议的现象，就是说国家有义务不侵犯我的权利，但是个人、社会组织、公司、企业就没有这个义务。（由此）我们可以进一步引申一下：我们现在正在行使表达自由权、受教育权和集会权，按照上面这种观点，如果哪个国家机关的人过来让我们停止，我们可以说这是侵犯了我们的人权，而如果这个饭店的人或者游客过来让我们停止，那我们就不能说这是侵犯了我们的人权，只能说是侵犯了我们的公民权利、民事权利或合法权益。这就会引发一个问题：为什么国家机关工作人员侵犯了我们的这些权利就是侵犯了我们的人权，而个人、公司、企业侵犯了我们同样的权利，它们侵犯的就不是人权？这怎么来理解？其实，类似的现象是很多的。在学校，老师之间、学生之间、师生之间的人身伤害、

名誉伤害就不是人权问题吗？在公司、企业，老板对员工在工作条件、工作待遇等方面的不公平、不平等、不合法的做法就不是对人权的侵犯吗？在家庭，家庭成员之间剥夺生命的行为、伤害身体的行为、伤害精神的行为、伤害名誉的行为在很多人看来更不是人权问题了，在以前甚至都不是法律问题，只是家庭内部的"家务事"。对于上面提到的这种观点和这些现象，我们还需要从人权的视角进行认真的考虑。

第二个问题是人权国内保障的主体，对于这个问题也有不同的理解和认识。我们知道，国家毫无疑问是首要的人权国内保障的义务主体，它负有最主要的在国内层面保障人权的义务。但是，在国家之外，是不是还有其他的人权国内保障的义务主体呢？这个问题需要和另一个相关问题结合起来考虑，就是国内和国际社会成员在人权保障方面的地位和作用。我在昨天曾经提到，人权的义务主体是多元的和普遍的，但不同义务主体的内容是有差异的，国家的重要义务之一就是采取各种必要和适当的国内措施促进和保障本国境内和受本国管辖的个人的人权的实现，而国际组织和国际机构也有权监督和促使国家履行它所承担的国际法律义务。实际上，许多全球性和区域性的国际组织和机构都在致力于在国内层面开展工作，促进人权的实现。与此同时，个人、公司、企业、社会团体、非政府组织在人权国内保障当中发挥的作用也越来越重要。当然，与国家相比，其他社会成员——或者叫"非国家行为者"（non - state actors）——在人权国内保障中的地位和作用是不同的，因为国家在这方面负有首要的、积极的和直接的法律义务，国际组织和国际机构负担的积极的法律义务则是有限的和辅助性的，且主要是间接性的，而个人、公司、企业、社会团体、非政府组织原则上并没有积极保障人权的法律义务，但是有在国内层面开展促进和保障人权的活动的权利或责任（responsibility）。所以，人权国内保障的主体并不限于义务主体，当然更不限于国家。由此引发的另一个问题是，人权国内保障的各类主体之间，特别是国家与非国家行为者之间的关系是什么呢？有一种比较有影响的观点认为，非国家行为者和国家在人权问题上是对立的，是水火不容的，个人和非政府组织的权利、义务或者责任就是要和政府对抗，去反抗政府、去推翻政府、去争取人权。我不否认反抗政府、争取人权是某些时期、某些地区的一种现象，当前也存在这样的主张与实践，但在另一方面，可能是更重要的一方面，非国家行为者和国家之间不应该在任何时候和任何地方都是对立的，在人权领域应该是彼此支持、相互协作的。人权的精神是什么？就是斗争吗？斗争无疑是一个方面，但不是全部的，也不是永恒的，不然的话，斗争乃至战争就会伴随着我们整个的人类历史，直到有一天不再需要人权，或者说不再存在人类。

第三个问题是应有的人权国内保障措施。国家是首要的人权国内保障的义务主体，应该采取所有必要而适当的人权保障的步骤、方法和措施，那么，哪些步骤、方法和措施是必要的和适当的呢？至少可以从三个方面来考虑：第一个方面是人权本身的要求；第二个方面是国际人权法的要求，或者说是国家接受的国际人权法律义务的要求；第三个方面就是国家宪法的要求。2004 年，中国《宪法》增加了"国家尊重和保障人权"这个条款，这是否可以说明中国的各级各类国家机关都负有人权保障的义务或职责了呢？《宪法》这项原则性的规定在具体的法律制度和实践中有多大程度的体现呢？各级各类国家机关应该采取哪些保障人权的措施呢？这些都是需要进一步考虑的问题。

第四个问题是人权国内保障的具体实践，就是说一个国家在人权国内保障方面到底采取了哪些步骤、方法和措施，既包括一般性的措施，例如法律的制定、修改、废除、执行和适用等法律方面的措施，以及政治改革、经济增长、社会发展、环境保护和其他各个方面与人权有关的措施，也包括人权立法、制定和实施人权行动计划、建立国家人权机构、开展人权教育等促进和保障人权的专门措施。对于这些措施，需要有一个客观的、准确的和全面的认识。

第五个问题是人权国内保障的效果和评估。一个国家在人权国内保障方面的效果如何，取得了哪些进展，还存在哪些问题，这需要在全面、准确地了解这个国家人权国内保障实践的基础上，对这个实践做一个恰当的评估。这里需要考虑的第一个问题是评估的主体，也就是说谁来评估？我们的两个国家人权行动计划也有一个评估的问题，包括中期评估和最终评估，但都是自己评估，问题是个人、非政府组织、国际组织和机构乃至外国政府有没有评估的权利呢？第二个问题是评估的标准，是说根据什么评估？是根据国家现有的法律、政策或计划来评估，还是根据国家承担的国际法律义务来评估，还是说根据人权本身的需求理论来评估？有没有一种具体的可操作的指标（indicators）和基准（benchmarks）？第三个问题是评估的方法，是说用什么程序，怎么来评估？

最后一个问题就是如何看待和对待国内的人权实践和状况。昨天在讨论国际人权法教学的时候，有一位老师提到一个现象：学生在了解了国际标准和中国实践之后感到很失望。如果我们的人权法教学只是取得这么一个效果的话，那还不如不做，因为这显然不是我们要达到的目的。所以，通过对比看到差距和不足，这是第一步，但绝不能仅仅停留在这一步。正是因为看到差距和不足，所以我们才要做进一步的工作和努力。作为一个人权教育的工作者，作为一个公民，作为一个中国人，我们发现了问题之后不能失望，要有愿望，要愿意为改变这个状况做些什么，这是我们应有的一个态度。另外，批评的作用是有限的，抱怨也是无济于事的。我们对存在的差距和不足可以进行适度的、合理的、正当的批评，但批评不是目的，也不是最有效的工具，更不能轻易采用"武器的批判"。相比之下，"建设"在当今的中国社会才是一个更积极、更有效、更可取的态度。只有用积极建设的方式，才能够消减个人和政府之间、个人之间、种族之间、民族之间、宗教之间、国家之间的敌视、仇视、对立、矛盾、冲突和争斗。这样，人权法的教学就不会脱离我们的现实生活，而且可以发挥积极的作用。这既需要我们自己加强理解，也需要和学生相互沟通。

时间有限，人权国内保障的相关参考资料就来不及说明了。简单提示一下：《人权法学专业硕士研究生培养方案》里列举了一部分有关人权国内保障、宪政与人权、刑事司法与人权的教材和著作，《人权国内保障课程大纲》则按照专题列举了更丰富的材料，除了教材和著作，还包括联合国的文件和出版物、中国和外国的法律文件和政策文件以及一些文章和网站，可以供各位老师参考。

人权国内保障制度[1]

班文战

　　人权国内保障制度是高校人权法教学的一个重要内容，也是人权研究和实务工作的一个重要领域。我在这里向各位老师报告一下我对人权国内保障制度的几个基本问题的理解和认识，供大家在教学和研究中参考。

一、人权国内保障制度的含义

　　人权国内保障制度的含义涉及四个关键词：人权、国内、保障、制度。分析什么是人权国内保障制度，要从这四个关键词出发。

　　第一个关键词是"制度"，英文一般是用"system"一词。制度有三个形式上的要素：第一个是行为者，是一个机构或者一些人员，用一个一般的英文词来讲就是"actors"；第二个是一套规范，主要是指一些实体性的比较具体的规则或者比较抽象的原则；第三个就是程序，是有关行为者适用或执行有关规范所要经过或遵循的步骤或具体过程。当然，这个程序也可以说是规范的一部分，就是程序性的规范，但我是有意地把它和确定社会成员的权利和义务的实体性规范区分开。制度具有体系性、规范性和稳定性，它和某一个具体的措施不一样，但是它会通过一些具体的措施体现出来。

　　第二个关键词是"国内"，英文中的对应词是"national"或者"do-

---

　　〔1〕　本文是中国政法大学人权研究院班文战教授 2013 年 8 月 17 日在"2013 年中国高校教师人权法教学研讨会"上所做的专题讲座，由马腾、王博文整理，班文战审校。

mestic"。"国内"的含义也是多样的，有时候是地域上的含义，比如说一个国家的领土或者管辖范围以内。但是我们这里所讲的"国内"是一种法律上的概念，不是从地域上来界定，主要是说这样的制度，包括有关的机构、人员、规则、程序，是隶属于一个国家，由一个国家来设立或制定，它的效力范围原则上是在这个国家的领土或者管辖范围以内，但是也会涉及这个国家的领土或者管辖范围以外的本国人，一般主要体现为属地和属人的范围。这么一种"国内"的制度不仅仅局限于全国性的或者中央性的，也包括地方的。如果一个国家是联邦国家的话，这个国家的制度既包括联邦制度，也包括联邦成员的制度。

第三个关键词是"保障"。和"保障"相对应的英文词也不止一个，比如"safeguard""guarantee"。我们读联合国人权文件的时候，还经常会遇到和"保障"这个词含义相近、相似或者相同的一些英文词，比如"prevent""protect""promote""ensure""secure"等，相对应的中文措辞有"防备""预防""防止""保护""促进""确保"等。这些中文词或者英文词的具体含义涉及条约的解释、法律的解释，这里只是先提一下"保障"这个关键词的含义，就是确保某种目标的实现。这个词体现的是制度的形式上的功能，而制度的实质性的功能还要看它保障的对象是什么。

第四个关键词是"人权"，这是制度的实质性功能的体现，也就是说制度保障的对象。"人权"的含义我们不展开讲，姑且把它理解为"应有人权"，就是每个人作为人应当享有的权利。在人类社会中，"应有人权"的确认和实现是要通过相关的制度加以保障的。

"制度""国内""保障""人权"这四个关键词可以组成人权国内保障制度的两类构成要素：形式要素是"国内制度"，实质要素是"保障人权"。把这两类构成要素结合起来，我们就可以对人权国内保障制度的基本含义有一个简单明了的认识。可以说，人权国内保障制度是旨在促进和保障人权的尊重、保护和实现的各种国内机构、规则和程序。

二、人权国内保障制度问题的意义

人权国内保障制度问题的意义体现为人权国内保障制度在人权研

究、教育和其他实际工作中具有的影响，这种影响可以从以下三个方面来认识：第一，人权国内保障制度是人权理论和实践的三个基本问题之一；第二，人权国内保障制度是应有人权得以确认和实现的首要途径；第三，人权国内保障制度是人权教育和研究的重要视角和内容。

首先，人权国内保障制度是人权理论和实践的三个基本问题之一。我在开幕式上曾经简单提到人权法教学内容的选择问题。无论是面对什么样的学生，是法学专业的学生还是非法学专业的学生，是研究生还是本科生，是低年级的学生还是高年级的学生，也无论我这个课程的课时是多少，人权法的教学都应该包括三个基本问题：什么是人权？为什么尊重和保障人权？如何尊重和保障人权？其实，人权研究和其他的人权工作也主要是围绕这三个基本问题来展开的。姑且借用哲学上的本体论、价值论、方法论的说法，"什么是人权"可以说是一个本体论的问题，涉及人权的主体、性质、本源、种类、内容；"为什么尊重和保障人权"可以说是一个价值论的问题，涉及人权的必要性、正当性和重要性；"如何尊重和保障人权"可以说是一个方法论的问题，涉及人权保障的途径、方法和措施。从这个意义上看，人权国内保障制度应该属于第三个问题，就是如何尊重和保障人权的问题。这是从事人权的研究、教学或者其他实践活动不能回避的一个非常重要的问题。

其次，人权国内保障制度是应有人权得以确认和实现的首要途径。既然有首要途径，就可能有其他途径。从当前社会来看，人权的确认和实现的途径主要有哪些呢？除了这里说的国内保障之外，那就是国际保障。如果是从地域范围来看，一种国际途径是世界性的，或者叫普遍性的，另一种国际途径是区域性的。世界性的或者说普遍性的国际途径以联合国为代表，区域性的国际途径主要存在于欧洲、美洲和非洲。为什么说人权国内保障制度是人权得以确认和实现的首要途径呢？这会涉及人权国内保障制度的功能问题，这个问题到后面再讲。

最后，人权国内保障制度是人权教育和研究的重要视角和内容。我们知道，人权教育和人权研究，特别是人权研究，是可以从多个角度展开的。现在国内外都有人从"学科"的角度来说明人权的知识体系、范畴或领域，有好几种说法：一种说法是"多学科"（multi-disciplinary subject），是说法学和非法学，比如政治学、哲学、社会学、经济学、人类学、医学、心理学、文学甚至一些自然科学领域，都和人权有非常密切的联系。另一种说法是"交叉学科"（cross disciplinary subject），是说一个人权问题本身同时会涉及多个方面的问题，这些问题都是交叉在一起的。还有一种说法是"边缘学科"（marginal disciplinary subject），是说它不是一个主流的学科。当然，毫无疑问，不管是在中国还是在外国，它都是一个新兴的学科。我们知道，人权问题既涉及理论又涉及实践，既涉及国际又涉及国内，既涉及法学又涉及非法学，既涉及国家又涉及个人。我们要是从事人权法教学和研究的话，可以从多个视角入手去关注它的不同内容，人权国内保障制度正是其中一个重要的视角和内容。

人权法教学怎么能够体现人权国内保障制度的内容呢？我想一个是从课程形式来看，一个是从讲课内容来看。从课程形式上来看，一种办法是设置一个专门的人权国内保障制度（或者叫人权国内保障）课程，另一种办法是利用现有的课程，包括人权或者人权法课程，也包括一般的理论法学或部门法学的课程，甚至是一些非法学的课程，从人权的视角看待现在的法律、政治、经济、文化等社会问题，凸显其中的人权因素。其实这些问题很多都是和人权有关的，或者可以说本身就是人权问题。如果我们不从人权这个角度去看的话，可能觉得这就是一个一般的法律问题，但是从人权这个角度去看的话，它就不一样了。现在的法学研究或者社会科学研究都讲究"创新"，如果既能够达到创新的要求，又能够使我们的研究发挥积极的作用——特别是在人权方面发挥积极的作用，我想各位老师可以在现有研究的基础上，在本有的学科领域内引入人权的视角，运用人权的标准，利用一些人权方面的素材，去重新审视我们长期关注的这些问题，这样可能会有不同的发现。

从讲课内容来看，在专门的人权国内保障课程或者其他课程当中，如果要讲人权国内保障制度的话，同样可以从三个基本问题入手，或者说围绕三个基本问题展开：第一个问题是人权国内保障制度的构成和内容，这也可以说是一个本体论的问题；第二个问题是人权国内保障制度的目的和价值，实际上是说人权国内保障制度在人权保障中的预期作用，这是价值论的问题；第三个问题是人权国内保障制度的实际运行状况以及它所取得的效果。对于这样的三个基本问题，可以从国别的角度讨论某一特定国家的制度，也可以从比较的角度对比不同国家的制度，还可以结合国际人权标准对某一国家的制度进行分析和评价。

三、人权国内保障制度的应有功能和作用

按照国际人权公约的要求以及很多国家宪法的规定，人权国内保障制度应该是基本的和首要的人权保障制度。所谓"基本"，是说它是人权得到确认和实现的前提。就是说，如果没有人权国内保障制度的话，人权是不能得到确认和实现的。这个"人权"是指应有的人权。应有的人权得到国家法律的确认，就转化为法定的人权，而法定的人权得到充分的尊重、保护和实现，就转化为实有的人权。人权的三种形态完整地结合在一起，需要国内的制度加以保障，所以说人权国内保障制度是基本的人权保障制度。

为什么说人权的国内保障制度是首要的人权保障制度呢？这是相对于国际制度而言，相对于以联合国为代表的普遍性制度和以欧洲、美洲、非洲为代表的区域性制度而言。1993年《维也纳宣言和行动纲领》有一句话："人权和基本自由是全人类与生俱来的权利，保护人权和基本自由是各国政府的首要责任（the first and primary responsibility）。"这个"首要"，我认为一方面是指次序上的优先性，另一方面是指作用上的重要性。现在的人权保障既有国内的制度，又有国际的制度，这两大类制度是并行的。从优先性的角度来看，一个人的一项权利在本国国内受到侵犯之后，首先需要通过国内的途径来寻求救济；只有用尽了国内一切救济手段还不能得到有效救济，而且这个人所在的国家已经接受了有关的国际程序，这个人才可以运用国际程序。从重要性的角度来看，人权问题最根本、最重要的解决途径还是国内途径，不能指望任何一个区域性的或者普遍性的国际机构能从根本上解决一个国家内部的人权问题。当然，很多国家都存在人权问题，不能完全依赖自己的国内制度去

解决，甚至在很多情况下，国内制度并不能体现人权的要求，甚至本身就含有很多限制或侵犯人权的因素，这就需要国际制度发挥促进和监督的作用。

人权国内保障制度的应有作用集中体现为国家在人权方面的全方位的积极义务。按照国际人权公约的表述，国家应当采取一切必要而适当的步骤或措施确保人权的实现。比如，国家有义务防止权利受到侵犯，在权利受到侵犯的过程中有义务制止侵犯，在侵犯行为发生之后有义务提供救济。这里所说的预防、制止和救济的义务针对的都是侵犯权利的行为。但我们知道，权利的全面、充分的实现需要各种资源和条件。有的时候，并没有国家机关或者个人去侵犯某项权利，但也需要国家采取必要的措施来促进和保证权利的实现。比如说，受教育权的实现会涉及很多方面的条件：首先需要有接受教育的机会，除了在法律上不能禁止任何人接受教育之外，还要有足够的学校、合格的老师、教材和必要的设备等；有了这些机会和条件，有权利接受教育的人还要能利用这些条件，如果学校太远，或者家里交不起学费或书本费，或者家里有人需要照顾，有农活儿需要干，那还是不能上学。再比如说，在发生地震、洪水、干旱等自然灾害的情况下，个人的生命权、健康权、受教育权、适当生活水准权等很多权利都会受到影响。在这些情况下，国家都有义务为个人提供必要的保障。

前面说的是人权国内保障制度应有的一般功能和作用，至于每一项制度的具体的应有功能和作用可能是不一样的。以法律制度为例，立法、执法、司法等制度在人权保障中的作用就不太一样。比如，立法制度最主要的功能和作用是确定权利（包括权利的主体、种类、内容、限度）、义务（包括义务的主体、种类、内容）、责任（即违反义务应该承担的法律后果）和保障机制（包括追究侵犯权利的行为者的责任和对被侵害者提供救济的机构和程序）；执法制度和司法制度的主要功能和作用是要保障法律所确认的个人权利能够得到尊重、保护和实现，保障法律所确认的义务得到遵守、履行和落实。再比如，法律制度中的一个比较特殊和重要的制度是宪法制度。由于宪法在国家整个法律体系中具有至关重要的地位，对它在人权保障方面就要有更高的要求，人权的价值、地位、主体、种类、内容、机制等重大问题都需要得到宪法的确认，并且通过宪法的运行得到落实。

四、人权国内保障制度的实际功能和作用

一个国家的人权国内保障制度，从静态的角度来看可能是不错的，但在防止侵犯人权行为的发生、制止正在发生的侵犯人权的行为、惩治侵犯人权的行为主体、为人权受到侵害的个人提供救济、给权利不能得到充分实现的人提供帮助等方面的效果不一定很好，这涉及人权国内保障制度的实际功能和作用的问题。

一个国家的人权国内保障制度的实际运行情况和实际作用涉及评估的问题，包括评估的对象、主体、程序、素材、标准和结果，这可能是我们人权教育和研究面临的棘手问题和难点问题。我在这里把自己的初步理解给大家介绍一下，在这个基础上我们再做进一步的交流。

第一，人权国内保障制度的实际功能和作用的评估对象是很复杂的，我想将其简单分为静态和动态两个方面：静态方面是从形式上看一个国家的人权国内保障制度的构成和内容，动态方面是看这个制度的运行情况和产生的效果。

第二，评估的主体是多种多样的。这就有点像本科教学评估，一个是自己来评，一个是别人来评。在人权国内保障制度实际的运行情况和效果方面，国家是完全可以自行评估的。除了国家自行评估，其他国家、国际机构、非政府组织、个人也都可以评估。

第三，评估的程序一般包括收集信息和分析信息，但是具体的程序是很不一样的，政府、国际机构、非政府组织都有自己的程序。

第四，评估的素材非常复杂，有官方的和非官方的。比如说，国家在接受联合国条约机构或者宪章机构评估的时候，需要自己提交一份报告，这是官方的素材。在国家的报告之外，非政府组织、学术机构也可以向国际机构提交报告，这是非官方的素材。我们可以通过联合国人权高专办的网站了解这些素材的提交情况和内容。

第五，评估的标准非常重要，因为运用不同的标准可能得出不同的结论。我认为至少可以考虑三个标准：第一个是国际人权标准，特别是被评估的国家已经接受的标准，这些标准对被评估的国家是有法律约束力的，是它必须要被遵守的；第二个是国外的实践，这个标准没有约束力，但可以作为参照；第三个标准是本国的宪法的规定，如果我们要评估一个国家一般的立法、执法、司法制度的人权保障的功能和作用，可以用这个国家的宪法规定作标准，因为任何一个国家机关和其他社会成员的行为都不能违反宪法的规定。这三个标准都是比较抽象的标准，除此之外，应该还有一些更有操作性的标准，有一些可以量化的具体指标。在这个问题上，大家可以参考联合国人权高专办和联合国条约机构拟订的相关文件。

第六，评估的结果需要考量。影响评估结果的因素很多，有客观因素和主观因素。从客观方面看，收集的材料会影响评估的结果。从主观方面看，基于不同的立场和利益考量也会做出不同的评价。比如，1936年苏联宪法通过之后，当时的苏联领导人对那部宪法有一个评价，说它证明"资本主义国家里千百万诚实的人过去和现在所渴望的东西，已经在苏联实现了"。1954年中国《宪法》通过之后，当时的中国国家主席对那部宪法也有一个评价，说是"任何资本主义国家的人民群众都没有也不可能有我国人民这么广泛的自由"。所以说，对一个评估结果还需要有一个谨慎的态度。

刑事司法与人权保障[1]

樊崇义

班老师早就跟我约这个课，我当然是很痛快地答应了，但心里也在想，各位都是人权专家，我在人权方面就是外行了，所以今天我所留意的主要是刑事司法与人权保障的问题。我们知道，人权自从引入刑事诉讼法典以后，十八届三中全会出现了一个新的概念，就是如何来保障人权，特别是强调关于人权的司法保障制度的构建。现在的司法改革正在紧张地进行，已经成为我们下一步人权建设的一个重点了。今天我讲的主题是刑事司法人权保障问题。理论谈不到，但实际情况很复杂，我主要给大家介绍一些实际的情况和立法的情况。同志们在讲课的时候，如果涉及这个主题，可以作为一个参考。大家通一通气，谈不上讲座，也谈不上报告。

就这个主题，我准备了五个小题：第一个题目，尊重和保障人权载入刑事诉讼法典，就是进入《刑事诉讼法》的背景和经过。第二个题目，人权在 2012 年入法以后，当前的现状和问题，就是执行和落实的情况，还有很多具体的理论问题和实践问题。第三个题目，刑事司法人权的产生、发展和含义，这个题目我仅列出来，但不准备讲了，因为各位都是专门研究这个问题的，这些理论上的问题，人权的发展、历史、含义，我就不再讲了，但也算一个题目。我重点讲第四个题目，就是人

---

〔1〕 本文是中国政法大学刑事司法学院樊崇义教授 2014 年 8 月 20 日在"2014 年中国高校教师人权法教学研讨会"上所做的专题讲座，由朱莎莎整理、樊崇义审定、班文战校对。

权为什么要进入《刑事诉讼法》。最后一个题目，我讲当前一个热点问题，就是人权司法保障制度的内容和体系如何来建构？时间有限，我列了五个题目，实际只讲四个题目，讲完以后我们再研讨，大家再提一些问题。因为这个问题很复杂，一边讲一边都可以提问。

一、尊重和保障人权载入刑事诉讼法典的背景和经过

同志们知道，十一届三中全会以后，1978 年五届二次会议产生了两部法典，一个是《刑法》；一个是《刑事诉讼法》，164 条。根据我参与的过程，彭真同志讲，这一部法典主要解决八个字，叫"拨乱反正，有法可依"，重点是解决乱抓人的问题，这不是个人权问题吗？我们第一部刑事诉讼法典规定的那个逮捕条件就是彭真同志亲自拟定，亲自拿笔写下来的，第 1 条就叫"主要犯罪事实已经查清"，才能抓人。

《刑事诉讼法》执行了十五六年以后，1996 年做了第一次大修。那时我们国家很多情况都发生了很大的变化，政治、经济、文化，改革开放的程度都加大了。这一次大修一共提出了 110 个修正案，重点解决三个问题：第一个问题叫"未经人民法院裁决，不得确定任何一个公民有罪"，这不又是一个人权问题吗？我们学理上叫吸收了"无罪推定"的合理因素：第一，不能再叫"人犯"了，以前把人抓起来，他不是个"犯人"就是"人犯"，修改以后叫"犯罪嫌疑人"；第二，报告某人有罪，要负举证责任，国家控诉机关要负举证责任，嫌疑人、被告人不负举证责任；第三，证明标准必须是"案件事实清楚"，达不到这个标准，定也定不了，放也放不掉，叫"疑罪从无"，按无罪判决。这是 1996 年《刑事诉讼法》一个重大的变动。第二个变动，审理的方式的变动。我们引进了西方国家的"对抗制"，不是一家说了算，要经过法官居中、控辩平等，加强对抗、辩论来定罪，审判模式吸收了"对抗制"这个做法，这是第二个重点解决的问题。第三个重点解决的问题，对立案、侦查、起诉、审判、执行，都设置和完善了各种程序，要让人民群众看得见、摸得着，体现一个公平正义的原则。这三个重点解决的问题，其核心还是人权问题。

1996 年修改的《刑事诉讼法》又经过十多年的执行，在 2012 年进行了第二次大修。这一次大修的一个突出的亮点和重点就是直接把"尊重和保障人权"写进刑事诉讼法典，在第 2 条旗帜鲜明地直接在《刑事诉讼法》的任务中加进了"尊重和保障人权"，这是我国刑事司法的一个重大变化。过去是以"尊重和保障人权"作为一个指导思想，还没有把它列为一项重要的任务，而这一次把它列为一项重要的任务写进了刑事诉讼法典。这次大修不仅把"尊重和保障人权"写入了法典，还制定了一系列诉讼的制度和程序来加以保障。有哪些制度来加以保障呢？第一，在第 50 条规定了不得强迫任何一个公民自己证明自己有罪。第二，确立了非法证据排除规则。第三，构建了严禁刑讯逼供的机制，这个机制，我们法律上明确表明有三条：第一条，赋予犯罪嫌疑人以"不得自证其罪"的权利，先给犯罪嫌疑人一个权利，不得自己证明自己有罪的权利；第二条，确立"非法证据排除规则"；第三条，侦查、讯问全程要录音录像。这三条，同志们想一想，如果执行得好，办案过程中刑讯逼供的问题基本上都可以得到解决了。我也实事求是地讲，公布以后执行这一年多，效果并不是太好的。因此，贯彻实施刑诉法一定要和核心价值观的教育结合起来，忠诚、为民、公平、廉洁，如果不把价值观的教育结合起来，没有一批忠诚战士，那么保障制度难以被贯彻实施。所以，我们《刑事诉讼法》规定得很好，严禁刑讯逼供的机制虽然建立起来了，但现在各个省市在实践程序中有滥用暴力的情况，人权问题还有待进一步改进。在我们国家，同志们要有这种意识。我们研究人权，要解决这些问题，要逐步来提高大家对这个问题的认识。在办案的过程中，这个人权的观念怎么才能贯彻好？问题是相当严重的。这是我们这一次修改解决的第三个问题。2012 年《刑事诉讼法》解决的第四个问题，是证人的出庭作证问题。为了保障人权，提高证据的质量，我们在证人的出庭作证方面采取了一系列措施，改善我们国家对案件的审理过程中的案卷移送、书面审理的问题。法庭上审理尽是念材料，但谁知道它这个材料是怎么获得的？把对抗制、辩论制、刑事诉讼的直接原则、言词原则都抛到一边，只看原材料，证人到哪里去了？被害人到哪里去了？辩护人念完辩护词怎么不说话了？这还是一家说了算，没有对抗，没有辩论，没有直接原则、言词原则！司法要有亲历性，要亲自去听的，不是念材料的。材料不叫证据，彼此得通过口头表达出来，当着国徽的面，当着控辩双方的面，由证人说出来，这才叫证据，这才叫板上钉钉。这次我们《刑事诉讼法》修改，用了八九个条款，规定证人出庭的范围问题、直接的保障问题、思想工作怎么做的问题，都写明了，但是落实层面仍有不足，所以才会导致出现冤假错案。

这是我们 2012 年《刑事诉讼法》修改的几个重大的亮点。当然还有法律监督问题，还有各个程序的完善问题，特别程序的设置问题，都是为了保障人权，围绕着人权，围绕着提高案件的审判质量，围绕着提高我们司法的透明度、公信力、权威性来进行修改。我给大家介绍这个过程，说明一个什么问题呢？就是说，从十一届三中全会实行依法治国以来，一共是迈了这三大步：刑事法典的产生，从 164 条到 225 条，再到现在的 290 条，有这样一个重大的变化！迈这三大步，一个核心问题就是围绕着人权司法保障问题，在一步一步往前走。这是我给大家介绍的第一个专题，算是一个背景介绍。所以研究人权问题，对这个领域，这样一个非常敏感的领域，大家要引起共识，这是非常重要的一个领域。

二、新《刑事诉讼法》贯彻执行的现状和问题

我们现在正在总结和调研新修订的《刑事诉讼法》执行的现状和问题，好的方面我就不讲了。围绕着刑事司法和人权问题，当前存在以下几个问题，同志们教学当中都可以结合来研究、来讲解，进行宣传。

第一个问题，一个普遍性的认识，就是保障人权和惩罚犯罪，用我们公检法的干警的话来讲就是保权与严打之间的辩证关系问题，表现得非常突出：严打，就不能保权；保权，就不能严打，社会稳定、社会治安，就搞不好。有的人认为进行刑事诉讼，要严打就不能保权，把二者割裂开来、对立起来，甚至出现想不通、不愿干的情况，个别人在新《刑事诉讼法》公布以后就辞职了。实际上，我们《刑事诉讼法》在严打和保权这两个问题上采用了一个平衡原则、比例原则：既要严厉打击，又要保障人权。这涉及一个专业问题，今天我们时间有限，就不给

大家讲了。包括反腐败、反恐，我们《刑事诉讼法》都采用了一系列重大措施，既强调尊重和保障人权，又强调严厉打击。严打的过程中要保权，包括对恐怖分子。恐怖犯罪的性质严重，它是最残忍的一种犯罪，但是对恐怖分子，我们也要注意保障基本人权。最近的反恐立法工作正在紧张地进行，我也在参与。第一稿、第二稿、第三稿研究的过程中，很多人不主张把"尊重和保障人权"作为一个基本原则。对恐怖分子究竟要不要保障人权？要不要以牙还牙？经过激烈的争论，讲清这个道理以后，"尊重和保障人权"还是要进入法典。关于这个问题，我到美国考察了两次。美国的《爱国者法》和《反恐法》虽然是出台了，但是它的实践，特别是关塔那摩监狱对基地组织人员采用残酷的手段，引起了美国人民和全世界人民的反感。犯罪嫌疑人也好、恐怖分子也好、贪污分子也好，他毕竟还是一个人，要保障他的基本权利，要保障他的诉讼权利。《刑事诉讼法》明确规定，还要把最后陈述的权利交给他，只有这样才能令人信服。所以，我们共产党人对待恐怖分子也好、犯罪嫌疑人也好、被害人也好、所有利害关系人也好，都有一个基本的人权问题。既要严打，又要保权。我们很多同志在这个问题上，到现在这个弯子扭转不过来。如何正确地处理严厉打击和保障人权的关系是当前一个核心问题，对此我们要做好宣传。一个关键问题就是，犯罪嫌疑人、被采取强制措施的人有没有人权？他是不是一个人？办案的理念要不要体现一种人文关怀的精神？体现不体现一个"以人为本"的精神？这在根本上，还是人权保障意识的问题。不把人当人是不行的，要有一种人文精神。

第二个问题：犯罪嫌疑人，包括犯罪分子的人权保障问题。这同样是一个基本的问题，这个我就不多讲了。犯罪嫌疑人、被采取强制措施的人，甚至被判处了死刑的人有没有人权？对这个问题，我们在认识上还有很大的不足。第一，他是不是人？第二，他基本的权利要不要受到保障？他要呼吸，他要吃饭，他要睡觉，这些要不要受到保障？第三，诉讼权利，特别是他辩解的权利要不要受到保护？我们研究司法人权是在这样一个认识下开始的：首先，承认不承认他是一个人？其次，他的基本权利、生存的权利、生活的权利、休息的权利，要不要给他？最后，他的辩解、辩护的权利、诉讼的权利要不要受到保障？这三个层面，我们在认识上都有很大的不足。

第三个问题："尊重和保障人权"是不是刑事诉讼的一项任务？长期以来，我国的立法，《刑法》也好，《刑事诉讼法》也好，把刑事司法领域的任务只定位在惩罚犯罪、打击犯罪方面，这是一种一元化的理论。2012 年《刑事诉讼法》的修改，使我们从一元化过渡到二元化，明确规定"尊重和保障人权，保障无罪的人不受刑事追究"是一项独立的任务，它不是一个附带的任务、附加的任务。为什么这么讲呢？公安部有一个负责同志讲课，他说是要尊重和保障人权，怎么来尊重和保障人权哪？我们把犯罪分子打下去，人权就得到保障了。在这里，他把人权保障作为一个附加品、附带品，不是一项独立的任务。我们认为，要从一元化的任务、一元化的定论转到二元化，人权保障是一项独立的任务。

第四个问题："不得强迫自证其罪"是不是犯罪嫌疑人的一项权利？特别涉及"沉默权"要不要进入法典，直到现在，我国还没有解决这个问题。长期以来，我们在举证责任这个问题上，奉行的是"对于侦查人员的提问，应当如实陈述"。这个规定在世界范围内人权斗争的潮流当中，成为别人攻击我们的一个炮弹。他们说中华人民共和国仍然是一个封建专制的国家，因为中国的刑事诉讼法典明确规定"对于侦查人员的提问，应当如实陈述"，不如实陈述就开始刑讯逼供。这次我们要解决这个问题，我们把"不得强迫自证其罪"写到这个法典上了，但问题还解决得不彻底。所以现在我们国家形成了这样一个局面：既规定了不得强迫自证其罪，同时保留了对于侦查人员的提问应当如实陈述，《刑事诉讼法》正处在这样一个矛盾的规定当中。我告诉大家这样一个情况，希望同志们研究这个问题：在人权保障这个重大措施上，我们国家还没有彻底解决沉默权问题，立法存在着矛盾，执行中也有偏差，而一个最基本的问题是什么呢？就是刑事诉讼的诉讼理论上，举证责任问题究竟由谁来承担？奴隶制社会的时候，奴隶不被当成人谈何举证责任呢？封建制社会的时候，人的身份被承认了，但是刑讯逼供合法化，我可以打着让你说，你不说我就打你。产业革命以后，一直发展到今天，人被赋予了一个沉默的权利，谁控告有罪、谁负举证责任，而被告人可以保持沉默。这一个发展历程，把人类社会从野蛮引到文明，司法、民主、文明就兴起了，就随之发展起来了。这个历史规律、这个司法规律、这个人权保障的规律，谁能把它颠倒过来呢？这是个司法规律，人类社会进步的规律。人权保障的基本原则、刑事司法人权的基本原则，就是既要规定"不得强迫自证其罪"，又要明示"沉默权"。当然了，根据各国的情况也可以规定一些例外，来逐步把这个东西落实。希望同志们在这方面加强研究。

第五个问题：侦查程序适用不适用"无罪推定"原则？我听到不少同志反映：侦查的时候就推定无罪，那还抓什么人？有人认为审判阶段可以适用"无罪推定"原则，侦查程序不适用"无罪推定"原则，更不能适用疑罪从无。这也成为我们当前贯彻人权理论的一个重大的阻力。我们为什么把刑事被告人叫犯罪嫌疑人呢？这一说法充满了有罪推定。因为有罪推定和无罪推定的博弈，又造成了多少冤假错案呢？一人在主观上被认定就是有罪的，一直到什么时候才能真相大白呢？唯有真凶出现、亡者复来。被杀的人出现了，才证明案件办错了。那无罪推定，包括疑罪从无，要不要适用在侦查阶段？是不是整个刑事诉讼的一个基本原则？这是我们2013年以来平反冤假错案专项斗争当中提出的一个非常尖锐的问题。

第六个问题：如何对待律师的刑事辩护？为了尊重和保障人权，这次我们对律师制度、辩护制度进行了重大的修改：第一，提前了律师介入诉讼的时间，把它从审查起诉阶段提前到侦查阶段采用强制措施之日起，解决了律师的阅卷难、会见难、调查难这些基本问题。执行这一年多来，"旧三难"解决了，当前全国范围又出现了"新三难"：一是申请调出无罪、罪轻的证据难，案卷里都是有罪证据，无罪的辩解、无罪的证据难以获取。二是在法庭上面对面地质证很难，都是念材料，无法质证。三是律师正确的意见得到采纳很难。更有甚者，认为律师就是翻案的，无论哪一种案件，律师只要一介入就翻案。当然，律师有律师的毛病，有一些不规范的行为，对此我们的律师惩戒制度也规定得非常明确，但不能被扣上帽子。说所有的律师都是来翻案的！这特别涉及这么一个基本问题：刑事诉讼这种辩解、辩护的制度，究竟是一个进步的制度还是一个落后的制度，甚至是一个反动的制度？

《刑事诉讼法》贯彻执行这一年多以来，人权保障的问题还有很多，我大概罗列这几个方面，还有很多具体问题和细节就不多讲了。这些问题要引起我们立法的重视，更要引起我们法律实施过程中的重视。老师们、学生们要深入地宣传和研究人权保障原则。另外，大家研究理论，要结合刑事司法实践，要解决实际问题。

三、尊重和保障人权为什么要载入刑事诉讼法典

"尊重和保障人权"这句话在 2004 年被写入了《宪法》，在 2012 年被写入了刑事诉讼法典。当然，再往前查我们党的历史，十五大以后就把这个问题写入党的章程中了。为什么要采取这个措施？从理论角度，我想讲四个观点。

第一个观点，保障人权是不是中华民族的一个核心价值观？还是说只是西方的发明？西方世界的产业革命奋斗了两百多年，最后得到的是六个字，叫"自由、平等、博爱"。这六个字的核心是什么？什么是自由？什么是平等？什么是博爱？核心还是个人权问题。我们今天发展生产，搞改革开放，我们的核心价值观是什么？不也是人权问题，简单说就是要活得体面。这是全人类的一个基本问题，一个核心价值观问题，不是西方世界独有。有一位中国人民大学的知名教授在《党建》杂志上发表了一篇文章，认为人权没有普世价值。对于人权是不是有"普世价值"这个问题，我们搞理论工作的同志如何解除后顾之忧？封建特权时期不存在人权，因为它讲的是特权，是等级。以阶级斗争为纲、极"左"的时期不敢讲人权，因为一旦讲人权，就被划为"西化"。社会发展到今天，我们敢不敢大胆地讲人权？一个重要的依据就是，人权问题同样是中华民族的核心价值观，已经被提到历史的议事日程上来了。什么是人民的福祉？什么是人民群众的幸福？包括不包括人权？对此同

志们要认真地思考。这是我讲的第一个观点。

第二个观点，面对世界范围内人权斗争的潮流，我们中国怎么办？讲人权也好，不讲人权也好；愿意讲也好，不愿意讲也好，它都带有历史的必然性。面对世界范围内人权斗争的潮流，我们 13 亿中国人民究竟怎么办？2012 年《刑事诉讼法》3 月 24 号公布，4 月份我到澳大利亚的墨尔本大学去讲学，讲人权问题。讲完以后，一位非常好的老教授提出了一个发人深省的问题，也就是我们的经济是搞上去了，经济危机也抵挡住了，我们的政法工作的办案程序是个什么状况啊？值得大家深思！在这个世界人权斗争的潮流中，以中国当前在世界所处地位，我们的一举一动都是引人注目的。我经常跟司法办案的同志讲：案案无小事！最近我们又在研究关于扣押、搜查，包括"双规"当中的查抄，这些都涉及基本的人权问题，马上要出台规范的程序。对此不加以解决，我们国家会处于何等状况？在世界人权斗争的潮流中，我们中国究竟应该怎么走？大家要认真思考。人权要进法典，要规范化，这是带有必然性的。这是我讲的第二个理由。

第三个理由，为了保证刑事诉讼的科学发展。什么叫科学发展呢？核心就是要坚持"以人为本"。在刑事诉讼活动中要体现人文关怀，这是刑事诉讼的规律、规则所决定的。不同的认识，不同的办案方法，就产生不同的法律效果。我在一个地方搞试点，人民检察院抓了海关关长、工商局长、银行行长，大概七大部门第一把手都抓起来了，结果没一个案件上诉的，效果都非常之好。我派我的博士生长期住在那个地方，总结它的经验，最后就是四个字，办案程序要体现"人文关怀"，要体现"以人为本"，要坚持把人权保障贯彻到底。所以，我们这个刑事诉讼如何贯彻人权保障原则啊？我总结了这几个字：平和司法、理性司法、公正司法、廉洁司法。这是近代、现代诉讼的一个重大的特点。在世界观上，要解决一个"以阶级斗争为纲"的问题。我认为：我们党已经完成了从斗争哲学向和谐哲学这样一种转变。以这个和谐哲学为基础，就要加强刑事司法领域的人权保障。没有个和谐的理念，没有个消除矛盾的理念，我们的社会就治理不好，这其中最严重的问题就是一个司法人权的问题。刑事诉讼要科学发展，要按照诉讼的规律来进行，必须要尊重和保障人权。这是我讲的第三个理由。

最后一个理由，为了落实宪法原则。人权保障原则是一个宪法原则，我们《刑事诉讼法》是一部"小宪法"。为了贯彻落实宪法原则，所以我们要把保障人权写入法典，还要把它贯彻好、执行好。

四、人权司法保障制度的建构内容和体系

今天讲的一个重点就是人权司法保障制度的建构、内容和体系。这属于我们当前司法改革的一个重大问题，也是十八届三中全会提出的六十项措施当中的一项重要措施，目的是把人权保障这个制度、这个观念落到实处。

我现在根据中央的文件和我们司法改革和《刑事诉讼法》修改的情况，把关于人权司法保障制度的内容和体系的个人见解提出来，和大家进行讨论。没有这样一个制度措施，人权保障就是一句空话，所以建立这个制度的必要性我就不讲了，主要从两个层面讲讲它的内容和体系。

第一个层面，在刑事诉讼领域，我们要紧紧抓住五个方面来建构。第一项，要明确人权保障的任务，特别要注意，人权保障是刑事诉讼领域独立的、不可代替的任务，它不是附带性的，不是通过打击就能够全部完成的任务。更要明确，犯罪嫌疑人、被害人、被告人、诉讼中的利害关系人都有独立的权利，证人有证人的权利，被害人有被害人的权利，被告人有被告人的权利，所有利害关系人都有我刚才讲的三个层面的权利：他是人；他有基本权利，生存权、生命权；他有诉讼权利。长期以来，我们是通过打击来保权，现在我们不仅要打击，而且要独立地保权。第二项，如何收集证据？要明确举证责任在控方，更得赋予犯罪嫌疑人、被告人不得强迫自证其罪的权利。第三项，关于收集证据的方法，要严禁刑讯逼供，特别要落实刑事诉讼法所规定的严禁刑讯逼供的机制，要落实好三项机制，包括全程录音录像。第四项，确立和贯彻实施非法证据排除规则，对非法取证要从法律上给予制裁。当然，法律上虽然规定了非法证据排除规则，但案例很少。排除非法证据作为一个规则，有它的实体意义、程序意义，其具体程序都做了具体规定，我们要

逐步完善，这样人权保障才能落到实处。第五项，进一步改革律师辩护制度。"老三难"要及时解决，"新三难"更要引起注意。目前"老三难"基本得到了解决，但是有时还是无法正常会见。特别会见权规定了一个例外：重大的经济犯罪案件，可判处 50 万元以上的，会见要得到同意。结果现在达到 30 多万元都不允许会见，因为尚处待定状态，可能判处 50 万元。所以，50 万元这个标准引起的后果是通通不许会见。这是刑事诉讼领域我们要抓住的五项突出问题。

第二个层面，从今后的司法改革这个领域来讲，我归纳了七项。实际上，这在十八届三中全会的文件、政治报告中都是有文可查的，有根据的。

第一项，国家要尊重和保障人权不光是司法人权问题、公检法机关的问题，更是一个基本国策，也是我们国家制定的一个基本措施。

第二项，要规范侦查中查封、扣押、冻结、处理涉案财物的司法程序，也就是财产权的保障问题。我想同志们都比我了解，这方面存在很多现实问题。现在的评估制度、司法拍卖制度，甚至包括我们公检法的财政开支制度都有问题。所以，现在我们考虑要建立一个独立、规范的查封、扣押、冻结、处理涉案财产的司法程序，这是一个重大的课题，要进行研究。

第三项，生命权问题，要逐步减少适用死刑的罪名。这方面我们已经做出了很大的努力，《刑法》修正案八、修正案九还要减少一部分。现在发现有两个问题，希望同志们来考虑。第一个问题，仅靠减少罪名，死刑的人数还是减少不了。因为减少的罪名都是国际刑法删除的罪名，使用这些罪名的案件很少，这导致减少了 13 个罪名，结果死刑的数字反倒增加了。根据近五年、近十年最高法院的统计，经常使用的 22 个罪名里，高发的有 6 个罪名，这 22 个罪名你根本削减不了，你不能把这个罪名给减了，可是其中有 6 个罪名占的比率最高，更不能把它减去。所以，光靠减少罪名还不能真正解决问题，死刑的数字还是减少不下来。我们已经进行了重大的改革，把死刑核准权收归中央，已经解决了一部分问题。我们的政策是不废除死刑，但要减少死刑，那么只能严格地控制。控制的方法，仅靠减少罪名还解决不了，必须按照刑事诉讼法的要求，对那些非杀不可的、罪大恶极的、重大的罪犯适用死刑，对一般的罪犯要贯彻宽严相济，不适用死刑，这是一个刑事诉讼问题，是一个权衡问题。总之，这个问题不解决，我们在世界范围内不好交代，跟老百姓不好交代。

第四项，要建构司法救助和司法援助制度。司法救助是对被害人的救助，是对弱势群体的救助；司法援助是对犯罪嫌疑人、被告人的援助制度。这两个制度现在都要进一步建构和完善。

第五项，律师的职业保障制度。关于律师保障制度，这次修改的《刑事诉讼法》有两个条款希望引起同志们的注意。第一个条款是《刑事诉讼法》第 47 条："辩护人、诉讼代理人认为公安机关、人民检察院、人民法院及其工作人员阻碍其依法行使诉讼权利的，有权向同级或上一级人民检察院申诉或者控告。人民法院、人民检察院应当对申诉及时进行审查，情况属实的，通知有关机关进行纠正。"这是律师的一个权利。还有第 115 条："当事人和辩护人、诉讼代理人、利害关系人对于司法机关及其工作人员有下列行为之一的，有权向该机关申诉或者控告：①采取强制措施法定期限届满，不予以释放、解除或者变更的；②应当退还取保候审保证金不退还的；③对与案件无关的财物采取查封、扣押、冻结措施的；④应当解除查封、扣押、冻结不解除的；⑤贪污、挪用、私分、调换、违反规定使用查封、扣押、冻结的财物。这五种情形，受理申诉或者控告的机关应当及时处理。对处理不服的，可以向同级人民检察院申诉。人民检察院直接受理的案件，可以向上一级人民检察院申诉。人民检察院对申诉应当及时进行审查，情况属实的，通知有关机关予以纠正。"从这两个条款来看，对于律师的保障措施，《刑事诉讼法》已经规定得非常明确了，这是重要的人权保障措施。刑事诉讼人权保障是一项重要的任务，作为检察院，不仅要对公权进行监督和制约，还要把这种单向的、传统的公权制约转向制约公权与保护私权。立法虽然规定了，但检察院还没有把它作为一项重要的任务，长期以来只关注侦查监督、审判监督、执行监督，对律师的辩护权、私权的保护没有提到议事日程上来。我们下一步司法改革要解决这个问题，重点围绕着这两条。我讲这句话的意思是，明确私权保护同样是法律监督机关的一项任务，这是一点。第二点，要实行法律监督职能的人员、组织和程序三落实，由专门的机构来保障。现在湖北省已经有不少检察机关开始改革了，不仅有公诉厅、公诉处，还有法律监督处。除组织落实、人员落实外，还要有程序落实。具体有三个程序：一是对第47条、第115条控告、申诉的受理程序；二是调查程序，最后做出结论；三是处理程序。当然，刚才讲的"新三难"问题也是要解决的，这目前是一个很大的弱项，还没有被提到议事日程上来。

第六项，废除劳教制度。对此我们虽然已经在推进了，但还是有问题没有得到解决。劳教废除了，相应的案件该如何处理？劳动教养被废除后，收容教育制度怎么办？按照《立法法》的规定，限制人身自由，要经过全国人大专门的授权和程序来处理。单一公安机关、单一人民政府因为拆迁问题、打架斗殴问题，动辄限制人身自由，这属于违法行为。凡是限制人身自由的措施，都要经过立法的授权、履行立法程序，这才是依法治国的应有之义。

第七项，健全错案防治追究责任制。这方面有两个内容：一个是发现错案的机制，对此我们要从立法上解决，不能仅靠"死者复活""真凶出现"来纠正。去年我们纠正的一批错案，要么死者复活了，要么真凶出现了，带有偶然性。对于发现错案的机制，相关立法、组织机构都不完善。谁来发现错案？光靠自查自纠错案是否可行？如何建构刑事错案的发现机制、纠正机制，特别是审判监督程序的完善，成为我们《刑事诉讼法》再次修改的一项重大任务。除了发现错案的机制以外，也要考虑如何正确地对待错案的问题，责任追究和绩效考评机制要科学合理，要符合司法规律。

我关于人权司法保障制度总结出两大方面，分别包括七项、五项措施，一共十二项。现在全国的司法改革都在热烈地争辩和讨论之中，我也在此提出，希望大家来思考，如何把人权司法保障制度建构好。

交流互动

问：第一个问题，这次《刑事诉讼法》修改之后，以刑事诉讼法的角度来看，公安机关到底算不算司法机关？第二个问题，这次《刑事诉讼法》的修改是否限制了公安机关的权力？

答：你提的都是敏感问题，对此我谈谈自己的看法。第一个问题，公安机关肯定不是司法机关。全国公安工作会议曾主张把公安机关、司法部都列为司法机关，并且下达了文件。但在中南海的座谈会上，这个主张被学者们当场否定了。以后就起了个名字，叫公安司法机关。实际上，公安机关是治安保卫机关，它肯定不是司法机关，但它执行一部分诉讼职能、侦查职能，就是一个行政机关执行一部分诉讼职能。这么理解就可以了，规矩变不了，基调肯定是这样了。第二个问题，改法后公安机关的权力很难说扩大还是减少。其实权力是在逐步地扩大的，比如说秘密侦查、技术侦查，但是规制更严了，适用的时间、地点、次数、录音录像，对它的规范化要求更严格了。

问：您讲到尊重和保障人权被写入了《刑事诉讼法》第2条，是任务，您认为我们国家从任务的一元论变成了任务的二元论，那它以后会不会从任务的条款进入到目的的条款里？

答：本来按一般的原理，尊重和保障人权应该被写入《刑事诉讼法》第1条，既是一个指导思想，又是一个任务，当时学者们也都主张写入第1条，因为第1条涉及指导思想问题。当时报到高层来协调的时候，大家就说从任务开始，这是一个推敲的办法、调和的办法，于是把它放到了第2条。虽然放到了第2条，但我认为这既是指导思想又是任务，至少我们从学理上应该这样来理解。我讲了半天，各项立法都离不开这个灵魂，所以它既是指导思想，又是任务。以后是不是能将它调整到第1条，那要看我们社会进步的情况。

第五部分
实体权利的研究与实体权利课程的设置和讲授

实体权利课程的设置和讲授[1]

班文战

现在我向各位老师报告一下关于实体权利课程设置和讲授的一些体会和经验。我们 2005 年决定设置人权法学二级学科的时候就计划开设这门课程，后来一直作为我们人权法学专业硕士研究生的一门学位课，主要由我负责讲授。我给大家报告的内容包括实体权利课程设置的情况和意义、课程的内容、课程讲授的基础条件和一般方法、相关基本问题和参考资料，还要介绍一下我在讲授这门课程的时候使用的一个比较特殊的方法，就是学生报告和研讨方法。

一、实体权利课程设置的情况和意义

我初步了解了一下国内高校关于实体权利课程设置的情况。说到实体权利，我在这里不想详细解释它的含义，其实指的就是各项具体的人权，而不是抽象的人权。它既可以是法律规定的，也可以是应有的。根据我有限的观察，在我国大陆地区的高校，有两个学校设置了综合性的实体权利课程，一个是我们学校开设的"实体权利专题研究"，另一个是西南政法大学人权法学二级学科备案表里列明的"公民政治经济社会文化权利专题"。除此之外，还有一些学校是围绕某一类或某一种权利设置一门课程，有的叫"公民和政治权利"，有的叫"经济社会文化权利"，等等。但是，相比国际人权法、人权原理、人权法概论、人权法

---

〔1〕 本文是中国政法大学人权研究院班文战教授 2015 年 8 月 22 日在"中国高校硕士研究生人权法教学研讨会"上所做的专题讲座，由秦鹏博整理、班文战审校。

学、人权法基础、人权法专题等类似课程，实体权利课程的数量要少一些。这也能够反映出国内高校人权法教学的一个现象：不论在本科层次还是研究生层次，人权法教学基本停留在人权原理、人权法、国际人权法等一般问题的讨论，还没有更多地深入到各项具体的人权和具体的国内保障措施。

关于实体权利课程设置的意义，我分别从实体权利本身和人权教育的角度来说明。实体权利本身和人权理论和实践的三个基本问题都有关系，最直接地表现为本体论问题，同时也涉及价值论和方法论问题。本体论问题涉及什么是人权。我们一般会从抽象的角度讨论什么是人权，那就会涉及很多理论、学说。这里讨论的是具体的人权，就需要进一步深化和细化，就要明确有哪些人权、每项人权的内容是什么。价值论问题涉及为什么要尊重和保障人权。这个问题可以从原则性的、比较抽象的方面去讨论，这种讨论很重要，但是有局限性，涉及具体权利的时候就可能出现理论和实践上的困惑。对于为什么要尊重和保障人权这个问题，除了可以从理论上进行一般的论证，还需要明确各项具体权利的价值、作用和意义。方法论涉及如何尊重和保障人权。我们谈到，国家有义务采取所有必要和适当的保障人权的步骤、方法和措施，哪些步骤、方法和措施是必要的和适当的呢？其中一个因素、一个标准就是看它们是不是符合人权本身的要求，具体来说，就是看某一步骤、方法或措施是否符合某项特定权利的特定要求。比如说，要想判断国家保障生命权或者受教育权的措施是否必要和适当，必须要准确、全面地认识生命权和受教育权的内容及其对义务主体的要求，包括一些特定的权利主体的一些特殊的要求。我认为，这是我们人权教育、研究和实践的一个核心问题，也是和我们现实生活联系得更加密切的一个更为实际的问题。这是从实体权利本身来看设置这门课程的意义。从人权教育的角度来看，这门课程因为要集中讨论各项具体人权的内容、意义、影响因素或实现条件，它的设置显然有助于实现人权教育的多重目的。

二、实体权利课程的内容

从应然的角度来看，一门综合性的实体权利课程至少应该包括实体权利的四个基本问题：一是权利的主体，二是权利的内容，三是权利的意义，四是权利的实现。

关于人权的权利主体，理论上有很大争议，国内法和国际法也有不同规定。当我们说到一项权利的时候，需要明确它的权利主体的具体情况。比如说表达自由权，个人或者说自然人无疑是这项权利的权利主体，但很多人不是一般的自然人，而是从事某种职业的记者或新闻工作者，另外还有各种传统的和新兴的媒体，还有国有的和私人的电视台、广播电台这样的机构，这些媒体或机构是不是这项权利的权利主体呢？再比如说结社自由权，个人或者自然人当然有权组织和参加某个社团，但《经济社会文化权利国际公约》第8条规定，工会有权成立全国联合会或同盟，而全国联合会或同盟又有权组织或参加国际工会组织，那工会是否也属于结社自由权的权利主体呢？这些都是有争议的、值得考虑的问题。

关于权利的内容，对于纳入课程范围的各项人权，需要比较全面、具体地说明它们的内容，包括权利的客体、权利主体的要求和权利的范围或界限。比如说，要想理解和认识思想、良心、宗教或信仰自由权的内容，就需要明确什么是"思想""良心""宗教""信仰"，个人在这些方面可以做什么和不做什么，可以要求义务主体做什么和不做什么，个人在这些方面的行为是否可以受到约束或限制，如果可以，则应当如何约束或限制。

关于权利的意义，需要说明每一项具体权利有什么价值和作用，它和其他权利之间是什么关系，有没有联系，有没有轻重主次之分，等等。

关于权利的实现，需要明确一项具体人权的实现需要具备哪些条件，有哪些影响因素，以及在现实生活当中被尊重和保障的情况，当然也包括被侵犯的情况。权利的内容、意义和实现都是比较复杂的问题，我会在后面做进一步的说明。

一门综合性的实体权利课程可以包括各类和各项具体人权，包括法定人权和应有人权，包括个人人权和集体人权。实际上，由于具体人权的数量很多，任何一门实体权利课程都是很难全面涵盖每一项人权的。

这门课程里面到底要包括多少项权利，包括哪些权利，一方面要看有哪些权利可供选择，另一方面要看选择哪些权利比较合适。

关于哪些权利可供选择，现在看来是不很清楚的，它涉及权利的种类或清单的问题。我们知道，现在中国有一些很著名的人权法学家，还有一些不很著名的人权法学者，他们对权利有各种分类。国内现在有几部综合性的或者说理论色彩比较强的人权法教材，包括李步云先生主编的《人权法学》和徐显明老师主编的《人权法原理》。这两本教材都有关于权利种类的划分，而且都用专章对不同种类的权利做了说明。我们可以看到，这两本教材关于权利的划分有相同的地方，也有不同的地方。除了学者对人权所做的划分和列举，任何一个国家的国内法都有关于权利的规定，但是世界上将近两百个左右的国家的国内法关于权利的规定有相同的地方，也有不同的地方，而且各国在不同时期的权利清单也不一样。除此之外，在区域层面，欧洲、美洲、非洲都有区域性的人权公约，这些公约确认的权利很多是相同的，但也有差别。在联合国层面，《世界人权宣言》和1966年两个综合性的国际人权公约也都有各自的权利清单，而这些权利清单和上面提到的各种权利清单都不尽相同。相比之下，学者对人权的分类和列举一般具有主观性、随意性、差异性、抽象性、学理性和不定性，不同国家国内法和政策文件中的权利清单也具有多样性，比较可靠的还是有普遍影响的或者有广泛约束力的联合国人权文件，特别是《世界人权宣言》和1966年的两个综合性的人权公约所包括的权利清单。当然，不论是联合国层面还是区域层面，当然包括国内层面，人权的种类也是在不断变化、不断增加的，所以，除了法律规定的人权，也可以考虑一些应有的权利。

接下来的一个问题是，在可供选择的权利中要选择哪些权利呢？这可能需要考虑不同的因素，首先是权利本身的意义，特别是对中国的意义。这不是说哪些权利本身比其他权利的地位更重要，而是说目前有哪些权利更需要保护，或者说实践中存在的问题更严重，或者理论上的争议更大，也可以说有更大的选题价值。当然，讲这样的权利是有难度的，而且可能会有风险。不过，我觉得风险主要不在于权利本身，而在于讲的内容和方式。比如说，死刑问题、宗教问题、新疆或西藏地区的人权问题、少数民族成员的人权问题等，这些问题本身是不是敏感问题呢？这些问题涉及民族、国家秘密、国家安全和国家主权，确实有一定的敏感性。即便是这样，我们在教室里给学生上课，如果不是强行要求学生接受某种观点，或者单向地向学生传播某种观点，而是和学生交流，那什么样的想法都可以表达出来。有老师说，在讲民族自决权的时候，不知道怎么讲才好，也有老师说不知道怎么回答学生的敏感问题。我认为，如果老师自己认为一个问题敏感，可以不主动去讲。如果学生问到敏感问题，我们可以和学生交流，可以先问问学生是怎么理解的，再问问学生有什么理由和根据。老师如果同意学生的理解，就可以表示同意，如果不同意的话，就可以说一下自己听到的一些别的说法、看到的一些其他的材料、了解到的国际社会的立场或者其他国家的实践，以及自己的一些想法。学生如果同意，问题可能就解决了，如果不同意，那愿意交流再继续交流，不愿意交流就互相尊重，这样应该是不会有什么风险的。

除了权利本身的意义，我们在选择讲授的权利的时候还要考虑老师的能力和学生的兴趣。大家可以看一下我在去年 5 月编订的《实体权利专题研究课程大纲》和今年春季学期使用的《实体权利专题研究课程进度表》，课程大纲里列了 11 个专题，涉及 11 项权利，课程进度表里列了 13 个专题，涉及 13 项权利。这两份材料列举的权利数量不同，种类也不一样，主要是因为课程大纲有一定的稳定性，而课程进度表会有一定的灵活性。之后会向大家介绍，我们这门课采用了以学生为核心的报告和研讨方式，每个学生都要围绕一项权利做报告，上学期有 11 位学生，每个学生负责 1 项权利，再加上我会选择一两项权利做示范，所以一共涉及了 13 项权利。其实，我们实际上讨论的权利和课程进度表列明的权利也不完全相同，因为学生可以在课程大纲和课程进度表之外选择自己更感兴趣的权利。

三、讲授实体权利课程的基础条件和一般方法

要想讲授或讲好实体权利课程，需要熟悉人权的基本原理、国内法的基本原理、国际法特别是国际人权法的基本原理以及其他相关学科的基本原理，这四个方面的基本原理和各项具体人权的意义、内容、实现条件或影响因素直接相关，是我们准确、全面、深刻地理解一项权利的基本问题所不可缺少的。除此之外，还需要掌握法律解释和案例分析这两种方法。我曾经提到条约解释对讲授和研究国际人权法的重要性，对于实体权利的教学和研究来说，只掌握条约解释方法还不够，因为很多权利是由国内法规定的，所以还需要掌握国内法的解释方法。

我在前面几次（报告）提到过人权、国内法和国际法的基本原理与讲授人权法课程之间的关系，这里就不再重复。我特别想跟各位老师分享的是基础条件当中的第四个方面，也就是其他相关学科的基本原理对人权法教学、研究乃至相关实务工作的重要影响。我们知道，人权法具有多学科、跨学科、交叉学科的属性。其实，政治、经济、文化、道德、宗教、环境、教育、科技和其他社会科学和自然科学领域与人权的联系十分紧密。我们现在的人权法教学、研究和实际工作基本上停留在"法"的层面，就"人权法"而言，这个层面是最表面的。我们现在特别强调法治建设，包括与人权有关的法律的制定、修改、废除、遵守、执行、适用、监督，这无疑是一个很重要的方面，但还不是最根本的方面。要想理解为什么采取某种与人权相关的法律措施，怎样才能采取必要和适当的法律措施，有哪些影响或决定因素，就会涉及更深一层的问题，就是"权"的问题。人权首先是应有的权利，而应有权利的基础是什么，范围是什么，如何被法律所确定，乃至如何能够充分实现，显然会受到各种社会因素的影响。不过，权利问题也还只是人权法的一个中间层面的问题。我们看到，人类从法律层面和其他社会层面做了千百年的努力，但是似乎越努力问题越多，这可能是因为一直没有认识到，所有的法律问题、社会问题、权利问题最核心的还是人的问题。从我们的职业或者专业的角度来看，我们法学和其他社会科学的教育工作者、理论研究者乃至实际工作者的安身立命之处在哪里？还是要归结到"人"这个层面，只有到了这个层面，对很多问题才能有更深刻、更全面、更准确的理解和认识，因为法律、权利、政治、经济、道德、文化、宗教恐怕都很难回答人权的一些最基本的问题。比如说，法律可以在一定程度上回答什么是人权以及如何尊重和保障人权的问题，但是它回答不了为什么要尊重和保障人权这个问题。哲学、政治学、经济学、伦理学、人类学等社会科学可以在一定程度上回答为什么要尊重和保障人权这个问题，但它的答案恐怕还都是支离破碎的。只有回归到或者深入到"人"这个层面，才能找到所有问题的核心、问题的根源以及解决问题的最究竟、最根本的方法。

四、学生报告和研讨方法

接下来给大家介绍一下我在讲授实体权利专题研究课程中采用的一个比较特殊的方法，就是学生报告与研讨，希望对从事这门课程教学的老师有一点帮助。

这个方法的核心是学生，主要有六个步骤：第一步是选题，每个学生在第一次课上自己选择一项权利。基本上是用抽签的方法确定选择权利和报告的顺序，抽到 1 号的第一个做报告，但可以第一个选择自己最喜欢、最有兴趣的权利。第二步是研究，每个学生从权利的意义、内容、国际标准和中国实践等方面进行研究。最初几年，我在这个阶段不给学生提供任何参考资料，因为我觉得搜集资料也是研究的一个组成部分。当然，我们在第一学期会给学生开设"人权研究方法和论文写作"的学位公共课，其中会讲到人权研究的资料的种类、作用和搜集方法，还会讲到人权条约的解释方法以及案例摘要和分析的方法，另外，在国际人权法课程中也要讲到国际人权法的渊源和相关资料。按照我的理解，学生学了这两门课程，应该知道去哪个地方寻找资料。但是，我们学校的研究生院在前两年要求编写研究生课程的课程大纲，大纲里要列明每个专题的参考资料，所以大家会看到我们编写的《实体权利专题研究课程大纲》有比较多的参考资料。即便是这样，我还是希望学生在大纲列明的参考资料之外去搜集其他资料。学生搜集资料之后要去阅读和分析资料，还要做一个课件。第三步是报告，每个学生在上课的时候，用两三个小时做一个报告，说明研究的过程、方法、成果、收获、问题和体会。第四步是研讨，由其他每位同学从形式和内容两个方面对报告做评价和提问，包括讲得怎么样，时间把握得怎么样，课件做得怎么样，哪些地方不清楚、有疑问，由报告的学生进行回应或答复，学生还可以对有关问题进行讨论。第五步是总结，由我对报告当中表现出来的资料方面的、方法方面的、内容方面的、观点方面的问题，以及学生讨论当中提出但没有解决的问题做一个说明，肯定可取的地方，并提出改进的建议。第六步是完善，每位同学做完报告之后，都要在自己报告的基础上，结合其他同学的评价和我的总结，再做一篇论文，在一定时间内提交上来。

采用学生报告和研讨的方法主要有五个目的：第一是培养学生的研究兴趣，学生可以选择自己感兴趣的权利，也可以在实际研究的过程中培养研究的兴趣。第二是培养学生的独立研究能力，包括确定选题的能力，以及搜集、识别、分析和运用材料的能力。第三是培养学生的表达和沟通能力，包括在一定时间内有效传递信息的能力、报告中的互动能力以及研讨中的倾听和反馈能力。第四是培养学生的相互学习能力，主要是从其他同学的报告和评价中发现别人的长处和自己的不足。第五是培养学生自我完善的能力，也就是自觉、主动地改进不足的能力。

从课程的实际效果来看，学生报告和研讨这种方法的确产生了比较明显的积极效果，绝大部分同学都很珍惜这个机会，会很认真地去准备、报告和参加研讨，每个同学在做完报告之后都会有不同方面和不同程度的收获。当然，也会有一些不太理想的地方。比如说，有的同学只关注自己负责的报告和感兴趣的报告，有的同学对自己和其他同学的工作重视不够，没有投入充分的时间和精力，很多同学似乎缺乏有效利用现有资源的意识和能力，因为从学生的报告中能够发现大家很少去查阅我在课程大纲或其他场合提供或介绍的资料。但是总的来说，这种方法的效果还是很不错的。

五、实体权利课程教学中的三个问题

在实体权利课程的教学中有三个值得关注的问题，在相关的理论研究和实务工作中也会遇到这样的问题。

第一个问题是如何认识一项具体人权的意义。我们说一项权利重要，怎么证明呢？我觉得至少可以从三个角度来证明：第一个角度是这项权利对于权利主体和义务主体的影响，一方面是它对所有权利主体特别是每个个人的影响，另一方面是它对所有义务主体、对国家、对社会的影响，如果只强调其中一个方面的影响，往往是不太容易被接受的。第二个角度是这项权利与其他权利之间的关系。不同权利之间有没有内在的冲突，有没有轻重之分？如果有的话，哪项权利或哪些权利更重要？怎么样解决不同权利之间的冲突？在这些问题上，每个政府、每个组织、每个个人都可以提出自己的主张，而且都会有很充足的理由，所以就有很多的争议。按照现在国际社会主流的观点，所有权利都是相互依存、不可分割的，任何一个国家都应该在同等的地位上，用同样重视的眼光来看待各项权利，也就是说，没有哪项权利比其他权利更重要。但是具体到某一项权利，当我们说它与其他权利相互依存、不可分割的时候，我们还需要做深入细致的分析。第三个角度是一项权利的积极影响和消极影响，包括对个人的影响和对社会的影响。对于个人和社会来说，有没有一项只有利而无害或者只有害而无利的权利呢？对于这个问题可能会有很多不同的理解和认识。有一些权利，比如说表达自由权、宗教或信仰自由权、和平集会权、结社自由权，可能被认为是比较敏感或比较危险的权利，怎么来论证它们的重要性呢？我们知道，不论从理论的角度还是从国内和国际实践的角度来看，有些权利的行使是可以受到限制的。为什么要限制？就是因为这些权利的行使有可能给权利主体、义务主体或者整个社会带来不利的影响。比如说表达，一句话说好了，大家都高兴；说不好，彼此都不高兴，严重的话就会起冲突。个人之间、群体之间、国家之间都是如此。所以，我们在认识一项权利的意义的时候，需要全面考虑到它的积极影响和消极影响。但是，这里面还有一个问题：这个不利的影响是不是一项权利本身固有的呢？比如说，表达或者表达自由本身就一定会有危害吗？这都是需要我们去认真思考和分析的问题。

第二个问题是如何认识某项具体人权的内容。我在提纲里列举了7个小问题。前四个小问题是说，关于一项具体人权的内容，通常会有不同的学说，而且在国家层面、区域层面和联合国层面，不同时期会有不同的实践，应该如何认识这些不同的学说和实践，应该以哪个为准来确定一项具体权利的内容。第五个小问题是说，在确定一项权利的内容的时候，有没有一些更具体的和可操作的基准（benchmark）或指标（in-dicator）。第六个小问题是说，一项权利会有一些基本的要素，但不同的权利主体对于这项权利可能会有不同的需求。对于适当生活水准权、健康权、工作权、受教育权等许多权利，老人、儿童、妇女、残疾人甚至包括人身自由受到限制的人都会有不同的需求。所以，当我们考察一项权利的内容的时候，就需要考虑到各种特定的权利主体的特殊要求。最后一个小问题是如何认识对权利行使的限制，具体来说，哪些权利的行使可以受到限制？为什么限制？根据什么限制？用什么方式限制？可以限制到多大程度？在认识一项具体人权的内容的时候，这些都是需要考虑的因素。

第三个问题是如何认识某项具体人权的实现。对一项权利的讲授也好，研究也好，肯定不能仅仅停留在规范的层面，不能只看国内法怎么规定，国际法怎么规定，最终还是要看这项权利在现实生活中是否能够得到充分的尊重、保障和实现。这样，我们就需要认识影响一项权利实现的因素都有哪些，还需要认识如何评价一项权利的实现状况。根据什么来说一个国家的人权状况是好还是不好，进步还是退步？我们可以和其他国家的情况做横向比较；也可以和几十年前、几百年前甚至几千年前的本国情况做纵向比较；还可以和国际标准来比较。关于这个问题，我还是倾向于把国际人权法律标准作为评价一项权利的实现状况和一个国家总体人权状况的最重要的标准，因为这个标准与某个国家、某个组织和某个学者的标准不同，我把它的特征归纳为六个方面：第一，它的适用范围具有普遍性：国际人权习惯和联合国人权公约都是开放的，任何一个国家都可以自愿接受它的约束。第二，它的接受具有广泛性：联合国的大部分核心人权公约都有一百多个当事国，有的公约有近两百个当事国，其中既有资本主义国家，也有社会主义国家，既有发达国家，也有发展中国家。第三，它的价值具有中立性：《世界人权宣言》和联合国人权公约并非只是西方意志的体现，而是国际社会认同的，反映了不同国家的利益和主张。第四，它的内容具有全面性：既有个人权利，也有集体权利；既有公民和政治权利，也有经济、社会和文化权利；既有对权利的尊重和保障，也有对义务和责任的要求以及对权利行使的限制。第五，它的效力具有约束性：国际人权公约对每个当事国都有约束力；国际人权习惯规则对在这些规则形成过程中没有明确和持续反对的国家都有约束力；特别是其中的强制性规范，或者叫强行国际法规则，对不同意、不接受的国家也有约束力。第六，它的地位具有优先性：这是说国内法要符合国际人权法的要求，不能以国内法为理由而不遵守国际人权法律标准。总之，国际人权法给各个国家树立了一个努力实现的共同标准，应该成为我们认识一项具体人权的内容以及评价人权实现状况的一个基本的标准。

最后再给大家介绍一个评价人权实现情况的具体标准。近些年来，在一些国际人权专家的努力之下，国际社会越来越多地采用"4A 标准"来确定一项人权的内容以及国家和其他义务主体的义务的内容。所谓"4A"是 availability、accessibility、acceptability 和 adaptability 这四个英文单词的第一个字母的合称，分别表示可获得性、可利用性、可接受性和可调试性。以受教育权为例，可获得性是指具有学校、教师、教材、教室、教学设备和其他各种教育资源，也就是说由国家、社会或私人提供的接受教育的基础条件，所以"availability"一词也会被译为"可提供性"；"可利用性"是说作为权利主体的个人能够实际利用各种教育资源，比如说要上得起学，这可以用"economic availability"（经济上的可利用性）或者"affordability"（可负担性、可承受性）这样的词来表示；"可接受性"是说教育的目的、内容和方法要符合一定的国际或国内标准并使学生能够接受；"可调试性"是说教育要能够适应社会的变化，适应各个不同权利主体多样性的需求。"4A 标准"既然可以用来确定一项权利的内容，自然也可以用来评价这项人权得到保障和实现的状况。

因为时间的关系，来不及给大家介绍实体权利教学的参考资料了。我们的研究生培养方案和实体权利课程大纲分别列举了一些资料，特别是课程大纲列举的资料更新、更全一些，可以供大家参考。

实体权利的研究和教学[1]

班文战

我们今天下午交流的主题是实体权利的研究和教学。这里所说的实体权利指的是各项具体的人权，主要是法定的权利，不管是国内法还是国际法规定的权利，也可以包括各项应有的权利。我想和大家交流以下四个方面的问题：一是为什么要研究和讲授实体权利，也就是研究和教学的意义；二是研究和讲授哪些实体权利，也就是研究对象与教学主题；三是应该研究或讲授实体权利的哪些问题，也就是研究与教学的具体内容；四是怎么样研究或讲授实体权利，也就是研究与教学的方法。

一、实体权利研究和教学的意义

研究或者讲授一项具体人权有什么意义或必要性？这个问题可以从两个方面来理解。

从一般意义来看，实体权利的研究或教学涉及人权的三大基本问题：什么是人权？为什么要尊重和保障人权？如何尊重和保障人权？其中，"什么是人权"涉及人权的概念、种类、内容、含义、主体甚至本原等，可以说是一个本体论的问题，就是说人权这种事物、这种现象本身是什么样子的；"为什么要尊重和保障人权"涉及人权有什么价值和意义、是否必要、是否正当、是否合法等，可以说是一个价值论的问题；"如何尊重和保障人权"涉及尊重和保障人权的途径、方式、方

---

〔1〕 本文是中国政法大学人权研究院班文战教授 2014 年 8 月 17 日在"2014 年中国高校教师人权法教学研讨会"上所做的专题讲座，由朱海、荆超整理，班文战审校。

法、措施等，可以说是一个方法论的问题。实体权利的研究和教学主要涉及第一个基本问题，通过各项具体人权的含义、范围和内容，可以更清楚地认识人权的概念和属性。与此同时，实体权利的研究和教学也会涉及其他两个基本问题。从价值论的角度来看，如果只是从人性或者尊严等方面一般性地讨论人权的价值，那还是比较抽象的，而如果从某项具体的权利去看它对于个人、社会的影响和意义的时候，对人权价值的说明就会更具体、更有说服力。从方法论的角度来看，只有准确、全面地认识和理解某项人权的具体内容，人权的义务主体才能针对这项权利的需要采取必要、适当和有效的保障方法和措施，人权的权利主体也才能采取必要、适当和有效的维护自身权利的方法和措施。由此可见，本体论、价值论、方法论这三个问题是联系在一起的。通过研究和讲授具体权利，我们可以对人权的三大基本问题有更全面、更深入、更具体的理解和认识。

除了上面所说的一般意义，研究和讲授实体权利还可以促进人权法教学乃至整个人权教育目的的实现。我们在研讨会第一天上午曾经提到，人权法教学和整个人权教育的目的有三个层面，即直接目的、中间目的和终极目的。其中，直接目的涉及知识、技能、态度和行动等四个方面，这四个方面的目的从具体权利的研究和教学中都可以反映出来。从知识方面来看，每一项具体权利的权利主体、权利内容、权利限度都属于知识方面的问题；从技能方面来看，了解了一项权利的内容有助于权利主体和义务主体采取促进这项权利实现的适当的、必要的步骤、方法和措施；从态度方面来看，对每一项具体权利的意义和价值的认识可以促使我们更加重视、珍视人权，培养起维护自身权利和尊重他人权利的意识；从行动方面来看，在端正人权态度的基础上，就可以运用我们所获取的知识和技能去从事与人权有关的教学、研究和各种实务工作，并且在家庭、学校、单位和社会生活中更好地与他人相处和交往。

这里需要和各位老师说明一个问题：我们这个会议是人权法教学研讨会，但这里为什么要提研究，还要把研究放在教学之前呢？这不仅是因为现在学校对老师的要求越来越高，既要讲课，还要做研究，更重要的还是因为做好研究是做好人权法教学工作的必要的基础和前提。如果我们对讲授的内容不熟悉、没有把握，认识不全面、不深刻、不准确，就很难保证我们能够取得很好的教学效果。尤其是在国内的人权研究和教育都比较薄弱的情况下，我们更需要强调人权研究的重要性。研究和教学有一个明显的区别，就是教学要直接面对教学对象，且相互之间要随时进行交流，但是研究和教学的基本原则应该是相同的。

二、实体权利的研究对象和教学主题

研究或讲授实体权利首先要明确两个问题：一是有哪些具体人权可以作为研究的对象或教学的主题？二是在时间或精力有限的情况下，应该研究或讲授哪项或哪些权利？

关于哪些具体人权可以作为研究的对象或教学的主题，这涉及人权的种类和清单。有的老师可能注意到了，现在国内和国际层面有多种多样的权利分类或权利清单，既有官方的，也有非官方的，前者主要体现在国际人权文件、国内法和国家政策文件中，后者主要体现在学术文献或非政府组织的材料中。这些权利分类的标准、权利清单的内容以及它们的影响都不尽相同。其中，学者的分类具有明显的主观性，不同的人可能采用不同的分类标准，既然标准不一样，划分的结果也就不一样，而且一些分类还比较抽象，比如积极权利和消极权利、基本权利和非基本权利、可裁判的权利和不可裁判的权利、绝对权利和相对权利、可克减的权利和不可克减的权利、一代二代三代或四代权利等。学者的有些分类可能比较符合人权的实践，有些分类则可能与人权实践有很大距离。学者的权利分类与实践的距离一方面可能表现为对实践的超前，这对实践可能会有积极的指导和促进作用，但另一方面可能表现为对实践的滞后，这对实践往往会有消极的误导和阻碍作用。

与学者的做法相比，国内法，包括宪法、一般法律和专门的人权法案，很少对权利做抽象的分类，而是更注重对具体权利的列举。受政治、经济、文化等多种因素的影响，不同国家的国内法以及同一国家不同时期的国内法规定的人权种类不尽相同，有时候也不够明确。我们都知道，中国《宪法》有一个专门的"国家尊重和保障人权"条款，但并没有明确规定有哪些人权。当然,《宪法》第二章专门规定了公民的基本权利,但这些基本权利等于国家应该尊重和保障的"人权"吗?《宪法》其他部分规定的一些权利,如第一章第13条规定的财产权和继承权、第四章第123条规定的辩护权和第一章第32条规定的外国人的合法权益,是不是也是人权呢? 其他法律规定的一些权利,如《民法通则》《侵权责任法》和很多单行法律法规规定的生命(健康)权,能不能根据宪法的"人权条款"推定为人权呢? 这些都是值得思考的问题。

国内法规定的人权种类的差异性和模糊性的问题在国内政策文件中也有体现。比如说,中国政府制定和发布的两个《国家人权行动计划》把人权分为三大类:第一类是经济、社会和文化权利,包括基本生活水准权利、社会保障权利、健康权利、受教育权利、文化权利、环境权利,第一个行动计划还包括农民权益保障和四川汶川特大地震灾后重建地区人权保障这两个问题;第二类是公民权利与政治权利,包括人身权利、被羁押者的权利、公正审判权利、宗教信仰自由、知情权、参与权、表达权和监督权;第三类是特殊权利主体的权利,包括少数民族、妇女、儿童、残疾人和老年人的权利。这两份政策性文件对人权的分类和列举受到了国内法律和政策、国际人权文件和学者意见等因素的影响,是一个折中的结果,其全面性、适当性是存在疑问的。

学术界、国内法和国内政策文件对人权所做的分类和列举有很大的局限性。相比之下,国际人权文件对人权的规定具有更为广泛的适用范围,尤其是《世界人权宣言》和1966年两个综合性的国际人权公约列举的人权比较全面、系统和权威,得到了比较广泛的接受,其中的两个公约还对世界大多数国家有约束力,可以作为我们选择研究对象和教学主题的主要参照。当然,我们的研究和教学不一定局限于国际人权文件规定的权利,也可以研究或讲授某项国内法规定的权利或应有权利,但涉及的问题和采用的方法会有所不同。

前面我们已经讨论了实体权利的研究和教学的重要性,以及可供选择的研究对象或者教学主题。接下来的问题就是,有这么多的权利,到底要研究或讲授哪一种或哪一些权利呢？尤其是已经有过人权法教学经验的老师，我想听一听你们是怎么解决这个问题的。你们在讲授人权法的时候有没有讲过具体权利？如果讲过，讲的是哪些权利？是出于什么考虑讲的这些权利？如果有老师计划开设人权法课程，有没有准备讲哪些权利，为什么选这些权利？

A 老师：我开的是通选课，所有本科生都可以选。我是按照李步云主编的《人权法学》还有李老师和孙世彦主编的《人权案例选编》的分类讲的，讲一项权利，再讲一个案例。至于哪个权利重要，我觉得生命权重要，因为没有生命，其他权利就没有载体。但是，这个看法也是值得商榷的。因为我们时间少，大概只能讲七八种，选择这七八种是因为它们排在书的前面，我想排在前面的是不是说明它重要一点？如果当时有热点问题，我可能挑一两个换一下。

B 老师：我和这位老师的情况不太一样。我是给法学院的本科生上课，用的是徐显明主编的《人权法原理》，根据该书的安排介绍具体权利，就是自由权、平等权、财产权、生存权和发展权。我当时拿到这个教材的时候，其实并没有考虑清楚它为什么选择了这几项权利来介绍。

班文战：大家有没有注意到，这两位老师的选择似乎有点偶然性或者随机性。教学的对象不一样，课程的性质也不一样，但是选择权利的考虑似乎有共同的地方，就是根据教材来选择。我想了解一下为什么两位老师用了不同的教材，有什么考虑吗？

A 老师：我参加了几次这样的培训班，李老师和孙老师给我们讲过课，以前的研讨会或培训班给我们发了这两本书。我对这两本书比较了解，跟两位老师也比较熟悉，所以用了这两本书。

B 老师：我这个（选择）就更偶然了。因为最开始上人权法原理（这门课）的老师选择了这个教材，我教这门课的时候，教材已经是指定的了。但是，我自己阅读下来，确实对这本书比较欣赏、喜欢，所以就没有考虑更换教材。

班文战：两位老师的学科领域、专业背景是什么？

A 老师：我是学刑法的。

B 老师：我是学宪法和行政法的，也涉及法律人类学和民族法学。

C 老师：我给本科生讲人权法通识课，一共有 8 次课。关于所讲的权利，我会在课堂上和网络上征求学生的意见，看看大家对什么权利比较感兴趣。几年下来，发现大家比较熟悉生命权，而且生命权也是宪法学强调的一个最基本权利，没有生命权，就没有一些其他具体权利的享有。我选取的其他几种权利是受教育权、言论自由、劳动权、选举权、隐私权、知情权。我是这样考虑的，人是从一个生命开始，慢慢地学会了说话，开始接受教育，之后要参加社会工作，而选举是我们政治诉求的一种表达，知情权和隐私权则是近百年来比较新兴的权利，也可以和现在的环境权联系起来讲。课时非常少，所以怎样选择要讲的权利也是我这两年反复思考的问题。

班文战：这位老师讲的同样是通识课，但是在选择权利方面和前面两位老师的考虑因素有一些不同，一是考虑到了学生的兴趣，二是对权利的重要性有一个认识，这个重要性可能是和每一个人的生活有关的。

D 老师：我跟其他几位老师的情况不一样。我们没有单独开设人权法课程，一般是在国际公法中用 4 至 6 个学时讲国际人权法。因为学时比较少，任务比较多，最初是想把两个国际人权公约列出来的一些权利和中国宪法的一些内容联系起来，后来发现美国宪法也有人权的内容。我没有做过多评述，就是把两个宪法做对比，（因为）这两个宪法规定的内容是很不一样的，同学们其实可以直接从这些对比中思考到一些问题。据我当时的观察，我们在讲人权、主权还有教材上的一些公约时，学生的反应不是很积极，但在对比的时候，学生的反应要好一点。在具体权利方面，好像生命权、人身自由权讲得多一点，还会有迁徙自由、工作权等内容，但没有具体展开。学时有限，个人能力也有限，所以也不敢讲得太深入。

班文战：确实，在国际公法这门课里讲具体权利的难度相当大，最主要的困难是时间不够。以前我给本科生讲国际法，会用半天的时间讲国际人权法，但也只能提一下权利的种类。如果比照美国和中国的宪法，这已经进一步了，或者说已经超出了国际公法的范畴。在国际法课上想要全面深入地讲授某一项权利，肯定需要增加上课的时间。

我们看，四位老师选择权利的考虑是不一样的，而且大都有一定的偶然性和随机性。其实，任何一项权利都可以作为我们研究的对象和教学的主题，从这个意义上来说，似乎没有哪个权利是更合适的。但是，我们在做研究和教学的时候，从工作的价值或者效果出发，可能还需要考虑以下四个方面的因素：第一，从权利方面来看，哪些权利更重要，更受到国内或国际社会的关注，存在更大的争议或更严重的问题，更加敏感，等等；第二，从研究者和教师的方面来看，我对哪些权利更感兴趣、更有研究、更加熟悉等；第三，从学生方面来看，学生的层次、专业、知识水平、基础、条件和接受能力如何，对哪些权利有兴趣，在学业和职业方面有哪些需求，等等；第四，从教学条件来看，我们讲的是什么课程，有哪些老师讲授这门课程，有多少教学材料和教学时间，等等。当然，这些因素都要考虑的话，在选择权利的时候就会有很大困难。比如说，关于权利的重要性并没有一个权威的和公认的标准；对于一项重要的权利，研究者或教师本人可能没有兴趣或能力；对于老师认为重要也有研究的权利，学生可能不感兴趣；即便老师愿意教，学生也愿意学，但是没有那么多时间；等等。在这种情况下，我们也可以重点考虑其中的某个或某些因素。比如说，我们人权法学专业的硕士研究生有一门"实体权利专题研究"的学位课，54 个学时，一般会涉及 10 项左右的权利。在确定具体权利的时候主要有两个方面的考虑：一是参照国际人权文件的规定，尽可能涵盖公民、政治、经济、社会和文化权利；二是这门课主要采用学生报告和研讨的方式，每位学生可以自己选择一项权利作为报告的主题。如果在人权法、人权法学、人权原理、国际人权法这类综合性的人权法课程中讲授实体权利，由于时间有限，可以考虑以问题为核心，以权利为样本。也就是说，可以用一次课把我们今天讨论的实体权利的基本问题给同学们做一个比较全面的介绍，再用一两次课，以一两项权利为样本来讨论权利的基本问题，包括这项权利的意义、内容、保障措施和实现状况。如果只讲一次课或者一个讲座，也可以把实体权利的基本问题讲出来。这样，尽管在传授人权知识方面的作用可能是有限的，但在培养人权技能、塑造人权态度和促进人权行动方面的作用依然会是十分有效的。

三、实体权利研究和教学的具体内容

一般来说，一项权利的研究和教学可以涉及这项权利的基础、历史、意义、内容、保障措施和实现状况等多方面的内容。考虑到实体权利这个特定的研究对象和教学主题、相关内容的现实意义和人权教育的应有目的，我在这里向大家简单介绍一下权利的意义、内容和实现状况这三个方面的内容。

第一个内容是一项权利的意义，或者说它的价值、地位、作用、影响和重要性。我认为，一项权利的意义至少体现在以下三个方面：一是对权利主体的影响；二是对义务主体和整个社会的影响；三是对其他权利的影响。这三个方面的影响，包括积极影响和消极影响，需要全面地加以考虑。

人权是人的权利。所以，一项具体人权的意义首先体现为这项权利对权利主体的影响，而这种影响要结合人权的基础，也就是人的属性和需要来认识。前面有两位老师说到自己会讲生命权，认为这项权利很重要，一个原因是有的教材把这项权利列在了前面，另一个原因是这项权利是其他权利的载体或基础。当然，我们还可以按照《公民及政治权利国际公约》第6条的措辞，说生命权是一项天赋的或固有的权利。不过，这些理由或者过于随意，或者比较抽象，恐怕不太容易被理解和接受。我们要想全面、深刻、准确地理解和认识生命权的意义，还需要从规范的层面、理论的层面进一步深入到现实生活的层面，从人的生命的难得、易失、可贵的角度入手，认识自己的生命和所有生命的珍贵，这样才能对生命和生命权产生足够的尊重。如果觉得生命无所谓，不珍惜自己的生命，对别人的生命也可能视如草芥。

如果我们只是从权利主体或者个人的角度来说明一项权利的意义，就可能被认为是个人主义或自私自利。所以，我们还要充分发掘或者发现人权对社会的积极意义。为什么有人对人权问题这么敏感、担心、恐惧？一个很重要的原因是他们不了解人权的精神，不了解人权的内容，

不了解人权的价值，不了解人权的积极作用和影响。当然，并不是说所有权利和行使权利的行为对社会都必然有积极的作用，但是从总体上看，只要我们善用一项权利，正当地行使一项权利，这项权利对社会肯定有积极的促进作用。问题往往是我们误解、曲解或者滥用了权利或自由，而不在于权利或自由本身。因为我们的智慧不足，缺乏同情、关爱、慈悲，我们常常只能看到眼前的和表面的利益，看不到长远的和深刻的影响，有时候有很好的目的和动机，但做事的结果却适得其反。这也说明，人在享有权利的同时，要对社会和他人负有义务或者责任。我们不适当的言论和行为不仅会伤害他人，也会伤害我们自己，所以国际人权文件和国内法都会对一些权利的行使规定一些限制。人权是伟大的名词，但并不是说人权就没有任何值得警惕的地方。现在我们要做的，是在认识权利的不当行使或滥用可能造成危害的前提之下，充分地认识权利的积极影响。比如，现在党和政府十分强调国家主权、领土完整、民族团结、稳定、发展、和谐等。社会上为什么会出现这么多的问题？原因很多，其中一个很重要的原因就是不知人权、蔑视人权和否定人权。现在有一种说法是"维权就是维稳"，如果想要真正维护稳定，必须要真正地维护个人权利。从社会发展的角度来看，如果个人权利不能得到充分的尊重和保障，有时候可能会出现一些所谓的社会发展现象，但这肯定不是一个长久之计。为了经济增长和社会稳定而侵犯个人权利，以损害人权作为经济增长和社会稳定的代价，不可能实现持续的发展，也不可能保持长久的稳定。所以，尊重和保障人权与和谐、稳定、发展是相互促进的，这不光是主观的理论，更是客观的现实。

关于一项权利对其他权利的影响，可以结合有关权利的内容和在现实生活中的影响来认识。在这方面的一个基本准则，按照《维也纳宣言和行动纲领》第一部分第五段的表述就是："一切人权均为普遍、不可分割、相互依存、相互联系。"也就是说，任何一项权利都有它的价值，各项权利之间都有密切的联系，相互依存，相互影响。有老师刚刚说到，如果没有生命，其他权利就没有载体，或者没有意义了。其实，反过来也是如此：如果免受酷刑权、人身自由权、公正审判权等权利不能得到充分尊重和保障的话，生命随时也会处在危险当中，即便是健康权、适当生活水准权、社会保障权、受教育权和工作权对生命也都有直接和重要的影响。我们可以做一个比喻，比如说，人是由物质和精神两大部分构成的，缺少了任何一个部分，这个人都不是完整的。所以，所有的权利都是一个整体，我们看一项权利的意义的时候，不能只从它本身孤立地看，而是要把它和其他权利结合起来看。

实体权利的研究与教学的第二个方面的内容是一项权利具体的内容和含义，这涉及权利主体可以对社会、他人提出哪些要求，有权做什么或不做什么，或者有权要求其他社会成员做什么或不做什么。在这方面，有三个值得注意的问题：一是许多权利有一定的限度或边界，特别是迁徙自由，表达自由，思想、良心、宗教或信仰自由，结社自由和和平集会权等权利，不少国际人权公约都专门规定了这些权利行使的限制问题，也就是这里所说的权利的限度或边界问题，这个问题在实践中经常体现为不同权利之间和不同权利主体之间的冲突；二是特定主体可能有特定的要求，比如说，适当生活水准权包括住房、食物和衣着，在满足基本需求的情况下，不同年龄、体质、健康或信仰的人在这些方面还是可以有不同要求的；三是每项权利都对应于相应的义务，或者说，一项权利的内容往往会通过相应的义务的内容体现出来，换句话说，了解有关义务的内容会有助于理解相对应的权利的内容。

实体权利研究和教学的第三个方面的内容是权利的实现状况。我们研究一项权利，除了看它的重要性和内容之外，还要考察它实际得到尊重、保障和实现的情况。对于这个问题，既可以从一般的角度，看一项权利在某个国家某个时期的实现情况，也可以从具体的角度，通过个案，看某一类权利主体的某项权利的实现情况。在这方面，还有两个值得注意的问题：一是权利实现的地区和个体差异，二是权利实现的多元影响因素。比如说，国际人权公约规定了很多权利，很多国家的宪法都规定了同样的权利，但这些权利在不同国家和地区的实现情况是不一样的。从我国国内的情况来看，即便宪法规定的各项公民基本权利在不同地区、不同权利主体那里实现的情况也不一样。世界各国长期存在各种程度、各种形式的人权问题，原因是非常复杂的：有历史原因，也有现实原因；有法律原因，也有政治、经济、文化和其他原因；有客观原因，也有主观原因；有国家和社会的原因，也有个人的原因。这需要全面、深入地思考和分析。

四、实体权利研究和教学的方法

实体权利的研究方法主要涉及材料的获取和分析。在材料获取方面，我们需要注意两个问题：一是要了解材料的种类和来源，二是要鉴别材料的质量、性质和作用。我们研究一项权利，需要知道有哪些不同种类的材料，这些材料可以从哪些方面去发现和获取。孙世彦老师之前给大家讲了人权法网上资料的获取，除网上的资料之外，还有各种书面资料。各位老师可以参考给大家印发的《人权研究方法与论文写作课程大纲》中的"人权研究的资料"部分。大家还可以看一下《实体权利专题研究课程大纲》，这个大纲在每一个专题后面都列有参考文献，综合来看大约有十类，包括国际法律文件、国内法律文件、国内政策文件、条约机构的意见、联合国出版物、中英文著作、中英文文章和网站。这么多的材料哪个可靠、哪个权威、哪个准确、哪个能够比较放心地使用，都需要做一个区分。孙老师提到要特别重视第一手的、原始的资料，我也有同感。我们在做研究和教学的时候，学者的学说最多只能作为一个参考，因为学说毕竟是没有约束力的。

我们获取了材料，也确定了优先使用的一些材料，那怎么分析这些材料呢？这里就有一个分析的标准和方法的问题。根据什么来分析？是根据哪个国家、哪个时代、哪个学者的学说？还是根据我们的政策文件、根据我们的国内法？还是根据外国的国内法？还是根据国际人权文件？我们知道，不论是国内法还是国际法，关于人权的法律规范都在不断地变化和发展，不同国家之间的法律是有差别的，国际法和国内法是有差别的，甚至联合国的公约和一些区域公约也是有差别的。即便某一个特定法律规范本身是客观的，也会有出于各种目的和动机的、适用不同标准的不同理解和解释。在某项权利的内容方面，学说、政策和法律有一致的地方，也有不一致的地方，应该以哪个为准，可能要区分一下情况，要考虑一下特定的研究语境或背景。比如说，如果我们要分析中国法律规定的言论、出版、集会、结社、游行、示威权的内容，那肯定要以中国的国内法为准，肯定不能以美国的法律为准，也不能以国际文件为准。但是，如果要分析国际人权公约规定的表达自由的内容是什么，那肯定就要看公约的规定，要看人权事务委员会的一般性意见和对个人来文的意见。如果从一般意义上分析一项权利的内容，在全面考虑学说、国内法和国际文件的基础上，还是应该以国际人权文件为标准，至少在这项权利的规范性内容方面，应该特别强调国际人权公约这种有约束力的国际人权文件的作用。

有一种重要的基础性的分析方法是条约解释。比如说，关于生命权的内容，《公民及政治权利国际公约》第 6 条规定，人人有固有的生命权，这项权利不得被任意剥夺并应受法律保护。这里说的"人人"包括不包括胎儿、克隆人呢？"生命"从什么时候开始算起、到什么时候结束呢？什么样的剥夺生命的行为是"任意"剥夺？这些问题都需要通过解释条约来解决，而解释条约就需要掌握和运用条约解释的规则，这就涉及一个非常专业、非常复杂的问题。我特别希望各位老师能够把条约解释的规则弄清楚，否则就很难准确分析一项权利的内容。关于条约解释的规则，《维也纳条约法公约》有专门规定。有人认为，国际人权公约和一般的条约不一样，不能完全适用《维也纳条约法公约》规定的解释规则。我认为，《维也纳条约法公约》规定的条约解释的一般规则有很大的灵活性，在充分考虑国际人权公约的特殊情况的基础上，是完全可以用来解释国际人权公约的。实际上，有的国际人权公约对本条约的解释作了原则性的规定，联合国条约机构在发表一般性意见和审议个人来文的过程中也有大量的解释人权公约的实践，这些规定和实践对国际人权公约的解释具有重要的约束或指导作用。结合《维也纳条约法公约》的相关规定、国际人权公约的相关规定和条约机构的相关实践，可以认为，解释国际人权公约的一项基本原则就是最大限度地尊重和保障个人权利。这项基本原则主要有三点要求：第一是禁止破坏性的解释，例如《公民及政治权利国际公约》和《经济社会文化权利国际公约》都规定，公约条文不得被解释为国家、团体或个人有权从事旨在破坏公约确认的任何权利或自由的活动或行为；第二是对权利的范围和内容做尽可能广泛的、联系的和发展的解释；第三是对国家的限制权做尽可能严格的解释。

联合国条约机构的一般性意见和关于个人来文的意见里面有很多解释国际人权公约的具体例证，这里可以举两个例子：一个是《公民及政治权利国际公约》第 9 条的解释，另一个是《经济社会文化权利国际公约》第 11 条的解释。《公民及政治权利国际公约》中文作准本第 9 条第 1 款规定："任何人不得无理予以逮捕或拘禁"（中文流通本的用语是"任何人不得加以任意逮捕或拘禁"）。从这句话的字面意思来看，权利主体是"任何人"，权利内容是不被无理或任意逮捕或拘禁。"任何人"很容易理解，问题的关键在于什么是"逮捕"或"拘禁"，什么是"无理"或"任意"。按照中国法律的规定，逮捕是公安机关根据检察机关的批准或者检察机关或审判机关的决定，对特定情形的犯罪嫌疑人或被告人采取的限制人身自由的强制措施，拘禁则包括审判开始之前的羁押措施和在判决作出之后的执行刑罚的措施。但是，按照人权事务委员会的理解，精神病人的强制医疗、收容审查、强制戒毒、劳动改造、劳动教养都属于"拘禁"的范畴，这种解释显然符合上面所说的国际人权公约解释的基本原则和具体要求，特别是关于权利范围的广泛解释和关于国家权力的严格解释的要求。

《经济社会文化权利国际公约》中文作准本第 11 条第 1 款规定："缔约国确认人人有权享受其本人及家属所需之适当生活程度，包括适当之衣食住及不断改善之生活环境。"这里至少有两个问题：一是权利主体，二是权利客体。关于前者，中文作准本中的措辞是"人人""其本人及家属"，其中，"其本人及家属"在英文作准本中的对应措辞是"himself and his family"，那这里的"人人"指的是所有的户主还是所有的男性户主呢？关于后者，"包括"（"including"）后面的"衣食住"是不是对权利内容的全面列举呢？经济、社会和文化权利委员会 1991 年发表的第 4 号一般性意见指出，"himself and his family"这个提法反映了公约通过时普遍接受的关于性别作用和经济活动模式的设想，而今天这一短语不应被理解为对一些个人或户主为女性的家庭或其他类似群体的权利的适用性含有任何限制。该委员会 2002 年发表的第 15 号一般性意见还指出，公约第 11 条第 1 款没有讲到水权，但水权明显属于实现相当生活水准的必要保障之一，而且"包括"一词表明所提到的权利并非全部。此外，水权与住房权、食物权、健康权、生命权、尊严权、免受酷刑权等权利都有密切联系，需要从多种角度理解水权的要求。委员会的这些解释同样体现了上面所说的国际人权公约解释的基本原则和具体要求，特别是关于权利范围和内容的广泛、发展和联系的解释要求。

最后再给大家简单介绍一下实体权利教学的方法。我们选定了一项或几项权利，在教学的时候首先要遵循人权法教学或人权教育的一般原则。我之前提到了关于人权教育的六项指导原则，其中前四项都和我们从事人权法教学特别是实体权利的教学有关，包括教学态度、教学环境、学生作用和参与、实验式教学法。这里给大家简要介绍一下中国政法大学人权法学专业硕士研究生"实体权利专题研究"课程的教学方法。这门课是人权法学专业硕士研究生的一门学位专业课，从开始设立到现在一直采用研讨的方法。第一次课上，我会向学生说明实体权利研究的对象、作用、角度、方法、资料、教学模式和对学生的要求，然后请每个学生任选一项权利，利用课下时间寻找材料、进行研究并制作课件。如果学生人数不多，我会用几次课为学生"示范"研究和报告的内容和方法。在学生报告和交流的课程上，每个学生大约有两到三个小时的时间，报告自己的研究过程、方法和内容，并总结研究的收获和不足之处。报告之后，其他学生轮流对报告的形式和内容进行评论，提出问题和改进建议，并与报告人就有关问题进行讨论和交流。最后，我会在学生评论和交流的基础上，对报告在形式和内容方面的优点和不足做全面总结，启发报告人认识自己在工作态度和方法等方面存在的问题，提出改进建议，并对学生讨论和交流中没有解决的比较重要的问题作出说明。这种方法可以训练和培养学生研究、表达、沟通和相互学习等多方面的能力，也可以帮助学生对有关权利有一个比较全面的了解，在一定程度上也有助于促进学生的参与。当然，这种方法比较适合于人数较少的研究生课程。如果给本科生上课，或者学生人数很多，可以采用小组工作的办法，由若干学生组成一组，选择一项权利去做研究和报告，再由老师组织点评。

此外，可能很多老师都关心如何在讲课中提高学生的兴趣、引起学生的重视、促使学生的参与，我觉得这要有一个前提，就是我们自己要对这项权利感兴趣，我们自己要对这项权利很重视。另外，还需要处理好六个关系。

第一个是理论和实践的关系。我们在讲授一项权利的时候，不能只局限在理论层面，一定要和实践结合起来，既有国内的实践，也有国际的实践，既有全局性的实践，也有个案的实践，这样可能就会引起学生的关注。

第二个是政治和法律的关系。在人权问题上，政府方面往往强调人权的政治因素，有些学者也主要是从政治的角度去研究。一说到政治，特别是国际政治，可能有的学生就不感兴趣。我们在讲授一项权利的时候，需要把政治问题和法律问题结合起来，既要看到政治因素对相关法律和这项人权的确认和实现状况的影响，又要强调这项人权和相关法律对政治行为的约束作用，以避免使人权教育成为政治教育。

第三个是国际和国内的关系。现在有一种倾向是特别强调人权的国际斗争、交流与合作。有人会说，人权问题就是国家与国家之间的问题。其实，国际层面的人权问题只是人权问题的一个部分，不是全部，更多、更现实、更容易引发学生兴趣的问题还是国内问题。讲授国际人权法的老师，特别是有国际法背景的老师，往往容易停留在国际规范和国际机制这个层面，从而脱离了国内现实生活。国际人权规范和机制虽然很重要，但如果不和我们国内的问题结合起来，它的意义就不是很大。因此，一定要把国际标准落实到国内，用它来衡量、判断、指导我们国内的实践。

第四个是国家和个人的关系。在人权研究、教学和实践中，还有一种倾向是过于强调公权力的人权义务，忽视私主体的人权义务。有学者主张，人权只是国家与个人之间的问题，只涉及国家与个人之间的权利义务关系。我个人持一个相反的观点：每个人都有自己的权利，不论谁侵犯这个权利，侵犯的都是人权，只是责任形式可能不一样。如果说人权只是国家与个人的关系，可能会给人一种错误的印象，认为个人侵犯他人权利的行为不是对人权的侵犯。

第五个是现实和理想的关系。我们在讲课中可能会遇到学生提问：国际人权公约规定得很好，我们宪法规定得也很好，但是现实状况怎么会是这样？特别是在西部的和民族地区的高校，民族问题和宗教问题很敏感，不好讲。怎么处理这个关系？我想，对于现实问题不应该回避，只不过没有必要那么公开、激烈地去批评。我们知道，充分尊重和保障人权是一个目标，我们现在所做的工作就是为了发现现实生活中的不足，然后能够找到更好的解决问题的方法。只要我们是客观地分析和指出不足，认真地探讨和交流适当的改进办法，应该是没有问题的。

最后一个是学习和生活的关系。对学生来说是学习和生活的关系，对我们老师来说就是研究、教学和生活的关系。我的意思是说，要充分认识人权与每一个研究者、教育者和学习者的生活之间的联系。这种联系本身是客观存在的，只不过我们平常不会注意或者不会强调这种联系。也就是说，人权和我们每个人的生命、生活息息相关。如果我们能够有这样的意识，我们在传授知识、培养技能、塑造态度、促成行动方面就可能会有动力，就可能会有兴趣。所以，我们要特别注意日常生活中的人权问题。现在政府和学界有一些说法，认为政治问题不是人权问题，法律问题不是人权问题，司法主权问题不是人权问题，反恐问题不是人权问题，个人之间的权利问题不是人权问题，等等。如果这些问题都不是人权问题，那什么问题才是人权问题呢？1958 年，《世界人权宣言》的起草者之一、美国的罗斯福夫人提出过一个十分耐人寻味的问题：普遍的权利究竟在什么地方？她说："就在任何地图上都看不到的每个家庭周围的小地方。这些地方是每个人的世界，是每个人居住的社区、读书的学校、工作的工厂、农场或办公室。在这些地方，每个男人、女人和孩子都在寻求平等的正义、平等的机会和平等的尊严，都在争取不受歧视。这些权利如果在这些地方没有意义，那在任何地方都不会有什么意义。如果有关的公民行动不能在这些地方维护这些权利，我们就不能指望在更大的社会领域取得进步。"我们在这里可以看到，人权绝不仅仅是国家之间的问题，也绝不仅仅是理论上的、书本上的问题。

由此进一步引出的一个问题就是人权法或人权研究和教学的视角、路径和目标。人权法或人权涉及几个不同层面的问题，最表层是"法"的问题，中间一层是"权"的问题，但最核心、最根本的还是"人"的问题。"法"既包括国内法，也包括国际法；"权"不仅涉及法律，还涉及道德，而道德又与伦理、哲学、宗教有关；而"人"最终需要从本质上、本性上去认识。所以，人权法的研究或教学不仅仅是法学的专属领域，哲学、社会学、政治学甚至一些自然科学领域也都需要关注人权问题，对人性的认识还要深入宗教或者信仰这个层面。法是当代社会中不可缺少的，但只有法是不够的。或者说，现代法治除了讲形式上的法律制度之外，还特别强调法的价值、精神、理念，而法的价值、精神和理念主要基于对人性或者自然法则或规律的认识和体验。所以，我们从事人权法的研究或教学，不应该只停留在人权的层面。当然，相对于现有的法学研究和教育来说，从人权的角度开展研究和教学已经是一个很大的超越和提升。但是，人权本身还是有局限的。我认为，我们一方面要深入人权，同时还要超越人权，就是要从人权进入人道或者人性的层面。这样一来，我们所做的就不再仅仅是一个单纯的教学工作或者研究工作，而是我们生活的一部分、人生的一部分，这也是我希望并愿意与各位老师交流和分享的一个想法。

第六部分
特定主体的人权保障

妇女人权的法律保护[1]

夏吟兰

我讲授的妇女人权实际上是人权法中非常小的一个分支。虽然这个分支非常小，但是它所保护的人群并不小。当我们说到妇女人权的时候，其实有广义的和狭义的概念。通常讲到妇女，一般人的概念就是"广场舞大妈"，至少40岁以上才能算妇女。事实上，我说的"妇女"是一个广义的概念，包括女童、女青年、中年妇女，当然更包括老年妇女。当我们说妇女人权保护的时候，其实是对人类人口的一半的保护，这实际上是相当大的一个人群。应该说，对这一个课题的研究，包括在大家的教学中加入妇女人权的部分，我认为是非常必要的。

一、妇女人权的概念和意义

妇女人权是指妇女作为人应当享有的权利，是妇女基于人的固有的资格和身份所享有的不可分割的、不可剥夺的和不可侵犯的权利，它的来源、根源当然是妇女的尊严和价值。妇女既然是人的一部分，她最为重要的权利其实还是一般的人权。我认为，妇女如果能够享受到那些一般人权，实际上大部分权利就实现了。公民应当享有的权利，我们作为妇女当然应当享有，包括选举权、被选举权、生命权、健康权、工作权、财产权、劳动保护权、同工同酬权、教育权、健康权、发展权等，我就不逐一列举了。一般人权当然是普通人权中不可分割、不可剥夺的

---

〔1〕 本文是中国政法大学人权研究院夏吟兰教授2014年8月21日在"2014年中国高校教师人权法教学研讨会"上所做的专题讲座，由朱海整理、夏吟兰审定、班文战校对。

一个组成部分，是人之为人的基本权利。妇女的特殊人权是因为女性的特殊的生理条件和承担着人类再生产的使命而产生的特殊权利，这个权利的主体只能是妇女，通常指的是跟生育有关的权利，生殖健康权、生育权以及妇女经期、孕期、哺乳期、产期的四期保护等。这些特殊的人权恰恰体现了女性对社会的贡献。人类的生产只有两个方面：一个是物质资料的生产，再一个就是人类自身的再生产。人口繁育是人类社会生存、发展的必要条件，直到今天，我们没有找到更好的不通过人类自身繁育的再生产方式，人工生殖技术最终也要通过女性生育这个方式来实现。所以，保护妇女的特殊人权就是保护人类自己，这一点是大家应当充分认识到的。我们也应当特别关注妇女在人类自身再生产中的价值以及补偿问题。

在人类历史上，妇女曾经在相当长的时期处于完全无权的地位。在整个父权制社会，无论是生命权、健康权、财产权、人格权，甚至姓名权、住所权，妇女都是没有的。从中国传统文化与伦理道德要求的"在家从父、既嫁从夫、夫死从子"这"三从"来看，女性有权利吗？当然没有。有没有人知道，在人类历史上第一个妇女享有选举权的是哪个国家？新西兰。我们再看法国的妇女是从什么时代开始享有权利，在什么情况下才获得了与男性基本平等的权利：1944 年，法国妇女在建国 150 年后获得了选举权；1970 年，法国妇女才获得了同工同酬的权利；1975 年，法国颁布了《男女同校教育法》，法国妇女才可以和男子接受同等的教育；1985 年，法国妇女在家庭财产管理和抚养子女方面才获得了与丈夫平等的权利。法国在世界上应该是人权理论发展较早的一个国家，法国的 1789 年《人权与公民权利宣言》是启蒙时代人权运动的里程碑，有许多关于人权的启蒙思想家在法国产生，但是我们必须看到，它的妇女人权的状况曾经相当落后，直到建国 150 年以后才逐渐实现男女平等。那么，中国妇女从什么时候才获得和男子同等的选举权？可以说，中国妇女地位发生翻天覆地的变化始自 1949 年中华人民共和国成立。自此以后，国家就通过一系列立法，用法律的形式确立妇女享有与男性平等的权利。1949 年，中国人民政治协商会议第一届全体会议通过的具有临时宪法性质的《中国人民政治协商会议共同纲领》确立了男女平等原则，明确规定了妇女在政治生活等各方面均有与男子平等的权利。我认为，中国妇女的解放是革命式的，是自上而下的。中华人民共和国成立之后，彻底抛弃、废除了国民党六法全书，然后建立了自己的法律，中国妇女人权据此有了一个非常大的、飞速的发展。无论它过去和现在有什么样的问题，但是它毕竟产生了翻天覆地的变化，这一点必须承认。实际上，1950 年《婚姻法》当时在世界上是非常先进的，中国妇女在 1950 年就享有了独立的姓名权、对夫妻共同财产的管理权、对子女的抚养教育权等，比法国民法典早了 30 多年。1953 年《选举法》和 1954 年《宪法》均明确规定，妇女有同男子平等的选举权和被选举权。

从人权角度来看，有关妇女人权的研究和法律保护也就是近几十年的事。从这个意义上来讲，研究妇女人权具有非常重要的意义。在我们的工作甚至生活中，当然也包括教学中，应当认识到妇女人权是人权的重要组成部分，是普遍人权当中不可分割、不可剥夺的重要组成部分，也是国际人权法和国内人权法规范的重要组成部分。从《消除对妇女一切形式歧视公约》（简称《消歧公约》）开始，有关妇女人权的国际文件不断出现。1995 年，在北京召开的第四次世界妇女大会通过了两个重要文件：一个是《行动纲领》，一个是《北京宣言》。这两个文件都对妇女人权必须要实现平等的那些领域做出了非常好的、长远的规划和目标。

我们研究妇女人权，必须明确目前妇女的人权状况远远劣于男性。实践中，无论是中国的女性还是世界的女性，仍然是处于比男性地位更低这样一个现实状况。了解这些状况、理解这些状况、认识这些状况，我们需要研究历史、文化、宗教、观念、习俗、政策以及特别是法律中性别歧视的成因，来建构有利于消除性别歧视、实现男女平等的社会环境、政策与法律。从这个角度来讲，全世界都有一个基本的共识，就是妇女人权状况是反映社会文明程度的标志。现在大多数人都认为北欧国家是人权状况最好的国家，其重要的标志之一是男女平权。我们也去过几次北欧国家,真正从内心感受到,在工作上、在家庭中、在社会生活上,男女几乎是完全平等的。我们去公园或者某个景点,或者在大街上,会看到很多男性推着婴儿车、背着孩子、给孩子喂奶。这些国家不是根据性别来决定谁来抚养孩子、谁在家从事家务劳动,而是完全根据能力来进行家庭分工。如果女性能力强,那女性就在外工作,男性可能更多地在家里从事家务劳动、带孩子;反过来,如果男性能力强,男性就在外工作,女性就更多地在家里从事家务劳动、带孩子。在北欧国家,基本上消灭了抚养孩子、从事家务劳动就必须由女人承担的这种传统观念。

二、妇女人权的主要理论

对此我主要从两个方面介绍:一个是女权主义,一个是社会性别。

女权主义流派特别多,每一个派别都有自己的说法,很难真正把它统一起来。从理论上分,主要有女权主义理论和女权主义实践,也就是说,有一派是强调理论的,有一派是强调实践的。女权主义理论强调两性平等,强调对女性的价值要给予肯定,并且致力于对性别差异和不平等的根源、结果以及解决途径进行理论解说,也就是说,它强调从理论上解释为什么男女不平等、我们要做什么、我们应当怎么做。女权主义实践主要是从事争取妇女解放的社会运动,通过这些运动和行动来消灭性别歧视,结束对妇女的压迫,它是行动派,更注重行动。

女权主义主要分为以下四个流派:自由主义的女权主义、现实主义的女权主义、激进主义的女权主义和后现代女权主义。自由主义的女权主义主张,妇女应当在现行的体制内,通过个人之间的公平竞争,获得与男性平等的法律地位与社会地位。也就是说,它要在现有的体制下通过竞争来实现这个目标,所以它致力于争取男女之间的平等权利,反对所有歧视妇女的法律。特别重要的是,它反对把女性视为弱者,这是它一个特别重要的标志,就是说女性不是弱者,女性不需要特别的保护,也不需要给予女性什么特殊的待遇,它认为女性和男性应该站在同一起跑线上,靠自己的能力、努力来实现和男性的平等。所以,在自由主义的女权主义理论指导下,大部分西方国家的妇女权益保护法都是采用机会平等法、男女平权法、性别平权法，强调的是平等而不是保护。现实主义女权主义，也有人把它叫做社会主义女权主义，它的理论前提就是承认妇女是弱势群体，并且认为妇女所处的不利地位不是单个妇女的过错，而是由于社会制度的不平等造成的，它在具体策略上是强调要为妇女争取保护性的立法，要对妇女实行一些特殊的保护措施，所以它更强调的是平等，包括形式上的平等和结果上的平等，而不是公正，认为可以通过一些补偿机制来实现平等。为什么？因为女性在历史上、现实中获取资源、接受教育都处于不利地位，甚至社会对她们的认知都具有偏颇，所以要通过一些特殊的保护来最终实现平等。同时，现实主义的女权主义也非常注重妇女在家庭生活中付出的无酬劳动，认为这也是使妇女沦为二等公民或者第二性的重要原因，因此强调为妇女争取家务劳动的社会补偿。近20年，现实主义的女权主义越来越被国际社会所认可。我们看1995年世界妇女大会通过的《行动纲领》和《北京宣言》，它们在目标的设定中，非常重要的就是要给女性一些特殊的保护，通过这些特殊的保护措施和特别的待遇来纠正曾经的男女不平等，实现男女两性实质上的平等。激进主义女权主义的主要倾向在于强调妇女在生理上的一些特殊性，特别强调女性的生育对于人类的贡献，而且认为女性的这些生理特征是具有优越性的，只有按照女性的特质，才能建造一种更和平、更自然、更和谐的社会秩序。也就是说，可能女性天然地更热爱和平，更具有同情心，更善于和他人沟通，而这些恰恰是21世纪乃至于22世纪人类所需要的一些特质。所以，激进主义女权主义是希望用"她世界"取代"他世界"。后现代女权主义更多的是解构，它要解构所有的理论。它的目标不是要在现行的体制中争取男女平权，也不是要把现行的体制改造过来，而是要在消解现行的两性观念、解构现行的两性理论基础之上建立女性主义的话语体系。我们常讲，直到今天，我们所有的法律其实是父权制的法律体系，是逐渐沿用下来的，虽然经过不断的革命，但必须承认，这一套体系是建立在曾经的父权制下，主流的话语权是父权主义建构的。所以，后现代女权主义是想建立一套女性主义的话语体系，并且最终建构一套女性主义的法律制度。当然，就我个人而言，我还是比较推崇现实主义女权主义的。但是，现在在西方，后现代女权主义也是一个非常受重视的理论体系。

社会性别理论强调人类的性别具有双重属性，既有生物属性也有社会属性。生物属性指的就是解剖学意义上的男女，两性差异主要表现在染色体、性腺、性激素、解剖构造、生理机能、身体形态、运动机能等方面。在现代，染色体测量成为判定性别的主要方法。现在通过对染色体、基因的测试，我们能够很快地鉴定人的性别。从生物属性上讲，男女就是不同，这一点毫无疑问。但是，社会属性是一个在日常生活中用于确定某人性别的文化概念，是通过各种与性别无关的符号如衣服、装饰、形体来确定某人性别的。比如说，我在讲台上看某人是男性还是女性，肯定看的是外表。通常意义上，留短头发的、身材比较高大的、强壮的是男性，而且穿的衣服肯定和女的不一样。在我们汉族的文化中，女性是穿裙子的，颜色会鲜艳一点儿，相对来讲，男性就会穿得不那么鲜艳，而且肯定不能穿裙子，这就是文化确定了男性和女性的区别。这样一种文化，实际上是人们认识到的男性和女性之间存在的社会差异和社会关系，它是指在一个特定社会中，由社会形成的男性或女性的群体特征、角色、活动和责任，而这些差异和关系实际上是由文化来决定的。法国文学家和思想家波伏娃在《第二性》这本书中有一句名言："女人不是天生的，是后天形成的。"这个"不是天生的"指的是社会性别。毫无疑问，生理性别就是天生的，染色体就是不一样，但是社会性别不是天生的，是后天形成的。也就是说，人是社会模式的再现。所有的人一定生活在文化中，而且这个文化决定了自身对社会的认识，及其要在这个社会中生存的那些规则。所以，社会角色期待以及性别的认同共同导致了两性间权利的不平等，这种文化是人从生下来就存在的。社会性别的观念、社会性别的角色、社会性别的期待、社会性别的意识，它是一个社会化的过程。我们现在常说"女汉子"，就是说不像传统意义上的女人，有特别坚强的一面，能做和男性同样的事情。我们说男性有点"娘娘腔"，就是说他不是传统意义上的男性。这些恰恰是社会给予的性别的期待，而这个期待是文化决定的，是一个受教育的过程，这个教育既是家庭的教育，也是社会的教育，也是学校的教育。所以，性别社会化是通过把性别规范内化，变成社会的性别秩序，当某人不遵守这个秩序的时候，就是异化的，就会被别人看不起，或者被别人觉得很奇怪。当然，这个过程特别漫长，要改变这种父权制的文化，在某种意义上是革男性的命，从男性手里夺权。因为从历史上看，进入有阶级社会以来，人类的文化是男性决定的，人类的法律是男性制定的，人类的制度也是男性制定的，所以说，要刻意改变这个制度，变成一个完全平等的制度，要改变旧的秩序，必然会受到阻碍，受到质疑，这是漫长的过程，是痛苦的，是需要持续不断、坚忍不拔的努力的。

当越来越多的人认同社会性别观念的时候，就在世界范围内开始了社会性别主流化这样一个运动。1997 年，联合国经社理事会通过了一个决议，给"社会性别主流化"下了一个定义："（社会性别主流化）是指在各个领域和各个层面上评估所有有计划的行动（包括立法、政策、方案）对男女双方的不同含义。作为一种策略方法，它使男女双方的关注和经验成为设计、实施、监督和评判政治、经济和社会领域所有政策方案的有机组成部分，从而使男女双方受益均等，不再有不平等发生。纳入主流的最终目标是实现男女平等。"这段话的意思是说，我们在制定政策、制定法律、制定计划的时候，必须要考虑女性的经历、女性的关注，而不仅仅是从男性的经历和男性的关注来考虑这个问题，不能说这样规定有利于社会的发展，而不考虑到女性的付出。当女性为了社会的发展必须付出的时候，政策和法律的制定者必须考虑如何评估女性做出的贡献，以及怎样对这个贡献进行补偿。大家有没有考虑到一个政策可能对女性产生的影响？比如我国最近实行的放开生育二胎政策。当国家放开生二胎的政策时，政府的考量是生育二胎有利于社会的发展，中国已经进入老龄化社会：2012 年，我国老年人口总量为 1.17 亿人，占全部人口的 8.7%，高于世界平均数值 0.9 个百分点，老年人口总量超过美国、日本和俄罗斯三个国家人口之和的近 30%。我国老年人口规模不断扩大的同时，老龄化速度加快，国家必须通过改变生育政策、生育结构来推动社会的发展。但是，我们有没有想到过生二胎对于女性可能造成的影响？生育两个孩子，要有怀孕的时间、哺乳的期间、养育的时间，第一个孩子稍微大一点才能生第二个，需要女性在将近十年里把时间和精力主要关注在家庭和孩子上。一定要注意，女性的生育不单单是为了家庭，更不是为了女性自己，女性生育是为社会奉献的。我们出台允许生育二胎政策和法律的时候有没有想过，要不要给予女性补偿？要不要给予家庭补偿？女性所付出的代价该由谁来负责？难道就她自己负责吗？难道就她的家庭负责吗？我觉得制定这些政策没错，但是后续的东西必须跟上，否则现在有很多女性不愿意生育，一个都不生。当社会承认孩子不仅是父母的孩子、家庭的孩子，还是国家的孩子时，国家要制定怎样的政策才能有利于女性发展，也就是说，当妇女为国家做出贡献时，国家应当制定什么措施，能够最终达到男女两性平等的目标，这是国家应当考虑的。

三、《消歧公约》的主要原则和理念

《消歧公约》是1979年联大通过的，全称是《消除对妇女一切形式歧视公约》，它是迄今妇女领域最全面、最重要的一项国际文书，被称为国际妇女权利宪章，是联合国妇女十年（1976—1985年）的重大成果，应该说是联合国保护妇女权利的一个里程碑。我们国家在1980年7月第二次世界妇女大会期间签署了这个公约，是这个公约第一批签署国。这个公约在世界上的影响非常大，到2014年3月已经有187个缔约国。

《消歧公约》一共30条，是个纲领性文件、宪法性文件。它的条目不是太多，但是规定了三个非常重要的原则：非歧视原则、实质平等原则和国际义务原则，这些原则成为后来所有保护妇女人权的国际文件以及许多国内立法的重要依据。关于对妇女的歧视的含义，《消歧公约》作了一个明确的规定，是指"基于性别而做的任何区别、排斥或者限制，其影响或其目的均足以妨碍或否认妇女，不论已婚未婚，在男女平等的基础上认识、享有或行使在政治、经济、社会、文化、公民或其他任何方面的人权和基本自由"。实际上，对妇女的歧视就是基于性别所做的任何区别对待。

歧视是一个普遍的社会现象。在所有的社会、所有的国家，歧视都同样存在，有直接歧视和间接歧视，有形式上的歧视和实质上的歧视，有显性的歧视和隐性的歧视，各种歧视都存在。而且，随着反歧视的认识越深入，人们对歧视的形式和本质的认识也越深刻。今天，我们主要讨论公约重点提到的四种类型的歧视，就是直接歧视、间接歧视、交叉性歧视和制度性歧视。

直接歧视是指在相同情况下某人因为性别而曾受到或将受到不利的对待，完全是因为性别的原因受到不利的对待。2012 年，北京海淀法院受理了全国第一例就业歧视的案件。一个在北京上大学的女孩子毕业之后找工作，从网上看到某教育机构招一个行政助理，尽管该职位提到了仅限男性，但是这个女孩子认为行政助理的职位适合自己，仍然填表报名想试试，交了简历之后一直没有回音，再找那个网页，发现仅限男性的要求被删除了。这个女孩子就给招工的打了个电话，并同时录音。接电话的说：我们招行政助理只要男的不要女的，所以就没给你回音。她有了这个证据，然后就起诉到法院了。法院把我们几个专家找去讨论到底能不能受理这个案件，最后大家讨论的结论是应当受理。但是没有就业歧视这个案由怎么办呢？就按侵犯人格权受理。最终这个案子是和解处理的。因为有录音证据，该教育机构也认识到问题的严重性，同意给予受害人 3 万元赔偿。应该说这个案子的结果还是很不错的，对侵权一方、对社会都是一次很好的男女平权的教育。

间接歧视是指明显中立的规定、标准使某一性别的人较之另一性别的人处于特定的不利状态。除非能够证明这个规定、标准在客观上有合法目的，而且达到目的的手段是正当和必需的，使某一性别的人较之另一性别的人处于特定的不利状态都属于间接歧视。其实，间接歧视是更普遍存在的。我举一个例子：欧洲法院在一个关于排除兼职人员的退休金计划的案件中确立了间接歧视的标准，之后欧洲各国开始都适用这个标准。欧洲法院的判决认为，排除兼职人员虽然表面上没有对男女两性做区别，属于性别中立，但是它的结果不利于女性。为什么不利于女性？因为相当多的女性做的是兼职工作，做的是非主流的工作，而这些工作恰恰被排除在退休金计划之外，最后的结果是这些女性得不到退休金。也就是说，表面中立的规定，其结果导致了实质上的不平等，而且不能证明有正当理由，因为即使是兼职人员也应该得到一定比例的退休金。这是一个非常典型的间接歧视的例子，生活中类似的例子其实特别多。比如，在公共厕所，男女的厕所坑位是一样多的，但是因为每个女性使用的时间长于男性，导致女厕坑位严重不足。尤其是集体活动的时候，用女厕所要排很长的队。这就是表面平等，结果不平等，这样的例子比比皆是。问一下在座的各位，有谁家的户主是女性？是女性的举手……大概不到10个。我们在座的是40多个人，只有不到10个户主是女性。户主是谁，其实法律是没有规定的，但是大家习惯性地把户主写成男性，我们家户主也是我老公，这就是一个传统习惯。再有，谁的籍贯用的是母亲的籍贯？刚才有一位举手了。在我们的文化中，绝大多数人的籍贯随父亲。实际上籍贯是你的根，中国人更多是用父亲的籍贯，是因为父权制的宗法社会的传统文化的影响。当你说到宗族的时候，肯定说的是男性家族。但是在现代社会，我们要改变这个观念，既可以追踪到父亲的家族，也应该可以追踪到母亲的家族。姓氏也一样，虽然法律规定中立，可以随父姓也可以随母姓，但事实上绝大多数的人是随父姓的，随母亲姓的是少数。

多重歧视，或者叫做交叉性歧视，是指与性别有关的歧视同时也和其他因素相关，包括种族、族裔、宗教信仰、健康状况、年龄、阶级、种姓以及性别取向。如果某人是女性，又是老年女性、残疾女性，又是少数民族的女性，所有的这些因素加在她身上的时候，她可能受到的是多重的歧视。之前讨论《家庭暴力防治法》，联合国驻中国的机构召开了一个国际研讨会，希望中国政府在反家暴的时候要关注到不同境遇的女性，比如女童、老年妇女、残疾妇女等，也就是要关注到多重歧视问题。

制度性歧视，或者叫做结构性歧视，是基于性别定型观念（也就是刻板印象）的体制性歧视，比如家庭、宗教、种姓、政治、法律、经济、教育体制和社会结构所建构的歧视形式，也就是基于性别定型观念的体制和制度所产生的歧视。这样的歧视形式支持并且强化男女两性之间现有的不平等的权利关系，这种制度性的歧视是渗透在整个社会结构中的。我也举一个比较典型的国外的案例：加拿大的一个女律师是一位单身母亲，有一个 3 岁左右的孩子，因为她的工作要随时出门，所以就要雇人照看孩子。在我们的观念里，这毫无疑问是家庭支出，没人会认为应该由单位支出。但这个女律师起诉她所在的律所，要把照看孩子的开支作为业务开支，认为这也是她业务的一部分，因为有人帮她看孩子，她就能集中精力地开展业务。一审法院判她赢了，理由是：男律师可以出去吃饭，可以出去做各种消费，甚至买高尔夫俱乐部的会员卡，这些开支远比请保姆的费用多得多，既然这些开支可以作为律师的费用，那为什么女律师不能把她雇人看孩子的费用作为律师的费用？既然是合理开支，就应该由她的律所支付。律所在一审后就上诉了，认为请保姆看孩子是律师个人的问题，不是为了开展业务，应当由律师自己解决。最后，这个案子一直诉请到加拿大的最高法院，最高法院判这个女律师输了，律所无须承担雇佣保姆的费用。但是，我觉得这个判决有问题：当这个女律师需要看孩子而又和必须出庭等业务工作发生矛盾的时候，雇佣保姆的费用其实与她的业务有关，是不是单位应当考虑对于女性要有所支持？社会中一般就假定孩子应该由母亲看护，而且绝大多数家庭都会把这个职责交给女性，这个案件就引起了一个很大的讨论：家务劳动在没有人做的情况下究竟应该由谁干？这个支出应该由谁来承担？2010 年第三期中国妇女社会地位调查中包括了对两性从事家务劳动的时间的调查，调查的结果是，女性从事家务劳动的时间每天大概是 4 个小时多一点，男性大概是 1 个小时多一点，也就是说女性要比男性多干两三个小时，这对一个职业女性来讲压力就会大很多，而且一定会影响她的职业发展。在座的女老师占 50%，我们大学的情况也差不多。讲师的男女比例差不太多，到副教授的时候女性可能就少一点了，到教授的时候女性就明显少了，到博导的时候女性就会更少。其中，我觉得特别重要的一个原因就是女性承担家务劳动，把一些精力用在了家庭，也就是说为家庭做贡献了、做牺牲了，而社会对这个贡献、这个牺牲是没有评估的。评职称的时候，所有的要求对于男性和女性完全一样，甚至女性要比男性好一点才可能得到评委的票。我们现在很多女性既要承担家务劳动，也要从事社会劳动，实际上承担着更大的压力，这也是一个怎么来看待家务劳动的价值的问题。所以，在反对歧视的时候，我们既要反对直接歧视，也要反对间接歧视，还要反对交叉歧视，更要反对制度性歧视。

北京市刚刚成立了一个政策法律性别平等评估委员会，这个委员会的主任是北京市的常务副市长。现在，江苏、浙江等省都有这样的委员会，这其实就是社会性别主流化的一个方法和重要机制。这个委员会要对现行的政策、法律进行社会性别评估，评估的时候会把政策和法律分成几类：第一类是性别平等的政策和法律，这些政策和法律承认妇女的主体地位，对妇女权利义务的法律规定是平等的，同时满足妇女生理及其特殊需求，也就是对特殊人权进行保护，这有利于消除结构性不平等。第二类叫做性别中立的或者性别盲视的政策和法律，这种法律忽视了性别差异，是中立的，忽视了男女的生活经历以及不同的需求，拒绝考虑法律可能产生的不同影响，结果是造成了男女的实质性不平等。我可以举一个例子：《最高人民法院关于适用〈中华人民共和国婚姻法〉若干问题的解释（三）》涉及夫妻财产制度，其中规定结婚以后一方父母所赠送的写在自己子女名下的房产属于自己子女的个人财产，而《婚姻法》规定的是婚姻关系存续期间所得财产都属于夫妻共同财产。为什么说这个规定表面上是性别中立但实质是性别盲视呢？因为这个规定的背后传达的是中国男娶女嫁传统的文化。中国的传统文化是男娶女嫁，不管是城市还是农村，男方或男方家庭要准备结婚用房，女方或女方家庭要准备其他嫁妆，包括可能要帮着装修房屋、买辆车（我指的是生活条件比较好的地方）、买电器，也就是说，女方有女方的投入，男方有男方的投入。这个解释只规定了结婚以后父母送的房产属于其子女的个人财产，但没说女方的陪嫁、买的车等属于女方的个人财产。这样的规定完全忽视了女性的经历和文化传统。在受赠的男女结婚成为夫妻后，无论是男方父母帮助准备的结婚用房等不动产或是女方父母帮助准备的日常生活用品等动产，事实上都是由夫妻双方共同享有和使用，对这些不动产和动产都没有区分由何方父母所赠而实行按份共有。基于婚后所得共同制的要求，夫妻双方受赠所得的财产，除明确指定赠与给一方的外，应当都属于夫妻共同共有，这样才符合婚姻生活共同体的性质，才能保障家庭养老育幼职能的需要，否则就会出现不公平的现象。第三类是性别歧视的政策和法律，就是不尊重妇女在发展中的主体地位，损害两性的权利及其发展机会，加剧了性别不平等。比如，在某种意义上，男女不同龄退休的制度不仅仅是实质上的不平等，其实在法律形式上也不平等。我认为这是个权利问题，不管男性还是女性，我们都有权利提前退休，但是法律不可以基于性别作出区别对待，作出不平等的规定。现在性别歧视的政策和法律缺乏社会性别理论的指导，没有看到男女的不同需求以及差异，也没有尊重双方之间的这种差异。当然，有一点我们需要认识到，社会性别平等不意味着男性和女性必须变得一模一样。我们不要求消灭性别差异，性别差异是存在的，我们必须得承认这样一个客观存在，这种差异也是这个社会美好的一部分。我们不需要让女性和男性变成一样的，而是说他/她们的权利、责任、机遇不是由生来是男性还是女性决定的，都应当是平等的。平等包括实质上的平等和形式上的平等，实质上的平等指的是结果上的平等或者事实上的平等，既考虑到男女事实上的差异，又肯定机会的平等、过程的平等、结果的平等。所以，实质上的平等强调，要创造一种支持性的环境，让女性行使并且享受权利。也就是通过提供支持性的环境，比如提供保护措施，予以差别待遇，最终达到结果的平等。

四、中国妇女人权的现状与保护

目前，中国保护妇女人权的机制有"六个一"：第一个"一"是一项基本国策——男女平等基本国策；第二个"一"是一部法律——《妇女权益保障法》；第三个"一"是一个机构——国务院妇女儿童工作委员会，它在保护妇女儿童中有非常重要的作用，它是一个协调议事机构；第四个"一"是一个纲要——《中国妇女发展纲要》，从1995年开始，每十年公布一次，法律是规定权利、义务和责任，纲要是规定具体目标和规划，规定要实现的和达到的比例、指标等，内容特别具体，并且要进行中期和终期评估；第五个"一"是一个全国性的妇联体系，有五级工作网络，从全国到省、市、乡镇一直延伸到村；第六个"一"是一项国际公约——《消歧公约》，《消歧公约》虽然在我国不能作为法律直接引用，但是我们的相关法律至少不应该违反这个公约，这是我们应当坚守的一个底线。

从第三期中国妇女社会地位调查的结果来看，我们已经在性别平等方面取得了很好的成绩。我们可以看到，在妇女的六大方面的权利——政治、经济、社会、文化、家庭、人身权利的保护方面，都已经取得了很大的成绩，但是，我们依然面临着很多的人权问题。为什么要特别讲一讲问题呢？很多人都觉得中国妇女的地位已经很高了，特别是我们做妇女权益保障的调查时，很多男性就说："我在家是妻管严，什么事都听我老婆的，你们怎么还保障妇女权益啊？应该保障男性。"但是，我想让大家看到我们实际的状况是什么。第三期妇女社会地位调查总结出六大问题：第一是在参与管理和决策上面临的障碍，也就是参政上的玻璃天花板；第二是女性劳动收入偏低，性别差距明显；第三是女性的家务劳动负担比较重，平衡家庭和工作存在困难；第四是家庭暴力依然严峻，女性是主要受害者；第五是农村妇女的健康和教育状况值得改善；第六是农村妇女土地权益的保护仍不到位。鉴于时间的原因，我仅对妇女参政和就业两大问题做进一步的阐述。

我们先来看一下妇女在参与决策和管理方面存在的问题。第一个问题是女性在决策岗位的比例偏低。比如说，全国人大的女代表的比例长期都徘徊在20%左右。2007年，十届全国人大明确规定，第十一届全国人民代表大会代表中，妇女代表比例不得低于22%，有27个省（区、市）在《妇女权益保障法》实施办法中明确规定了女性在各级人大代表候选人中应达到的最低比例。经过努力，人大代表中女性所占比例稳中有升。第十一届全国人大女代表所占比例比十届全国人大提高了1.2个百分点，达到了23.4%，有较大提高。我国参与起草并签署的联合国《北京宣言》《行动纲领》要求在所有的决策领域，女性必须占到

30% 以上，但是显然我们还没有达到这个目标。为什么联合国规定女性在所有的决策领域必须要占 30%？有一个比例理论：一个性别、一个群体的声音要被决策层听到、得到重视，一定要达到一定的比例。如果决策层中只有一个女性，这个女性难以站在女性的位置上说话，她一定是更宏观的，一定是考虑全面的，而不能充分考虑女性的经验和经历，代表女性发声，否则她没法在那里生存。第二个问题是参政妇女对决策的影响力有待提高。女性担任领导职务仍存在副职多、正职少，虚职多、实职少，边缘部门多、主干部门少的问题，各省的女性领导基本上更多的是分管妇女、儿童、卫生和文教事业。所以，女性在经济、社会等重大决策方面的话语权显然是低于男性的。我们来看第三期中国妇女社会地位调查中男女公务员的比例，女性是 34.7%，男性是 62.6%，差得不太多；科级干部，女性是 27.6%，男性是 72.4%；县处级干部，女性是 28.2%，男性是 71.8%；各单位负责人的比例，女性占 29.8%，男性占 70.2%。第三个问题是妇女参政的社会环境亟待改善。许多研究显示了中国社会环境对妇女参政的不利影响，包括有关政策规定不够完善，相关指标落实不到位，公众对妇女参政有偏见、有怀疑，社会支持网络缺乏，等等。在调查中，相当一部分被调查者认为女性不适合当领导，家庭也不支持女性当领导，66.5% 的人认为女性领导的能力比男性差，而且有 11.9% 的女性不愿意当领导。我们可以看到，无论是个人、家庭还是社会、单位，都不认为女性是适合当领导的。中国政府的领导是一层层当上去的，不是选举上去的，只有当了科长才能当处长，当了处长才能当厅长，当了厅长才有可能当省长，当了省长才有可能升任总理。妇女政治参与不足直接影响着社会主义民主的广泛性和代表性，也制约了妇女社会地位的提升。国家对这一问题应该给予高度关注。

关于女性就业困难，我也给大家看一组很有意思的数据，这涉及教育回报的性别差异。2009 年，全国女大学生的数量第一次超过男生：当年全国在校的普通本专科人数是 2144 万，女生占 50.4%。也就是说，男女两性受的高等教育是差不多的。但是，大专以上学历的男女收入有差别，女性收入是男性收入的 75%。虽然女生与男生接受了同样的教育，但女生的收入显然是比男生低的。刚才也讲过就业的问题，城镇女性就业率是 60.8%，比男性低 16.7 个百分点，而且女性在业率和收入比在不断下降。最重要的原因就是，目前的社会现实让女性觉得读书、工作最后的结果达不到男性那个高度，努力也没有用，这会让越来越多的女性觉得要嫁个有钱人，要回到家庭。这真的是很可怕的价值观，对男性也没有好处，这是一个非常大的社会问题。我们应该鼓励女性自尊、自信、自立、自强，靠自己的能力获得社会的尊重，只有这样，社会才有可能平等，这个社会才会有正能量。而要实现妇女的"四自"精神，也需要社会为妇女进入社会、贡献自己的力量创造条件。

交流互动

问：在韩国或日本这种传统文化（氛围）相对比较浓厚的国家，很多妇女特别重视家庭，就是把孩子以及家里的一些事做好，但这也并不妨碍家庭的稳定、社会的和谐。您怎样看待传统和现代的这样一种张力？

答：事实上，现在韩国和日本都有相当多的女性是不结婚的，她们为了逃避不平等的结婚后的结果而选择不婚。在韩国或日本确实是有结婚以后要回家这样一个传统，但是我知道日本有保护措施：第一，几乎所有企业的已婚男性员工的工资是打到卡里给妻子的，他的工资卡在妻子手里；第二，他的社会保险由妻子管，等他老年退休以后，妻子可以从那里拿到一半，如果离婚了，妻子也同样可以拿到一半。其实，我不太赞成女性回归家庭，我认为不是要女性放弃劳动，而是一定要让这个社会保护家务劳动，为女性提供更多的社会资源。

问：女性在家庭层面应该是有绝对的统治地位的。现在提出离婚的基本都是女性，差不多有百分之七八十，特别是基层更是如此，这是不是能体现女性的地位在不断提升？

答：确实，不仅在中国，就全世界来讲，女性作为离婚案件中的原告的比例占 60% 以上。这有几个原因：第一，在现代社会，女性就业率在不断提高，换句话说，女性是有收入的，是相对独立的，有能力选择自己的生活；第二，现在越来越多的女性追求情感上的满足，也就是对爱情是有追求的，当她认为自己的婚姻中没有了爱情，没有互敬互爱，她可能愿意选择转身；第三，有相当一部分的女性作为原告是被逼出来的，也就是说她并不想离婚，但是她在那个家里没法生活了，只好提出离婚。我承认，在一些家庭中，可能女性的地位是比较高。女性又挣钱，又养家，又管父母，又管孩子，难道她不该多说两句话吗？但是问题是，在重大的家务问题上，男性是有权力的。除了户主大多是男性，包括买房子、买车等重大的家务财产的处理也大多数是男性说了算。

问：您提到女性在家务劳动上的付出要比男性多两至三个小时，如果真的可以进行家务补偿的话，应该怎么样来实施呢？

答：德国把家务劳动分得很细，每一项劳动都有相对应的价值，是和社会劳动对等的。现在国际上有另外一个提法，除了离婚的时候可能会涉及家务劳动的补偿问题，很多人也认为家务劳动同样产生 GDP，就是要把家务劳动的价值从社会的角度来进行肯定。

问：为什么一方面提倡男女平等，另一方面又说女性需要特殊保护？

答：这是一个很大的问题，涉及男女平等以及现实中存在的男女不平等的现象。也就是说，我们通过对妇女的特殊保护来实现男女平等的最终目的。男女平等是我们法律的基本原则，但现实中其实仍然存在不平等的现象。我们要想达到男女平等，当然需要通过法律的保护，需要一些特别的措施，促使人们逐渐地改变观念，认识到男女平权的重要性。作为人，男女都应该享有同样的人权。男女平等的目标远没有实现，我们必须坚持不懈地为之努力。

社会性别主流化与妇女人权[1]

刘伯红

在座的老师们差不多一小半是女同胞，很多国人觉得中国妇女地位特别高。不知道在座的女老师们是不是也有这样的想法？我曾在日本一所大学里教过书，有中国妇女问我："中国妇女地位高？还是日本妇女地位高？"我教书的那个学校的日本教授也问我："日本妇女地位高？还是中国妇女地位高？"其实，提出问题的无论是中国妇女还是日本妇女，都觉得自己国家的妇女地位比对方高。她们是通过不同的渠道做出这样一个判断的，但都可能是一个很有意思、很主观的判断，这需要通过国际社会商定的人权指标和妇女地位指标来衡量。

我想，笼统说"中国妇女地位高"这句话可能有问题，因为很多人在说"中国妇女"的时候，经常把中国妇女中的一大半——农村妇女给忘掉了。她/他们说的"中国妇女"，往往指的是中国城市妇女或者自己。所以，这真的是一个特别有意思的问题。今天在介绍社会性别和妇女人权知识的时候，我会尽量给大家做一些分析。

我先感谢各位老师刚才填答的问卷，这些内容是和我们今天讲的问题密切相关的。之后，我也会请大家就填答的问卷跟我们讲的概念做一些讨论。

---

[1] 本文是中华女子学院刘伯红教授 2012 年 8 月 20 日在"2012 年中国高校教师人权法教学研讨会"上所做的专题讲座，由王深、马金娜整理，刘伯红审定，班文战、荆超校对。文中标题由编者根据讲座内容拟定。

现在我们主要讨论社会性别主流化的基本概念、执行机制和发展趋势，顺便谈一下它与妇女人权的关系。

社会性别主流化是从英文 gender mainstreaming 直接翻译过来的。有的国际组织，如国际劳工组织等，把"社会性别主流化"进一步表述成"性别平等主流化"，或者"社会性别平等主流化"，英文是 gender equality mainstreaming，简称 GEM。这两种表达实际上是一致的，只不过后一种表达在价值取向上更为明确。

一、社会性别

现在简单介绍一下社会性别概念的由来和含义。社会性别这个词对应于英文的 gender，中文翻译成了"社会性别"。"社会性别"是相对于"生理性别"而产生的一个概念。"生理性别"的英文是 sex，像刚才我们填的问卷的第一道题"您是男的还是女的"，问的就是生理性别。

"社会性别"这个词最早出现在 20 世纪 70 年代的国际妇女运动中。那时的全球妇女运动是非常活跃的，妇女理论家们总结出这个概念。这个概念在 80 年代以后逐渐被联合国采用，成为 90 年代以来国际社会分析男女平等的重要概念。换句话说，这个词是由妇女运动发明的，后被国际社会接受并在联合国通用。

下面介绍一下什么是生理性别。其实，在座的各位老师都知道什么是生理性别。也就是说，它是区分男和女在生理上差异的一个概念。男和女在生理上有什么不同？我们说是不同的染色体、不同的第二性征和产生不同的激素。我主要强调生理性别的特点，它一般是不能改变的，或者很难改变的。现在大家看到了变性手术，就科技发展来看，通过外科手术是可以改变生理性别的，但这不是一个普遍的、很容易的现象。之所以强调这个特点，是想告诉人们，争取性别平等，不是要人们在生理上变得一模一样，这是不可能的。反过来，因为男女生理上的差异，对公共政策的要求就有不同，我们在制定公共政策时就要满足她/他们的不同需求。

社会性别是建立在生理性别基础之上的，人们所能认识到的男女之间的社会性的差异、社会性的结构和社会性的关系，所以我们在翻译成中文的时候才加了"社会"这个词，叫社会性别，是指在一个特定的社会中，由社会（包括它的文化、制度、结构）形成的男女的群体的特征、角色、活动、责任等。

　　这样说还是比较抽象，举个例子：赵树理是山西籍的著名作家，他曾写过 20 世纪 50 年代山西农村的一个故事，写的是一个外村人到村里去找人，到了村子后，冲着一户人家就喊："家里有人吗？"这家丈夫没在家，妻子在家。妻子听到外面有人问家里有人吗，就回答"没人"。这个外村人走了很远的路，想上厕所，就问："厕所有人吗？"这个妻子正好在厕所，赶紧回答"有人"。我们通过这样的一问一答，可以看出来当时山西农村的社会性别关系观念。这里的社会性别关系是什么呢？就是女的、妻子不是社会意义上的人，或家庭顶门户的人。只有在需要区分生理性别的地方，她才作为一个人存在。当然，这个例子很久远，还不能完全说明问题，之后我还会给大家分析其他的社会性别现象。

　　跟生理性别的特点不一样的是，社会性别是可以改变的。我们刚才说了，生理性别一般是不能改变的，或很难改变，而社会性别观念、社会性别关系，或者社会性别差异，会因为各种具体的社会形态和文化形态的改变而有所不同，也会随着社会发展而发生变化。因此，社会性别是可以改变的，否则的话，我们争取社会性别平等就没有基础。

　　我在 20 世纪 90 年代参加过一个国际会议，挪威前首相布伦特兰夫人在会上讲了一个故事，给我留下了特别深刻的印象。她说，在挪威，一个 10 岁的男孩问他妈妈说："妈妈，在咱们国家，男的能当首相吗？"因为这个小孩从懂事起，就看到一直是女人当首相。

　　2000 年，我去联合国参加"北京＋5"大会，在非政府论坛上做了一个发言，题目是"以研究促进决策"。我讲完话以后，一个美国人给我提了一个问题，她问："中国 21 世纪会不会出现一个女的国家主席？"我不知道各位在座的老师会怎么回答这个问题，但我们通过这两个故事可以看到，社会性别关系是可以改变的。

　　二、社会性别角色与社会性别角色定型

　　我再跟大家介绍一下"社会性别角色"这个概念。社会性别角色是指在一个既定的社会、社区或人群中，被人们所认识到的男性或女性的行为，它描述哪些活动、任务和职责被视为男性的行为，哪些被视为女性的行为。在很多国家的文化背景下，男性被认为是主要的养家人，而女性被认为是主要的家庭照顾者，次要的养家人，特别是在男性的收入不足以养家的时候。也就是说，像"男主外女主内"这样的社会性别分工，在各个社会中都可以看到。我在会议酒店看到：门童、门卫、帮我们拿行李的是男同胞，大堂柜台值班的是女同胞，早晨吃饭的时候收餐票的是女同胞，煎鸡蛋和煮馄饨的厨师是男同胞，刚才帮我们调试投影仪的也是男同胞。我们可以看到一个很有意思的事情：男同胞做的是以技术和力气为主的工作，女同胞做的是技术含量不高和对体力要求不高的工作。

再给大家介绍一下"社会性别角色定型"的概念，它指的是我们刚才说的那个"社会性别分工"被固定了、强化了，变成了人们的一种社会期待，就是说一种性别的人只能干什么、不能干什么，这就是"社会性别角色定型"或"刻板印象"。对于社会性别角色定型，我们往往是不自觉的、习以为常的，就像我们常说的"熟视无睹"。比如，我们大家都喜欢并且会唱的一首歌是《常回家看看》。这首歌的歌词说："生活的烦恼跟妈妈说说，工作的事情跟爸爸谈谈。"为什么工作的事情要跟爸爸谈，生活的事情要跟妈妈谈呢？实际上是男主外女主内的传统角色定型的表现。现实生活中，男性是社会经验的拥有者，女性是家庭生活经验的持有者。那个歌词还说回家后"帮妈妈洗洗筷子刷刷碗""给爸爸捶捶后背揉揉肩"，更生动地描述了家庭中的社会性别角色分工和定型。

在现实生活中也有很多这样的例子。大家知道，现任的哈佛大学校长是位女士。但哈佛大学前校长是一位男士，他公开说他认为女的不适合做自然科学，在美国社会引起了轩然大波。社会舆论说，这样的人还有资格当哈佛大学的校长吗？后来他不得不请辞了，然后出现了现在的女校长。在美国，公开宣扬这种性别歧视性的话语（或角色定型观念）是行不通的。

这个事件过后，我在中国科学院科技网的博客上看到一位中国男教授写的文章，题目是"时代不同了，男女不一样"。他说，女生博士硕士入学考试的成绩为什么好？是因为她们找不着工作，所以得接着读书。他认为，他们——不管是男生还是女生——并不是因为对科学的热爱来做自己的学生，特别是女生不适合学习他那门科学。然后他说：特别庆幸，在中国，我说这样的话没有人免我的职，不像哈佛大学的校长那么倒霉。要是在美国，这位中科院的教授估计也快"歇菜"了。但在中国，我看了数十个跟帖，好多人写的是"顶"；还有女生仍在可怜巴巴地哀求这位教授，恳求给一个学习的机会。由此你可以清晰地看到，传统角色观念在不同文化背景下截然不同的境遇。

社会性别角色定型在很多国家是普遍存在的。如果说人类的一半人口不适合做科学研究工作，那可能浪费了绝佳人才。2009 年诺贝尔奖的获奖者一共有 13 位，其中 5 位是女的，是历史上女性获奖最多的年份。以往，女性较多获得文学奖、和平奖。2009 年这 5 个女性获奖人，1 个得的是文学奖，剩下 4 个得的都是传统男性领域的奖。其中一位女科学家说："要想走到科学的最高峰，决定的因素不是性别，而是对科学的兴趣和激情。"我们的文化从小让女孩玩娃娃，鼓励女孩去做那些照顾性的、心灵手巧的、家庭的工作，她们怎么可能有对科学的兴趣和激情呢？这就是社会性别角色定型，但在很多文化背景下被认为是"天经地义"和"理所应当"的。

那么，这种社会性别观念是怎么形成的呢？它是一个社会化的过程，它常常在社会制度里，包括经济体制、政治体制、教育体制、资源分配和社会文化，以及个人社会化过程中，得到了传递和巩固。所以，社会性别观念和意识的形成，是一个被教育的过程，也是一个社会化的过程。这里所说的教育，包括了家庭教育、学校教育、社会教育、职业教育等。

我们身边到处都是这样的例子，大家不一定在意罢了。我有天早上乘公共汽车去上班，快走到学院路的时候，上来一大帮石油学院附中的学生，我跟这帮学生挤在一起，无意中听到他们的交谈。挤在我右边的是个高一点的男生，挤在我前面的是个看起来小一点的女生。这个男生问女生："你是哪年级的？"女生说："初一的。"这个女生问男生："您呢？"男生说："高二的。"男生问女生："你在你们班排名第几？"女生回答："第二。"然后反问男生："您呢？"男生回答："第四。"女生听后说："但是，我们老师说了，女孩子一到高中就不行了。"这个女生"善解人意"，用老师说过的话安慰这位高年级的男生。我悄悄地问这个女生："你们老师是男的还是女的？"她告诉我说是"女"的。

我当时在北京师范大学给博士生、硕士生上社会性别理论和方法的选修课。第二天在课堂上，我就把这个故事讲给学生听，然后问班里曾经当过中学老师的女生："谁告诉你们的，女生一到高中就不行了？"在等待学生回答时，我看见一个男生在旁边笑，我心里有些发毛。我问男生为什么笑？是不是我说得不对？这个男生说："刘老师，您冤枉咱们班女生了。在中小学，不管男老师女老师，都是这样教育孩子的，只不过在大城市，中学里的女老师多就是了。"这就是我们讲的社会化过程，"女不如男"是老师教的（包括女老师的认同），"男尊女卑"普遍存在于我们的文化和教育内容中。

我有一个好朋友是英国政治经济学院的著名教授，叫伊丽莎白·克罗尔（Elisabeth Croll）。她曾经在1995年第四次世界妇女大会的时候写过一本书《濒危的女儿（Endangered Daughters）》，分析了歧视性文化怎样使女孩一步一步丧失自信的，其中有一节分析了"中国的女孩儿是怎样一步一步丧失自信的"。联合国第四次世界妇女大会期间，克罗尔在北京还做了以此为题的专门报告。女孩们是怎么丧失自信的呢？是我们的各级教育教给她们的。社会性别观念的形成是一个社会化的过程。

国际社会称上述现象为"社会性别问题"，而不是"妇女问题"。我想说的是，传统的社会性别观念和行为不仅限制了女生的发展，并且对男女两性生存发展的空间都有影响和限制。所以，社会性别问题不是妇女的问题，这是一个中国文化和国际社会不一样的地方。我们常常说women issues——妇女问题，国际社会常常说gender issues，它不认为这仅是妇女自身的问题，而认为是男女两性的问题，是社会的问题。

2011年3月，我去中国科学院的空间研究所。一位年轻的男性科技工作者跟我说："刘老师，您是有话语权的专家，我们特别希望您能在全社会倡导性别平等，而不仅是妇女解放。"那位男性告诉我："我和我的女朋友是大学的同班同学，毕业分到了同样的单位，做近似的工作。现在我们准备结婚了，但是我的女朋友说，我必须有房有车才嫁给我。"他说："刘老师，这就是社会性别不平等的问题。"确实，社会观念要求，女性要温柔、小鸟依人（依赖于丈夫），男性得挣大钱，撑得起家，养活老婆孩子。这种文化在限制女性发展的时候，也给男生很大的压力。这名男性问："我们的文化为什么不能倡导男女生共同为婚后的事业与生活打拼、奠定基础呢？这才是性别平等。"

这几个概念先简单介绍到这里。下面介绍另外一组概念：社会性别差距、社会性别歧视、社会性别平等和社会性别公正。这就会跟人权的基本概念联系在一起了。

三、社会性别差距

我们先看什么叫"社会性别差距"，英文是 gender gap。我们前面说了，社会性别的概念是建立在生理性别基础上的。我们会看到，在任何社会发展的领域当中，在男女两性的参与程度、获得资源的机会、拥有的权利、能力和影响力，以及工资、报酬、福利和评价方面，实际上都存在着男性和女性之间的差距。社会性别平等理论告诉我们说，男女在生理上的差异不应该导致社会发展上的不同，但是在非常多的发展领域和社会生活中，这个差距是普遍存在的。

我想简单介绍一下我现在所做的关于女大学生就业歧视问题的研究。在我2012年上半年对几所高校的调查中，所有被调查高校招生就业处的老师都说，我们招生的时候没有任何性别歧视，是按分数线和考生志愿招生的，但毕业生分配是存在性别差距的。我访问的其中一所985的理工科大学，是中国大学毕业生签约率较高的学校。因为是理工科大学，女生的比例比较低。这个学校就业处的老师告诉我，他们学校学生快毕业的时候，男生基本上就被那些高科技的单位和高科技的企业全部包了，被称为"批发"。学校希望这些用人单位相应地"搭配"几个女生，早些时候用人单位不同意，但这两年发生了变化。这些高科技单位大都远离大城市，为了留住男生人才才同意搭配女生。这样，男生成了"批发"，女生变成了"零售"。用人单位说了，为什么要女生？不是培养男女青年在科学技术方面的发展，而是担心男生人才流失，通过招女生让他们组成家庭，留住男生的宝贵人才。所以我们看到，女大学生就业难的问题和我国劳动力市场上的性别差距问题实际上是存在的。

四、社会性别歧视

现在介绍社会性别歧视的概念。联合国《消除对妇女一切形式歧视公约》（简称《消歧公约》）的第 1 条就是关于对妇女歧视的定义，指"基于性别而做的任何区别、排斥或限制"，这句话在国际上已简化成"基于性别的区别对待"。但是有一个问题：是不是基于性别的区别对待都是歧视呢？不一定。比如，为加速实现男女事实上的平等而采取的临时特别措施或者叫暂行特别措施，我们中国叫"倾斜政策"或"针对性政策"，这是基于性别的区别对待，但不是歧视，反而是为了消除歧视。还有，为保护生育权利而采取的特别措施，例如产假，也是基于性别的区别对待，这也不是歧视。那么，什么样的基于性别的区别对待是对妇女的歧视呢？《消歧公约》指出，"其影响或其目的均足以妨碍或否认妇女，不论已婚未婚，在男女平等的基础上认识、享有或行使在政治、经济、社会、文化、公民或任何其他方面的人权和基本自由"，这样的区别对待就是对妇女的歧视，这就是《消歧公约》"对妇女歧视"的定义。在此基础上，2010 年，联合国消除对妇女歧视委员会（简称消歧委员会）通过"一般性建议"，又将"对妇女歧视"的定义扩展到对不同性倾向者的歧视，也就是说，"性别歧视"的概念更宽于"对妇女歧视"的概念。

歧视是人类社会的一种普遍现象，它以各种不同的形式存在着。有直接的、有间接的；有公开的，有隐蔽的；有实质上的，也有形式上的。随着反歧视实践和人权保障的深入，人们对歧视存在的本质和形式的认识也越来越深刻了。我们现在主要讨论两种形式的歧视：一种叫直接歧视，一种叫间接歧视。

直接歧视也称作"形式上的歧视"或者"有目的的歧视"，是明显的歧视或忽略女性的行为，有歧视的目的。直接歧视是指，在相同的条件下，一个人或者一个群体所受到的待遇，明显低于另一个人或另一个群体所受到的待遇，从而使被歧视者的权利和基本自由受到损害。直接歧视一般来说是公开地、明目张胆地歧视，因而也是法律明确严格禁止的行为。

我不知道在座的哪位老师能举一个例子，说在我们现存的法律、政策和现实生活中有直接歧视的问题？（有老师举了男女退休年龄不同的例子。）不知道哪位老师有什么不一样的看法？这肯定是基于性别的区别对待的政策，要看目的和结果是什么。其目的在不同的时代可能有不同。在 20 世纪 50 年代，社会主义国家都是这样安排的，当时在一定程度上是为了解决女性承担的家务负担比较重和体力劳动为主的问题。现在就不一样了，主要是为了解决劳动力市场供大于求的问题。究其结果，这个政策影响了女性就业、社会保障、参政、发展等权利和对工作选择的自由。（有人再举检察院、法院只招聘男性检察员和男法官的例子，认为这不是歧视，而是职业的要求。）那么，什么不是就业的歧视？和岗位的内在要求相关的条件不是歧视，和岗位的内在要求不相关的其他条件应该说都有歧视的嫌疑，比如年龄、性别、户口，甚至相貌。至于说女性不适合做检察官或法官，我不赞成，但在现实生活中这种现象是存在的。

间接歧视，也叫做"实质上的歧视"，是指没有歧视女性的目的，但有歧视"效果"的行为和忽略，即指某项规定、标准或做法，看似中立，没有区别对待任何个人或群体，但实际上却导致某个人或者某一个群体受到不成比例的不利影响。间接歧视表明，对所有人使用同样的条件、待遇或要求，由于有关人员的生活环境和个人的特点，可以在事实上导致非常不平等的结果。间接歧视强调歧视的结果和实质性。

给大家举个例子：某单位招聘司机，有两个条件：第一个条件是有驾驶执照，熟悉道路交通情况；第二个条件是能住单位宿舍，因为司机出车是不固定的，身高 1.70 米以上，因为要搬运货物。第一个条件属于岗位的内在要求，没有歧视的含义；第二个条件表面上是中立的，没说不要女生或不要男生，看似没有歧视任何人。但大家知道，如果要求1.70 米以上身高的人，很多女生，还有矮个子的男生都没机会了。所以，我们其实可以看到，很多规定都是中立的，看似没有歧视的含义，最后却可能引至一个歧视性的结果。

我们介绍了性别歧视的定义。下边我们讨论一下刚才填的问卷中和"性别歧视"有关的问题。我们介绍了《消歧公约》的歧视定义，请大家根据公约定义来做判断，问卷中罗列的这些现象是不是对妇女的歧视。每道题有三个选择，一个是"歧视"，一个是"不是歧视"，一个是"说不清楚"。下面我们逐题讨论。

第一个问题："在我国农村，如果夫妇生育的第一胎是女孩，允许四年或者若干年后生二胎。"这是我国目前一些省市计划生育条例中的有关政策规定，根据《消歧公约》的定义，这样的政策是不是对妇女的歧视？（学员中有人说是，有人说不是。）现在我们有两种观点：一种观点认为它不是歧视性政策，反而是对目前我国农村现状的一种政策调试；另一种观点认为是歧视。

有一个故事：2006 年，联合国消歧委员会审查中国政府提交的第五次和第六次《消歧公约》履约报告的时候，我和白桂梅老师作为非政府的代表列席旁听。委员会提出，中国的法律为什么没有界定什么是对妇女的歧视，既没有界定什么是直接歧视，也没有界定什么是间接歧视？我们不是很服气，认为中国的法律和政策都是平等的，现实生活当中可能有不平等，我们的任务就是要使所有的公民都能受到法律权利的保障。于是，我们就去找那位给中国写审议报告的委员辛海素博士。我们问她，如果你认为中国的法律法规或政策当中有歧视性的规定，特别是直接歧视的规定，请给举个例子。于是，这位专家就给我们举了两个例子，第一个例子就是有的省的计划生育条例规定，如果第一胎是女孩，允许四年之后生二胎，用法律界定女孩没有价值。

"用法律界定女孩没有价值"这句话是很深刻的，但是长时间来没有被我们大家所认识。刚才有老师也说了，这个政策迎合了我国当下农村的生产力发展水平和人们的观念。什么观念？偏爱男孩。为什么偏爱男孩？因为在劳动力上需要有男性和以男性为中心的家庭制度。我认为，我们国家在制定和解释这个政策的时候，可能没有从人权框架出发考虑这个问题。比如，农村的女性劳动力和男性劳动力存在差异，如果我们从人权的概念看问题的话，我们的政策应该是，如果一户家庭有一个独生女的话，不是允许其四年之后生二胎，而是在政策上支持这些独女户，用劳动力补贴的方法来帮助独女户解决劳动力上的困难。北欧国家是这样做的，包括女性可以优先贷款、养老、上学，获得劳动力补贴，政府用政策支持来提高女孩的价值，解决人们的实际问题，从而改变人们的价值观念。政府的责任是通过制定各种政策，引导人们尊重和保障人权，逐步消灭各种歧视性的做法，实现平等与公正。

这个故事提醒我们，应该用什么样的思路、什么样的框架来解决和讨论这类问题。如果我们真的打开眼界看世界，看到这种不平等，在不同的社会，是怎么样用人权和我们叫做"临时特别措施"或"暂时特别规定"或"倾斜性政策"来解决问题的时候，其实很有意思。我们制定的政策为什么要让农村女孩持续没有价值呢？这是非常值得我们在农村政策制定中认真考虑的问题，包括解决中国出生婴儿性别比失调的问题。我不知道我有没有把这话说清楚，因为这是一个比较复杂、比较大的问题。

第二个问题："根据女性的生理特征，应该给予怀孕、生育、哺乳的女工一定时间的产假，产假时的工资不变。"这是歧视性政策还是平等的政策？（老师们的回答都是平等政策。）有不同意见吗？没有。

第三个问题："因为生育不能工作，从而应该解除与女工的劳动合同和劳动关系。"（有人回答：显然是歧视。）这确实是明显的歧视，但在我们的实际生活中，特别是非正规就业群体中，这种做法还是比较广泛存在的。

第四个问题："由于两性的社会分工不同，在招工、提拔时，应优先男性，以发挥他们的特长。"这是不是歧视性做法？（老师们的回答几乎都是歧视。）

第五个问题："由于女性缺少机会和资源，在同等条件下，应该首先使用和提拔女干部，以促进妇女参政。"这个怎么样？（有人回答不是歧视，有人回答是歧视。）这条是现在国际社会倡导的"暂时特别措施"，是为纠正历史上妇女参政不足而采取的倾斜性政策，不是歧视政策。但是没关系，大家有不同观点很正常，要不然我们的社会就无法往前发展了。

第六个问题："在劳动力市场供大于求的情况下，应该让女性提前五到十年退休，把就业机会让给年轻人。"这是歧视性做法吗？（有人回答：不好说。）我和白桂梅老师在与消歧委员会专家探讨的时候，专家举的第二个例子就与此有关。专家根据《消歧公约》的定义说：你们国家1993年制定的《公务员条例规定》，女公务员55岁退休，男公务员60岁退休，这是基于性别的区别对待，结果是，女公务员在一定程度上失去了就业的权利、发展的权利、参政的权利、平等的养老保障的权利，因为是硬性规定，还失去了选择的权利。所以，这是一个直接歧视的歧视性条款。

至于说到大多数的工人愿意早退休，公务员和专业技术人员不愿意早退休。工人为什么希望早退休？是因为他/她们的劳动收入低于退休金，或者是因为过于劳累，身体吃不消，换句话说，他/她们没有享受到体面的工作环境和条件，早退休是他/她们做出的一个权衡利弊的不得已选择，不能把这种不得已看成自愿。我们在调查中也看到，那些效益好的企业的女工也不愿意早退休。当然，退休政策是一个比较复杂的问题，但我们应该在基本人权的框架下不断完善这项政策。

第七个问题："在录取大学理科生和国防生的时候，应该提高女生的录取分数线，女生不适合从事军事领域和理工科的学习与工作。"这肯定是歧视，有不同意见吗？（有个别老师回答，不太同意这个观点。）我同意大多数人的意见，认为这是一种歧视性的做法。不过我们可以有不同意见，但因为时间关系，就不讨论了。

第八个问题："因女性的生理特征，应禁止女性从事井下、夜班、有毒有害、高温、高空、冷水和重体力劳动。"这样的做法是歧视吗?(有人答是,有人答不是。)我先统计一下,认为这是歧视性条款的请举手……认为不是歧视性条款的请举手……持后一种看法的人稍多一点……认为不清楚的请举手……

请大家注意,这上面写的是"应禁止",用的是"禁止"一词,或者说用"禁止"的做法。我认为,生育时期的保护可以用禁止的做法,但生育保护和整个职业生涯的保护不是一回事儿。如果把生育时期的保护扩展到整个职业生涯,在一定意义上来说,是抬高女性就业的门槛,提高女性就业的成本,在市场经济条件下势必造成排斥女性就业的结果,这种区别对待的结果,造成女性丧失就业的权利,在这个意义上来说是歧视。女性在生育时期是不可以从事有毒有害工作的,在哺乳期是不可以从事夜班工作的,但不等于整个职业生涯都是这样的。所以,并不是保护越多越好,过度保护反而会限制女性的发展。之后我还要向大家介绍什么是保护性平等,保护性平等的结果是什么。

第九个问题:"在录取大学文科,特别是语言方面的文科生时,应降低男生的录取分数线,否则,会剥夺男生学习语言的机会。"这道题跟上面那个提高国防生和理工科女生分数线的问题有相似之处,大家都认为是歧视。

我认为,如果没有别的背景的话,这条政策是可以成立的。国际社会在组织结构的性别比例上有一个惯例,就是"任何社会组织结构中,另一性别的人不应低于40%",因为没有什么工作是男的或女的不能做的。非常有意思的是,我们看到男生没有机会学文科,就采取这样的倾斜措施,但从来没有看到女生很少有机会学理工科,而采取鼓励女生学习理工科的倾斜政策。在这种文化背景下,这是一个不平等的政策。如果只看文科招生这一个政策的话,符合性别结构的要求,但从专业学科平衡的角度来看,这还是一个专业学科性别隔离的有欠缺的政策。

第十个问题:"为了保障资金安全,在发放银行贷款时,申请贷款人应一律出具资产证明、房产证明,并有贷款担保人。"这是平等的政策还是歧视性政策?(有人回答是实质性歧视的政策。)确实,这项政策形式上对男女是一样的，没有提出对男女的区别对待，是一个中立的政策，但是结果可能是歧视的。因为很多女性都没有房产证，特别是农村实行家庭联产承包责任制，宅基地是分给家庭的，户主和房子是男性的。如果是穷人，特别是贫困妇女，谁愿意给她担保？因此，女性获得贷款的机会实际上是很少的。乍一看，这是一个对待大家都一样的政策，没有歧视任何人，但实际上会造成不平等的结果，是一个典型的间接歧视的例子。

我们的练习和讨论就到这里。小结一下：按照我们以往的看法，我们所有的法律、政策都没有问题，但是，按照《消歧公约》的定义，我们的法律、政策本身还有不平等或歧视的地方。所以，按照《消歧公约》的精神，系统地梳理和评估我们的法律、政策还是非常必要的，这对我们来说也是一个很大的挑战。

五、社会性别平等与社会性别公正

我们下面来介绍一下什么叫"社会性别平等"。在介绍社会性别平等之前，我们先来看一下联合国 1975 年第一次世界妇女大会时对"男女平等"的定义："男女作为人的尊严和价值的平等以及男女权利、机会和责任的平等。"其中的尊严和价值平等，是《联合国宪章》中就强调过的，又加上了权利、机会和责任的平等。我们中国长期以来界定男女平等时也采取了这个定义。

20 世纪 90 年代后，特别是第四次世界妇女大会后，联合国消歧委员会又推出"社会性别平等"的定义："所有的人，不论男女，都可以在不受各种成见、严格的社会性别角色分工观念，以及各种歧视的限制下，自由发展个人能力和做出各种选择。社会性别平等意味着男性和女性的不同行为、期望和需求均能得到同等考虑、评价和照顾。社会性别平等并不意味着男性和女性必须变得完全一模一样，而是说他们的权利、责任和机会，并不由他们生来是男还是女来决定。"

关于平等的含义与内容，我国有不少争论，在国际社会，特别是在国际妇女运动中，人们对平等的认识也经历了不同的阶段，并取得一定的共识。在基本人权的框架下，平等曾经表现为三种形式：形式平等、保护性平等和实质性平等。

所谓"形式平等"，即认为男性和女性的权利应该是相同的，赞成给予女性平等的机会，但期望女性根据与男性同样的规则和标准（以男性为标准），获得和享有机会。由于形式平等缺乏社会性别视角，以至于使女性和男性的权利都得不到有效保护。首先，形式平等没有考虑女性和男性的生理差异和社会文化差异，而且不为女性提供任何额外或特别的措施，这对那些不得不按照男性标准做事的女性造成了更大的压力。例如，"文化大革命"中战天斗地的"铁姑娘战斗队""三八女子带电作业班"，一些女性不得不去拼体力。其次，若以男性的角色定型为标准，在男外女内的文化背景下，只是肯定了社会发展方面的权利和价值，没有肯定男女两性在家庭方面的权利与责任，以及家庭发展的价值，依然没有挑战传统角色定型，与今天国际社会倡导的男女共同承担社会责任和家庭责任有一定的距离。

再看"保护性平等"。保护性平等承认男女在生理上的差异，但通过排斥女性或限制女性的权利过度保护女性。女性被假定为弱者，不适宜做某些事情，设置一些条件把她们"保护"起来。一方面，这造成了对女性发展的长期不利结果，女性失去了获得多种不同经历的机会，因为她们被排斥于那些认为对她们有害的环境之外。对女性的保护越多，女性的成本越高，如果政府不承担保护成本的话，就会造成用人单位对女性的排斥，等于抬高了女性就业或发展的门槛，这种区别对待是一种限制或歧视。目前，中国劳动力市场出现的"女大学生就业难"和"生育、怀孕歧视"都带有这种性质。保护性平等的干预措施总是着眼于排斥女性，而不是探究造成女性（甚至男性）难以享受权利的情况或环境，认为对女性保护越多越好，而不是为她们创造友好的工作环境，立足于女性的发展，这在我国还是有一定市场的。另一方面，这使那些对劳动者不利的陈规陋习作为一种社会规范长期存在。人们认为，男性不需要任何针对危险或危险职业的保护。有毒有害的工作，女生不适合，让男生做，而男生健康受损后女生也生不出健康孩子；上夜班不安全，让男生做，可男生在深夜里出去也有可能被打劫；井下作业不安全，让男生去做，但男生在井下也可能出事故。应该采取的做法是什么呢？是致力于改造社会环境和工作条件。深夜里不安全，我们能不能改造社会环境，让大家任何时候都能平安出行？工作环境有毒有害，我们能不能把它改造得没毒没害？井下的工作条件有问题，我们能不能用机械和安全的生产方法去解决重体力劳动的问题和矿难的问题？

保护性平等的结果，是使女性失去更多的就业或发展机会。在我们国家，这方面的问题比较突出。现在我们修改《女职工劳动保护条例》，很多人的想法还是给女职工的保护越多越好。当然，要看保护后的结果怎么样。比如说，国际劳工组织 183 号《保护生育公约》明确规定，对女工实行孕期、产期、哺乳期三期保护，而我们国家早先是五期保护，现在是四期保护。五期是哪五期呢？前边有月经期，后边有更年期。现在女工退休早，把更年期去掉了，变成了四期保护。关于经期保护，国际上也有一种做法，认为痛经不是所有女性正常的生理现象，而是月经时候的一种病状，应该休病假。但如果为此规定女职工每月可休息两天带薪"生理假"，并不一定是好政策。我们调查发现：商场来了新款衣服，发廊出了新发型，家中来了客人，孩子要开家长会……此时女性到卫生所开痛经假条的人就多了。如果中国的劳动保护政策成为劳动者逃避劳动的保护伞，是很遗憾的。此外，痛经是一个没有客观指标的主要靠"患者"主诉的病，以此为据制定政策恐怕也有问题，且不说在实践中，大多数非公部门能否执行。所以，并不是对女性的保护越多越好，而是适当保护促进她们发展更好。

什么叫"实质性平等"？实质性平等，即指结果的平等或事实上的平等。它既考虑到男性和女性之间生理上的和社会文化上的差异，又肯定性别平等。结果平等针对于机会平等，强调不仅应有机会平等，还应包括过程平等，更重要的是结果平等。为什么国际社会强调结果平等？以女大学生的发展为例，在中国，女性基本上获得了接受高等教育的平等机会，女大学生人数过半。但是，她们接受高等教育后的结果平等吗？衡量高等教育结果的指标，一是学习能力，二是劳动力市场上的位置，恐怕后者存在不平等的问题。所以，仅有平等机会，并不必然带来平等结果。所谓事实上的平等，主要针对法律上的平等，一些国家的法律还是比较完备的，但实际上女性享受不到法律上规定的平等权利。

实质性平等强调有必要创造一种支持性的环境，即通过提供有利条件或采取积极行动，让女性行使并享受权利，实现结果的平等。当前，国际社会致力于促进实质平等，并通过责任方法和行动方法实现平等。

刚才大家都填了问卷当中有关性别平等的部分，我们的时间不多，就不请大家讨论了，根据刚才介绍的性别平等概念，我们快速浏览一下大家做的十道题。

第一个问题："男女平等就是男同志能办到的事，女同志也能办得到。"现在大家可能不太同意这个说法了，因为这有"形式上平等"的嫌疑。

第二个问题："男女平等就是让男人做适合男人做的事情，让女人做适合女人做的事情，男女各自发挥自身的优势。"（有人问：什么叫适合男人做的事情？什么叫适合女人做的事情？）这个问题提得好，关键是怎么界定"适合"。很多人认为，男生适合做领导、适合做有风险的事、适合做技术性工作，女生适合做照顾性的、心灵手巧的、细致的、辅助性的工作，这是不折不扣的传统角色定型。在中国，这种看法很普遍，把传统角色定型当成男女各自的优势了。

第三个问题："根据男女的不同生理和性格特征，男生比较适合学习理工科，女生比较适合学习人文社会科学。"这个问题刚才已经涉及了，这是专业学科领域中的传统角色定型。

第四个问题："男女平等就是男女共同承担社会责任和家庭责任。"这是一个符合性别平等的说法，但在我们国家，实际情况不是这样。

第五个问题："男女平等就是根据男女不同的生理特征给予不同的对待，在社会发展方面给予更多的照顾和保护。"可以看到，这里强调"更多的"，应该是"适当的"，不是照顾越多越好。这种说法有"保护性平等"之嫌，在制定政策时应特别注意。

第六个问题："男女平等就是男女平等地参与竞争，不应该给予女性任何区别对待。"为消除历史上的性别不平等而采取的一定时期的倾斜性政策，是必须的，在国际上被称为"临时特别措施"或"暂行特别规定"，例如国际社会在促进妇女参政领域通行的"配额制"。

第七个问题："男女平等就是指男女在权利、责任、机会、待遇、评价等方面的平等。"这符合性别平等的原则，不仅强调了机会平等，而且强调结果平等，收入、待遇和评价是衡量结果平等的指标。

第八个问题："只要女性提高自身素质，发愤图强，就能逐步实现男女平等。"（有人答：没门儿。）确实，很多不是女性自己的问题，是社会制度的问题。

第九个问题："对于一个职业女性来说，平衡好工作和家庭的矛盾是最重要的。"这种说法在中国很普遍，但国际公约要求是，所有有家庭责任的男女工人都要平衡工作和家庭的矛盾。我们现在是双重标准，只要求女性平衡，从来不对男性这样要求。这是有问题的，也是传统角色定型。

第十个问题："对于一个家庭来说，女孩儿应该富着养，男孩儿应该穷着养，比较符合男女孩子成长的规律。"中国育儿市场上卖的书，很多都是这样要求的，但这样会把孩子养坏了，培养的是靠别人过日子的娇生惯养的女孩和"过劳死"的男孩。

下面我们简要介绍一下什么是"社会性别公正"。社会性别公正是说，为了实现平等，可以同样地对待男女，也可以不同样对待他/她们，采取倾斜的政策。比如给贫困地区的、教育不发达地区的孩子降分，就是为了实现社会公正，不然那些孩子永远没有机会进入那些质量比较高的大学。

六、社会性别主流化

下面向大家介绍论题中最重要的定义：社会性别主流化。社会性别主流化的另一种提法是把社会性别意识纳入社会发展和决策的主流，最早反映在1985年第三次世界妇女大会通过的《内罗毕战略》里，集中表述在1995年第四次世界妇女大会通过的《行动纲领》中。在联合国第四次世界妇女大会上，性别观点被纳入社会发展各领域的主流，被确定为促进性别平等的全球战略。20多年来，这一战略一直在联合国及其成员国贯彻执行。

联合国第四次世界妇女大会在北京举行，中国是东道国，也是首先承诺这个战略的 49 个国家之一，之后其他联合国会员国也都承诺了。遗憾的是，中国政府很多部门不知道这个在中国制定的战略，中国老百姓不知道，甚至中国妇女组织的很多成员也不知道，这让我感到特别惋惜。

社会性别主流化的定义是什么？1997 年，联合国经社理事会通过了"社会性别主流化"的一致定义："把性别问题纳入主流是一个过程，它对任何领域、各个层面上的任何一个计划行动，包括立法、政策或项目计划对妇女和男人产生的影响进行分析。它是一个战略，把妇女和男人的关注、经历作为在政治、经济和社会各领域中设计、执行、跟踪、评估政策和项目计划的不可分割的一部分来考虑，以使妇女和男人能平等受益，不平等不再延续下去。它的最终目的是达到社会性别平等。"

我简单解释一下：其一，把性别问题纳入主流是一个过程，是指在时间层面上，主流化不是一时的，而是纳入人类全部可持续发展过程；其二，主流化涉及的领域是"任何领域、各层面上的任何一个计划行动"，覆盖了社会生活的所有方面，特别强调了立法、政策和社会发展项目（项目计划）；其三，认为任何一个法律、政策和社会发展项目，对社会上各个不同性别、阶层、社会身份的人，影响都是不一样的，要求对法律、政策、项目的影响进行评估；其四，在政治、经济、社会各领域中设计、执行、跟踪、评估政策和项目计划的时候，必须把女性和男性的关注、经历和需求考虑进去，使妇女和男人平等受益，不平等不得延续下去，那就需要针对不同群体有不同的倾斜政策，才有可能实现结果平等（实质性平等），一个中立的政策是不可能产生这种结果的，它对科学决策的要求是很高的；其五，这个定义告诉我们，社会性别主流化的目标是实现社会性别平等，也就是说，社会性别主流化本身不是目的，是手段，性别平等才是目的。这就是社会性别主流化的定义。

1995 年世界妇女大会以来，联合国各成员国及相关国际机构，在履行社会性别主流化方面取得了丰富的经验，创造性地开发了一系列执行机制或行动步骤，主要如下：

第一，要有最高领导人明确而坚定的政治承诺和责任意识。这是主流化而不是边缘化的保障。所谓最高领导人，在联合国是当时的安南、现在的潘基文秘书长；在联合国各成员国，是国家和省市区县的政府及其各部门的主要领导人，而不仅仅是分管领导或妇女组织的领导。

第二，专门机构的设置和人员的配置。这是实现主流化的组织保障。对专门机构的要求是有权威性、影响力、效率和足够的资源，包括其成员的能力建设。

第三，社会性别统计。它是分析政策、法律、社会发展规划实施影响的基础。也就是说，贯彻实施主流化需要分性别或性别敏感的数据统计，传统的妇女统计不能完成主流化的任务。

第四，社会性别分析。这是主流化的主要方法。社会性别分析区别于传统的没有性别敏感的经济学分析、社会学分析或人口学分析等，它需要专门的社会性别分析人才或专家队伍。

第五，制定双头的社会性别平等政策、法律、项目。在上述统计分析的基础上，制定行动计划。所谓"双头"，一头是主流化的（mainstreaming），另一头是专门化的（specific），两者缺一不可，不可相互替代，就像电源插座，两个头才能让电流流动起来。

第六，贯彻执行双头的社会性别平等政策、法律、项目。社会性别主流化不是口号，而是切实的行动。

第七，社会性别预算（gender budget）。这是实现性别平等的资源保障。在国际社会来看，一个国家对性别平等事业是"忽悠"还是"行动"，关键看是否有"预算"保障，这样才能有人财物的支持。否则，不过是说说而已，没有诚意。

第八，社会性别评估（gender evaluation）。大家对这个概念比较熟悉，不介绍了。

第九，社会性别审计。在我们国家，审计是对财务的进一步审查。在社会性别主流化机制中，审计不是一个财务概念，是对机构政治和组织文化的审查和评估，看机构或部门中性别视角或主流化的执行情况。

第十，社会性别问责。这是国际上最近发展起来的做法，针对有些国家或政府只说不做，不履行国家的义务和责任，即我们所说的"干好干坏一个样"，在国际上也存在这个问题，为此要对政府问责。

目前，社会性别主流化已经成为一种全球趋势，无论在联合国层面、国际层面、区域层面、国家层面还是地方层面，这都已成为一种共识。没有性别平等，就谈不上可持续发展和人权保障。在中国，这一全球战略被中国化为"男女平等基本国策"，但这一国策还不够深入人心，还缺乏理论解释和机制保障，还需要进一步倡导和落实。

关于社会性别主流化和人权保障之间的关系，我想简单地说一下。首先，社会性别主流化强调了它的责任主体是国家和政府，是与国际人权法中国家的义务和责任是一致的；其次，社会性别主流化强调了性别平等是其目标，反对各种形式的性别歧视和传统角色定型，这与人权特点的平等原则和非歧视原则是一致的。也可以说，社会性别主流化的战略是在社会发展和社会生活领域中尊重和保障人权的一种战略和有效做法，它们是一致的，相互补充的。在人权保障和人权教育中，推介社会性别主流化的知识是非常重要的和必要的。

精神卫生与人权[1]

谢 斌

与研究人权的各位专家一起学习和交流"精神卫生与人权"这一课题，对我来说是一种挑战，因为我以前接触的都是医学领域的，尤其是精神卫生领域的同道，只是在参与起草《精神卫生法》、讨论《精神卫生法》或者司法鉴定问题等场合与法学界少部分专家有所接触，在这么大的场合讲"精神卫生与人权"还是第一次。

一、精神卫生与人权的联系

谈到人权，在我个人看来，其中重要的一部分就是少数人的人权保护，因为在任何一个社会，这些所谓的"少数人"都是势单力薄、无权无势的人，不能发出强有力的声音，而精神病人就是我们所说的少数人。精神病人不仅无法进入人大这样的决策层，甚至在社会底层都处于边缘状态。因此，对精神疾病患者这样的残障人的人权保障，可能是非常严峻而且是非常迫切的问题。

人类社会自从有了法则、有了规则，甚至有了法律之后，最重要的目标就是让整个社会团结起来。医学作为社会控制的工具，主要体现的是功利主义。我们医生经常说，要尽量让病人不发病，如果已经发病，也要早期识别和干预。像传染病、精神病，除了自身的疾病状态外，还可能对社会公众、对其他人有危害性。在这些领域，医学的功利主义体

---

　　[1] 本文是上海交通大学医学院谢斌教授2013年8月18日在"2013年中国高校教师人权法教学研讨会"上所做的专题讲座，由李超燕、秦鹏博整理，谢斌审定，班文战校对。

现得更加充分、更加明显，也就是让大多数人的利益最大化、危害最小化。因此，我们会采取主动出击的方式、主动治疗的方式：传染病一旦发生，要把病人隔离起来；对很多精神病患者，如果判断其对他人有危害行为或者有这样的可能性，我们往往也会主动出击，以制止他/她对他人的伤害。

2013 年 5 月 1 日《精神卫生法》实施以后，从 6 月份一直持续到 8 月份，全国各地陆续发生了很多起精神病人肇事肇祸的新闻，北京就发生了 3 起左右。有的还没有被诊断为精神病人，媒体就已经套上了这个人"可能是精神病人"的帽子。对于轰动性的、针对多人暴力攻击的、没有明确攻击目的和动机的、容易造成耸人听闻的新闻事件，社会公众往往会朝精神病人作案的方向去想。所以报道后，卫生部门官员、精神科医生、政法部门都很紧张，不知道怎么在 5 月 1 日之后一下子有这么多的精神病人犯案，探讨发生这种事是否和《精神卫生法》的实施有关系。

在《精神卫生法》的立法阶段，本来立法的宗旨应该是保障精神疾病患者的权益、促进精神卫生事业的发展、规范精神卫生服务，但是前段时间媒体反复报道"被精神病"以后，《精神卫生法》的立法宗旨一度朝另外的方向偏转过去，侧重于让没有患精神病的人不因为任何理由被强制送到精神病院，也就是为了不让正常人"被精神病"。其实正常人的人身自由已经有法律保护了，我们的根本大法宪法就是保障公民、正常人的人身权利的，如果把正常人非法拘禁起来，不但违反宪法，而且刑法也有相应处罚。但就是在《精神卫生法》这样一个小法的立法过程中，居然有大量的声音是侧重于怎样保障正常人的人身自由，把这个作为立法宗旨。所以，当时我们曾有过很大的争议，但是没有办法。大家如果有兴趣可以研究一下，最后出台的《精神卫生法》在精神障碍患者的非自愿医疗这部分，设置的入院条件、程序，包括救济的途径，非常的严厉。我国传统上，大量的精神病人都是由家属负责照顾的，家属承担的是社会责任，一旦病人发病后，最早发现的往往是家属，最早送去就医的是家属，没有政府什么事，也没有社会工作者代替政府行使这样的职责。到目前为止，按照人口比例来算，我们国家的精神卫生专业社工几乎为零。我们医院有 2300 个床位、1300 多个员工，只有 3 个社工，还是去年刚招的。但这在全国已经算好的，很多地方根本就没听说有精神卫生专业社工。

我是做司法鉴定的，往往和司法体系接触多一些。司法体系讲因果报应，体现的是公平正义，防止国家权力的滥用，往往是控制效应，一个凶杀案发生后要及时处理和反应，目的是制裁违法行为，更多是救济的，而不是预防的。现在国际上有个趋势，就是把社会问题、行为问题医学化。我们往往会采用医学化手段回应社会行为问题，尤其是越轨行为、犯罪行为。有一些法学专家甚至认为，任何一个严重违法犯罪的行为人多多少少都有些心理障碍。这就是社会问题的医学化，有时候会把一些不应该由精神科医生处理的问题也纳入精神卫生的范畴来解决。我最近连续参加几次政法委、综治办组织的会议。为什么要让医生参加？就是认为犯罪人员里面可能有些是属于心理有障碍、精神有偏差的，因此希望精神科医生也参加到综合治理工作当中来，以便更好地预防犯罪。刚才提到，《精神卫生法》一个重要的思路是防止"被精神病"，其实这个法律还有一个思路是严防精神病人肇事肇祸，有很多规定体现了这样的宗旨。比如说，一旦某个疑似精神障碍患者有伤害自身、危害他人的行为，或者说有这样的倾向，他/她的近亲属或者所在社区的居委会、村委会，或者是公安机关就可以将其送到精神病院去，由医院对其进行评估和诊断。另一个是报病制度，这个是前段时间我们在卫生部激烈争论过的，《精神卫生法》里面体现的是无条件的报病。根据国际上对疾病的分类，精神障碍有 10 个大类近 400 种，范围是非常大的，《精神卫生法》没有非常明确的前置条件说哪一类的精神病才要"报病"。简单来说，只要这个人去了精神病院就诊，不管是门诊还是住院治疗，医生诊断出患了精神障碍，甚至医生还没有诊断出属于哪类精神病，都要报病，都要录入信息系统。如果对这个信息系统的管理到位，能够保证隐私，那么问题不大，但是在我国，目前信息系统建设还不够完善，这样报病，公民个人的隐私怎么保护？

还有一个问题就是医学问题的司法化。我这个角色是最尴尬的，我们司法鉴定既体现社会问题的司法化，又体现医学问题的司法化。由于出现患者对医生和护士不信任的法律纠纷，国家越来越倾向于把疾病的诊疗行为、医患关系纳入司法。《精神卫生法》也是通过设置法定程序，把精神病人的诊断，尤其是非自愿的住院治疗完全纳入司法途径。原来我们传统的中医都是拎着一个包，大夫直接到病人家里开处方，然后病人去拿药。但是现在不一样了，现在任何一个不当行为都要面临法律纠纷的风险。这就使社会控制在医学领域的现象越来越明显、越来越充分，尤其在精神病领域上更加突出。

二、精神卫生与法律的联系

精神卫生与法律之间是如何建立起联系的呢？有三种说法。第一种认为，精神病人更容易违法。刚才已经提到，从 6 月份起，媒体连续报道精神病人莫名其妙杀人、伤人等，所以公众需要用法律保护自己免遭患者的侵害。这个提法对还是不对，我们暂且不说，之后我们再讨论。第二种认为，精神科专业人员，所有从事精神卫生工作的人员——医生、护士等——更容易违法，因此精神卫生服务需要用法律来进行规范。这个话对或者不对，我们也在之后讨论。还有人认为，精神病人更容易成为违法侵害的对象，所以精神疾病患者权利更需要用法律来保护。

为什么公众会有"精神病人更容易违法"这样的印象？英国做过一个全国范围的大规模的调查，结果发现，无论是从暴力总数来看，还是从暴力罪、凶杀罪、财产罪、性犯罪等犯罪形式来看，几种主要的精神障碍患者的犯罪率都远远高于正常人，从两倍一直到二十几倍。在精神障碍里面，精神分裂症是最严重的，是所谓的重性精神病。心境障碍里面，双相障碍等也可以被算作重性精神障碍。抑郁症里面，精神病性的抑郁是严重的抑郁症，可以被归入重性精神障碍。人格障碍和物质滥用在我们国家往往不被当做精神疾病，至少没有把它叫做精神病，可以被归入广义的精神障碍，但它属于比较轻的一类精神障碍。实际上，人格障碍和物质滥用这两类问题引发无论哪一种犯罪形式的比例都远远高于重性精神病人犯罪的比例。所以，现在公安人员也有经验了：如果有人莫名其妙地在马路上提着刀杀人，或者莫名其妙地拿着砖头把人家的车一辆一辆地砸过去，有时候公安人员会想到这个人是不是醉鬼，或者是不是吸毒的人。现在新型毒品中毒的人越来越多，原来根本想不到，以为这个人是精神病人或疯子，要我们给他做一个司法鉴定。我们去后，发现这个人没有任何的精神病病史，给他做了血液的毒品检测，呈阳性，而且用的往往是起效很短的新型毒品，像摇头丸、冰毒等苯丙胺类的合成毒品。这类毒品引发的犯罪越来越多，远远高于重性精神病引发的犯罪的几率。老百姓原本以为是"疯子"容易犯罪，实际上并不完全如此。人格障碍者就更多了，其实人格障碍在现实社会中引发的犯罪几率远远高于重性精神病人的犯罪几率。每 10 个人里面可能有两三个人有人格障碍，比例是非常高的。根据我国几个地区的流行病学调查，各类精神障碍的终身患病率是 17.5%，但精神分裂症这类重性精神病的终身患病率可能还不到 1%。一些媒体说中国精神病患病率是17.5%，所以中国是一个"精神病大国"，人人都可能是精神病。我们说有 1600 多万精神病患者，指的就是重性精神病患者。但媒体说我国有 2 亿多精神病人，这是概念混淆。首先，终身患病率和现患病率是不同的，一个人在一生中可能患上这样或者那样的精神障碍，说涉及 2 亿人是可以的，但是说中国现在有 2 亿多精神病人是不对的。其次，如果按照精神疾病的分类，连续两个星期睡不着觉也可以被归入精神障碍，叫做睡眠障碍。所以从最轻的睡眠障碍、人格障碍、焦虑障碍，到抑郁症、双相障碍、精神分裂症、偏执性精神病，"精神障碍患者"这个范围是非常广的，不能简单地说我们有 2 亿多"精神病人"。我们经常会在网络上看到某人有一些异常的举动，和常人异样的表现，第一个感觉就是这个人是疯子、是精神病，不管他有没有精神疾病，都有这样的感觉。确实也有很多的精神病人，如果没有一个很好的管理体系，没有一个很好的监管的网络，会出现各种各样的危害行为，尤其是对他人的危害行为，往往会造成社会的恐慌。

为什么说精神专业人员更容易违法？从历史上来看，精神卫生机构的产生与监狱就脱不了干系，它最早就是收容与监禁机构。以前认为精神疾病患者是魔鬼附体，或者不是正常人，是疯子，所以要把他们送到远离公众的地区封闭起来。当时也没有药物和治疗手段，人们发明了各种方法来进行处理，比如说旋转椅，每分钟转多少圈，把狂躁的病人转到安静为止，或者七窍出血为止。有的收容机构比监狱条件更差，因为没有药物治疗和躯体治疗的方法，所以就把可能出现危害行为的狂躁的精神病人约束起来，限制他的自由。18 世纪，为了防止病人发病后伤害自己，咬自己的舌头，有人就发明一种装置把他下巴撑起来，还有的装置是为了让精神病人只看到前面的一点点地方，减少周围对他的刺激，使他慢慢安静下来。到了 19 世纪，人们越来越认识到，精神病人这类人群的出现可能并不完全是自身的原因，也不完全是非自然的原因，可能还有生物学的原因导致他出现病态。所以有的专家提出，要对他们进行道德管理，废除惩罚性的治疗措施，人道主义地对待精神病人，而且认为，如果这些机构能为他们创造类似家庭的舒适环境，让他们在里面劳作、康复，他们能够恢复得更好。所以，床、装饰画和一些漂亮的物件取代了枷锁、铁链和水泥囚室，很多医院里面有非常大的花园。这样的运动也带来一些副作用：医院造得越来越漂亮，对病人越来越人道，很多家属都非常愿意把亲人送精神病院里去，因为家属照料精神病人负担也非常沉重，都不想让精神病人待在家里，结果导致医院人满为患，一个床挨着一个床，病人没有任何活动的空间，没有任何个人隐私可言。进入 20 世纪，精神卫生机构的角色也在发生变化，越来越倾向于成为医疗尤其是服务协调的机构。其中发生的最重要的一个事件，就是 20 世纪 50 年代发明了抗精神病药物氯丙嗪和抗抑郁的药物丙咪嗪。这些药物出现后，病人住在医院是一天吃两片药，回到社区或家里面如果愿意的话也是吃两片药，而且效果都是一样的，为什么一定要让病人长期住在医院里面呢？不需要了。病人在医院里面获得的照料非常少，也是在那里吃药，所以争取让患者回归到社会，个体化的治疗逐步代替了集体式的监管。另外还有个重要的事件，20 世纪 30 年代就开始的心理治疗在西方国家发展起来。有了心理治疗以后，更强调对个体的个别访谈和治疗措施，而不是把几百个人关在医院里面进行心理治疗，因为在那里没法进行心理治疗。这样，由政府牵头推动"去机构化"运动。这里面有几个主要措施，首先一个措施就是立法。美国没有联邦的精神卫生法，但有《社区精神卫生中心法》，这是 20 世纪 60 年代肯尼迪政府推动颁布的，要求在每一个社区都要建立社区精神卫生中心，使病人从州立的精神病院回到社区。另外一个措施是保险引导。以前，精神病院所有的开支全部是政府财政支出，后来要把病人放回社区去，只有在社区里面政府才投钱，在州医院里面政府投入越来越少，而通过保险支付。而且病人回到社区的话，政府还给予奖励，这导致了精神卫生机构床位的缩减。在 20 世纪 50 年代的美国，很多精神病院有上千张床位，现在美国的精神病院最多可能就是两三百张床位。床位缩减以后，住院就只限于收治非常严重的病例，只有伤人毁物的或者有自杀倾向的病人才会住院，其他病人不大可能去专科医院住院。这也会带来问题：精神病院大门成为"旋转门"，就是一个精神病人今天到外面杀人了住到医院里去，明后天通过很短时间的处置和治疗后很快就让他回去，回去以后如果没有得到很好的监管，过两天再杀人又进来。因为床位缩减、去机构化以后，受到保险公司的引导，病人住院时间越来越短，很多国家要求精神病院住院的时间不能超过 2 个星期，甚至不能超过 1 个星期，过了时间保险公司就不付钱了，所以医院床位主要被肇事肇祸患者占据了，真正有病而且确实需要住院的病人住不进去。我在美国曾经遇到一个非常轰动的案例：一个精神病人曾经住过院，而且觉得效果非常好，出院后有一段时间又发病了，又想回去住院，但跑了几家医院都住不进去，因为他没有达到住院的标准条件——没有任何的肇事肇祸行为，没有一家医院肯收他，结果有一天，他在纽约的地铁站里把一个无冤无仇的陌生人推到地铁列车下面，被警察送到精神病院去。媒体记者采访的时候问他为什么这么做，他说："我已经跑了好几家医院，都不肯收我，所以只得以这种方法达到住院目的。"还有一个现象：街头的流浪患者越来越多。西方社会和我们不一样，一个人到了 16 岁、18 岁以后，家人基本上就没有任何责任了，哪怕是一个严重的精神病患者，也不是由家人承担照料责任。刚才提到，美国有 14 万专业社会工作者，主要由他们对精神病人进行照料。如果社区里面照料的网络不够，或者家人尽的责任不够，这些人只能流浪到街头。有人统计过，在美国的流浪汉里面，1/3 是没病的真正的穷人，1/3 是没有人管的精神病人——可能有家可归或有钱但是没有人照料，还有 1/3 是喜欢流浪这样的生活方式的人，说不定是富二代或官二代。另外一个现象是"新长期住院病人"增多。公立医院关闭后，病人仍在增多，私人医院就开启了住院的小机构。政府对这种机构的监管相对弱一点，病人就不受只能住 3 天或只能住 1 个星期这种限制，可以长期住在里面。新长期住院病人越来越多，很可能病人从这个机构出院又转到了另外一家机构，在机构间转来转去，这样实际上还是永远出不了院，只是换了种形式。还有一个现象，就是非专科精神卫生服务越来越多。在很多欧美国家，病人都是去综合性医院精神科看病，不是去专科医院，大量的病人在综合医院进行治疗。另外，监狱变成了最大的精神病院。病人实施了犯罪行为之后，通过司法判决往往不会判到精神病院，因为精神病院也没有床位。为此监狱设置了专门的床位，甚至办监狱的精神病院，所以大量的精神科医生就去监狱服务了。美国现在每年住在精神病院的病人大概有20 万人左右，还有 120 万左右的精神病人是在监狱流转，说"监狱成了最大的精神病院"一点也不为过。在这样的服务模式下，服务提供者就往往会有意无意地忽视患者的基本权益。

　　为什么精神病人更容易成为违法侵害的对象？有一幅漫画这样描写社会如何认识精神病人：电视里面在放武打片，病人就有样学样地拿刀砍人。另外，我还在网上看到一幅漫画：丈夫说妻子是精神病人，两个精神科医生就跑到家里去，把妻子绑到精神病院去，医生在说："有人说你是神经病，你就是神经病。"这体现了对精神病人的一种偏见、一种恐惧，人人都恐惧自己"被精神病"。这些漫画还是体现了公众的偏见和歧视。另外，我的同事曾经调查过新闻媒体以精神病人为主角的报道，发现36% 是有关他们的暴力和危害等行为，有 6.1% 是把他们作为被杀、被骗、被弃、被强奸、被关锁、自杀/自残、走失的主角，还有 2.4% 把他们作为幽默笑话的主角，精神病人作为正面积极形象的一篇都没有。曾经有人做过一个统计，有暴力行为的住院精神病人占 40%——这个比例是比正常人要高，但是其中只有 10% 左右的病人有对别人躯体的伤害行为，很多可能只是骂人或威胁；病人受到正常人骚扰的则有 47%，14% 受到过肉体攻击；对邻居有骚扰的患者不到 10%，但是患病后被单位解雇的有 35%，因为受到邻里骚扰而搬家的患者占 26%。此外，曾有暴力犯罪记录的住院患者总体较一般人群高 1 倍，但曾成为暴力犯罪受害者的非自愿入院患者却比一般人群高 2.5 倍。另外，病人的违法行为或者其他危害行为很大程度上还是受社会因素影响。我国的重性精神病患者有 1600 万，其中近乎 10% 的重性精神病患者有肇事肇祸的倾向，如果按照这个比例换算的话，这样的人在我们国家大概有 160 万。公安部曾经在 2003 年做过全国范围的调查，结果发现大概有 43 万是已经肇事肇祸的重性精神病患者，按照比例来看大概就是 2.68%。这里面，住院治疗的不到 10%，曾经被政府收容的占 3.5%，被羁押在看守所的占 43%，被关锁在家的占 33.6%——大多数不在北京、不在上海，而是在中西部，尤其是西部贫困的山区，11% 的精神病人流散在社会。这些患者中，70% 无固定收入，14% 无固定住所。另外，由于缺乏医院社区连续的服务体系，我国的精神卫生服务体系还是高度集中在专科医院，病人出了精神病院基本上不能享受任何服务，很多病人的合法权益因此受到严重侵害。我们看一个例子：有个病人 40 岁，患精神分裂症，多次住院治疗。这次入院 2 年，时间非常长，表现很积极，自己想要回去做些力所能及的劳动以回报社会，弥补受害人的损失。我们也跟居委会、派出所商量是不是放他回去，但无论是居委会还是派出所都不同意让他出院，说："又没有欠医院钱，干嘛放他回来？需要多少钱，保证足额足量的给医院，一分钱不会少，还是让他待在医院算了。这个病人出来，说不定哪天又把人杀了，到时候我们又吃不了兜着走。"这样的案件不是个案，是非常普遍的现象。所以媒体来采访我们的时候，问到"被精神病"的情况，我们介绍说，"被精神病"在我们国家是极端的个案，非常少，最普遍的现象是精神病人出不了院，回不了社区，这才是最普遍侵害人权的现象。我们再看这个例子，这种情况更加普遍：一个人和妻子结婚多年以后才发现妻子是不正常的，便起诉离婚。法院是怎么判决的呢？法院说这是一个错误的婚姻，依据《婚姻法》，婚前患有医学上认为不应当结婚的疾病、婚后尚未治愈的，为无效婚姻，无效或被撤销的婚姻自始无效，然后作了无效婚姻的判决。这样一个案例反映一个什么问题？是法律本身的问题还是对法律理解的问题，还是别的什么问题？实际上，《婚姻法》第 11 条规定的"医学上认为不应当结婚的疾病"没有明确的定义，但卫生部还是制定过配套的规范性文件，主要指的是遗传性疾病，100% 会遗传的疾病是医学上认为应当禁止结婚的疾病，或者哪怕是结婚了也最好不要生育。还有，近亲结婚在我们国家法律里面是不允许的。但是，我国法律并没有规定精神病是不应当结婚的疾病。这个病人即便以前有病，但现在很好，谈恋爱的时候没有发现患有精神疾病，甚至刚结婚时都没有发现有病，只是结婚多年以后才发现有这个病，为什么说他不应结婚呢？上海也判过这样的案件，当时我就发表了一篇文章，呼吁对这种案件一定要重新审理。当时媒体是把这种案件作为正面例子报道的，说精神病人就是不应当结婚。判决无效婚姻后，无论这个人过得怎么好，做人做得再好，做母亲做得再好，也永远没有结婚的机会了。这种判决非常有问题，从法律的角度、从伦理的角度、从现实生活的角度看都是非常不对的。如果说这样的婚姻破裂了，妻子发病，丈夫又非常痛苦，完全没有感情，婚姻破裂了，法官判决离婚就是了。但我们传统当中还有另一种观点，甚至有的法官也有这样的观点：跟精神病人结婚就不能离婚，就有义务照顾他一辈子。关键是社会监护网络不健全，那社会要承担起责任来，家属也要承担起责任来。另外，法治、法律意识还得加强，该离婚的还是可以离婚，当然程序上应当有监护人代理法律诉讼。

由于前面所说的原因，精神病人可能成为被侵害的对象，也可能违法，本身也有很多的特殊性，所以精神卫生不光是卫生问题。我们来看这样几句话：第一句话是世界卫生组织在一个报告里面提到的："精神卫生是'国家的橱窗'。"就是说，国家的社会、生活、文化、长处、问题，好的坏的都可以通过精神卫生这一面橱窗全部反映出来。第二句话是美国有本书的书名中说的："恶劣的精神卫生服务是'国家的耻辱'。"在20世纪六七十年代去机构化的高潮的时候，这是非常有名的一句话。为什么我们要关闭精神病院？因为它是国家的耻辱，反映的是早期恶劣的精神卫生服务，病人在里面受到各种侵害。还有一句话是著名作家龙应台说的："看一个城市的文明程度，就看这个城市怎样对待它的精神病人，它对于残障者的服务到什么程度，对鳏寡孤独的照顾到什么程度。"去看北京、上海，用不着去看有多少高楼大厦，用不着去看公园有多漂亮、有多少绿地，用不着去看马路有多整洁，就看对残障者的照顾程度，对鳏寡孤独照顾到什么程度，对精神病人照顾到什么程度。我觉得这句话非常好，这句话也就回应了为什么说"精神卫生是国家的橱窗"，其实精神卫生也是整个社会的橱窗。

因此，精神卫生一定要有法律来规范。国际上，英国在19世纪初制定了《精神错乱者法》，1890年改名叫《精神错乱法》。1938年，法国颁布《精神卫生法》，以后所有国家的这方面的法律都叫精神卫生法。国际性相关立法文件有1948年《世界人权宣言》、1966年《公民及政治权利国际公约》、1966年《经济社会文化权利国际公约》，这些都是我们国家签署过的。与精神卫生立法直接相关的国际文件有1977年《夏威夷宣言》、1978年世界卫生组织《国际精神卫生立法报告》、1971年《精神发育迟滞者权利宣言》、1975年《残疾人权利宣言》、1996年《马德里宣言》等。20世纪90年代以后，各个国家制定或修订精神卫生法律都要依据这些国际性文件。尤其重要的是，1991年联大46次会议通过第119号决议——《保护精神疾病患者和改善精神卫生保健的原则》，提出了25项基本原则，世界卫生组织在1996年又把这些原则高度浓缩为精神卫生法十项基本原则，这对各个国家精神卫生立法起了非常重要的指导作用。

按照这些国际性文件，各个国家精神卫生立法的主要目标，或者说体现的主要内容有以下几个方面：第一，阻止对患者权益的侵害，防止对患者的歧视和偏见。第二，保护患者的自主权和人身自由。强制性地把病人送进精神病院住院就是侵害精神病患者的自由，不经过精神病人同意就对其进行治疗，或者进行特殊处理，比如电休克治疗，就是侵犯了病人的自主权。第三，保障患者的其他公民权益，比如婚姻权、就业权、就学权。以前有的学生得了精神病以后，不是休学，而是直接退学，这几年有所好转，可以休学，让他回去接受治疗，如果病好了以后，医生开具证明还可以恢复学籍。上海交通大学有一个实验做得非常好的研究生，但是导师对他太严格，受刺激后患了病。那个学生到我们医院住院，好了之后，我们都坚决要求学校给他恢复学籍，但他在实验室待了没几个月又犯病了，又回来住院。第二次住院以后，学校再也不要他了，将他退学了，非常可惜！第四，促进患者得到恰当的医疗和融入社会，这是更高的目标了。得到恰当的医疗，这句话讲起来容易，实际做到不容易。不要只看北京和上海，要去很基层的地方看病人是否得到恰当的治疗。我们曾经去参观过江西某县的精神病院，县里有个民政部门的精神病院，隔壁就是公安机关的看守所，精神病院的条件比看守所的条件差很多。看守所的犯人还有活动的场所，还有床，精神病院连床也没有，水泥地板上面铺上草和破席子就是床，病人的活动场所就是我们小时候看到的打乒乓球的水泥台子，在那儿既打球又吃饭。要得到恰当的医疗是非常不容易的，融入社会是更不容易了。我们见过几个病人真正能够融入社会？大家可以反思一下。第五，促进提高全社会的精神健康水平，这个要求更高。世界卫生组织有一句话是"人人都应该享有精神卫生保健"，不是患病后才能享有精神卫生保健，因为每个人在人生中的某一个阶段都可能会出现这样那样的精神问题。有一个统计数据，全世界每 4 个人就有 1 个人在某一个阶段会患上达到诊断标准的精神障碍。人人都应该享有精神卫生保健，这就要提高全社会的精神健康水平，我们要做心理障碍的干预，做精神障碍的早期识别甚至预防，促进心理健康，促进和谐社会的建设。

三、我国《精神卫生法》的背景、宗旨和影响

解决前面说到的权利受侵害、偏见和歧视这些问题，主要的手段，也是比较经济的手段，就是通过专门的精神卫生立法，而且 20 世纪 90 年代在全球也确实形成了立法的高潮。我们国家在 1985 年就开始启动

精神卫生立法的工作，当时是卫生部委托专家起草草案，居然经历了27 年的立法历程。为什么会有这么曲折的历程？我个人认为，开展精神卫生立法是需要一定环境条件的：第一，经济要发展。精神病人是少数人当中最弱势的群体，需要投入资金，如果到了严重的精神病程度，基本就是只有消耗，没有产出。第二，社会要稳定。只有在社会稳定甚至是不断进步的过程中，才会考虑到保护少数人的权利，特别是精神病人的权利。如果社会处于一个动荡、不稳定的状态，连人的生存、吃饭的问题都没有解决，要让大多数人在这种情况下考虑精神病人的权利是很难的。所以，在国家的精神卫生法出台之前，只有北京、上海、深圳、武汉、宁波、杭州、无锡这 7 个城市有地方精神卫生条例，而这些全都是经济、社会相对比较发达的地区。中西部地区连基础财政问题都没有解决，让政府考虑精神病人的立法是非常难的。第三，人力资源、床位、医院等在数量和质量方面的供给和需求达到相对的平衡，立法才可能得到更好的实施。反过来说，只有在需求和供给不平衡的前提下，才会有很强的推动立法的动力。在有很大的需求，但是供给又不足，或者是资源又不够的情况下，无论是从政府来说还是从社会来说，都有很大的动力推动相关政策和立法的出台，使这对供求关系尽可能地达到平衡。第四，要有科技的进步。只有科技不断进步，病人住院跟在社区里面有一样的治疗和治愈的机会的话，这个法才能是好的法律。第五，要有维权团体和大众传媒的推动。《精神卫生法》的出台，最重要的推动力量就是传媒，而且是在一个很不利于精神病人的保护的角度下推动的，因为前几年的媒体最大的关注就是"被精神病"的问题。第六，利益各方要尽快形成共识。如果说共识没有形成，不同的利益方之间有非常尖锐的意见，这个法也出不来。第七，一些政策文件要基本完善。20 世纪 80 年代以前，精神病院的条件非常恶劣，对精神病人这样的群体没有成熟的防治措施，民政、公安、卫生、煤矿、石油、林业等各系统的精神病院各自为政，没有统一的政策。2002 年，我国才出台了第一个精神卫生政策文件——《中国精神卫生工作规划》。第八，还要有相应的立法工具。刚才我们看到的国际上的精神卫生宣言、文件、共识都是我国《精神卫生法》非常重要的参考资料，都是比较成熟的立法工具。

2009 年，我判断应该是到了精神卫生立法时机成熟的时候，因为政府更加关注民生问题，另外，医疗改革里面非常重要的一点就是强调卫生服务的公益性问题，而精神卫生是最大的公益。尽管大环境越来越有利于精神卫生立法，但是从技术层面看，精神卫生立法的难度实际上在不断加大。比如说，我们这个法实际上是由关于"被精神病"的报道推动的，这样，有一些规定在操作层面上就会带来一些难题，甚至不良后果。另外，大众传媒宣传精神病人的肇事肇祸等问题，这又给立法者一个错觉，就是精神病人是很容易出事的群体，国家要从维护社会治安的角度考虑立法宗旨，又会走到另外一个极端去。再比如说，我们2000 年做立法调研的时候，基本上没有任何障碍，大家的认识和观点都差不多，因为涉及的人群很少，基本上就是几个精神科医生和对精神卫生法比较感兴趣的法学界的人在那里筹划。到了 2010 年，利益各方的观点都出来了，共识变得越来越少。尤其是专门研究人权法的学者有他们的观点，一些律师从维护公民人身自由权的角度发出非常强烈的声音，综治、公安等部门又有维稳方面的要求，包括病人及病人家属也有自身的诉求。但是，这里面最弱的声音就是病人家属的声音。病人的家属在任何其他国家的精神卫生立法中都是非常强大的一类群体，但是在我们国家没有病人家属的组织和团体帮病人家属说话，整个立法过程中基本上没有听到病人家属发出的声音。这部法出台以后，将精神病人、精神病院、精神科医生、精神病人家属置于一种对立的局面，好像说家属把精神病人送到精神病院去就是贪病人的财，就是为了家属个人的利益，将其与患者人为地对立起来，病人家属变成了恶人，要限制他们的权利。限制病人家属的权利有一定合理的地方，确实有家属为自己的利益把病人送往精神病院的案例出现，但这是极罕见的，也是与我国的传统文化不符的。在传统的文化中，家属对照料精神病患者几乎承担全部义务，没有任何权利，没有自己利益的诉求，都是为精神病人好。如果我们认为要把病人家属或者监护人的权利限制起来，似乎走得太快了一点。立法初期强调保护病人的权益的呼声是非常强的，后来很多人强调保护正常人的权利，一个是不要被精神病人伤害，一个是不"被精神病"，良善的立法动力越来越弱，总体的困难越来越大，所以《精神卫生法》的出台是非常不容易的。

2012年通过的《精神卫生法》一共7章，它的立法宗旨就是这三条：发展精神卫生事业，规范精神卫生服务，维护精神障碍患者合法权益。这个立法宗旨的表述是非常好的。为什么发展精神卫生事业？因为精神障碍疾病负担沉重，精神卫生服务资源严重不足。为什么规范精神卫生服务？因为精神卫生服务体系和网络不健全，病人回到家庭、社区以后没有人进行跟踪服务，现有的服务质量普遍低下，服务的标准化、规范化建设亟待加强。为什么要维护精神障碍患者合法权益？因为对患者的偏见和歧视普遍存在。通过这样一部法律，我们能够看到精神障碍患者应当享有的一些基本权利，其中最需要强调的权利是人格尊严、人身和财产安全。这里我特别要提出来，人格权包括婚姻自主权，前面提到的法院关于无效婚姻的判决实际上侵害了患者的婚姻自主权，不能离婚从某种意义上来说其实也是侵害了患者的婚姻自主权。这部法律的总则还要求保障精神障碍患者的教育、劳动、医疗以及从国家和社会获得物质帮助的权益，保障患者的隐私权，尊重、理解、关爱患者，禁止歧视、侮辱、虐待患者，禁止非法限制患者的人身自由和遗弃患者。在我们国家，家属把精神病人扔在医院常年不管是普遍的情况，任何一个精神病院都有患者长期住院，没有家属照看，甚至有的家属连医疗费、饭钱都不肯付，这从某种意义上说就是遗弃患者的行为，是犯罪。这部法律还强调医疗机构在诊疗中要规范服务，因时间关系我就不详细地讲了。

《精神卫生法》在今年5月1日实施后可能带来什么效应？从上海市2002年《精神卫生条例》实施10年的情况来看，这10年的精神卫生服务几乎没有任何改变。这给我们一些启示：文字上的法律不一定能成为现实中的法律。另外，精神卫生服务存在的所有问题不是一部法律能够全部解决的。精神障碍患者权益的保障或实现，在现实工作中往往不是靠法律的途径，靠的是整个社会包括政府观念的转变，是整个大环境的改变，是整个体系的变化，或者是我们伦理的自觉。这部法律也会带来其他方面的影响，比如变革服务模式，大型精神病院规模缩小，变成一个个小的团队，深入社区提供服务，开展家庭的服务；调整临床诊疗措施，尤其是收严非自愿治疗的标准；改进临床技术研究，包括对患者危险性和知情同意能力的科学评估；等等。我认为这部法律带来的最大的转变就是服务理念的转变。受到传统文化的影响，我们以前的精神卫生工作是重监管轻干预、重实体正义轻程序正义、重公共安全轻个人权益、重家庭责任轻社会责任、重国家父权轻个人自主权。现在，法律已经规定了健康权、人身自由、程序正义、责任分担、自主权等。我相信，这部法律实施若干年后，精神疾病的诊治和康复会倾向于更多地关注人性化服务、非自愿住院的标准和程序、知情同意、私密性、隐私保护、各个政府部门的责任分担以及对患者个人自主决定权的尊重，当然这是一个缓慢的过程。

中国现在的精神卫生服务不但受立法的影响，还受医疗改革的影响。我们的医疗改革还在探索过程中，强调社区、家庭提供的服务，今后可能会带来服务模式的巨大转变。我们今后的精神卫生服务机构会有新的定位，它不能脱离医疗机构，还是医院，但是会更多地承担公共卫生职能，最大限度地帮助患者恢复功能、回归社会，这既是国际的趋势，也是我国现实的要求。因此，精神病院的软硬件都要调整。我们原来很自豪地向外国人展示我们的精神病院，也给外国专家介绍我们的院内康复，让病人做手工、唱歌、跳舞。结果有一个外国专家悄悄和我们讲，说我们医院的康复服务很可悲，把病人当成幼儿园小朋友对待，他们其实不是小朋友，而是劳动者。这是我们医生需要思考的问题，也是社会需要思考的问题。

第七部分
试讲点评

2012 年试讲点评[1]

班文战

刚才三位老师都做了试讲，下面我得履行一下点评人的职责。由于时间的缘故，我就听讲过程中发现的现象和问题简单地和大家说一下。首先是总评，然后是单评。

一、总评

总评是有十点肯定性的意见。第一是有态度：这是三位老师都值得肯定的地方。我们能够感受出来，三位老师都对试讲做了非常认真的准备，有的是在来之前就做了准备，有的是来了之后又临时做的补充。第二是有特色：试讲的内容有权利、有方法、有教育模式，不同老师有不同的风格。第三是有经验：三位老师在试讲前都有教学、实践等方面的经验，比如说，如何从多种视角来看待一个问题。也有老师做过法律援助这种很具体的工作，这样的工作方式、所遇到的问题、积累的经验如果能融合在教学中，那是非常好的。第四是有方法：三位老师基本上都使用了讲授、提问、讨论、引导、交流等多种方法。第五是有信息：不论是各种数据、有关的法律文件、具体的案件，包括后面的培训信息、课题的信息，都是多种多样的。第六是有观点：三位老师在很多问题上

---

〔1〕 本文是中国政法大学人权研究院班文战教授 2012 年 8 月 21 日在"2012 年中国高校教师人权法教学研讨会"上对三位参会教师的试讲所做的点评，由张瑞彪整理、班文战审校。三位试讲教师及其试讲的题目分别是：山东工商学院政法学院王秀哲教授（"宗教信仰自由权"）；扬州大学法学院李秀华教授（"多重视角下的家庭暴力干预机制"）；中华女子学院法学院刘明辉教授（"反就业歧视的世界性趋势"）。

都提出了自己的看法。第七是有思考：主要是提出了很多有待进一步思考的问题。第八是有深度：特别是关于家庭暴力的成因和它的解决方法、反就业歧视的趋势、宗教信仰自由等问题，三位老师都提出了很有深度的看法。特别是在参加了本次研修活动之后，老师们看待某个问题的视角、领域有所扩展，这实际上就是深度的一种体现。第九是有收获：比如在看待问题的视角、收集资料的方法方面都有直接的收获。第十是有价值：这次试讲不论是对试讲者本人，还是对参加研修班的其他老师来说，都是有价值的，对于我们进一步认识人权法教学的目的、内容和方法都会有帮助。这是总评。

二、分评

因为我们有三个试讲，涉及三个不同的主题，我想从后往前点评一下，重点是在第一个试讲。

刘明辉老师的试讲包括两个内容。关于反就业歧视的发展趋势，因为刘老师没有展开，我对此也缺乏研究，所以我不适合对它的内容做点评。但是以我有限的了解，我认为刘老师对反就业歧视在国外的发展的总结和概括体现了其中的趋势：一方面，从联合国普遍的国际性文书和相关机构的实践中能够看到，除联合国本身外，联合国的一些专门机构，如国际劳工组织，在反就业歧视方面有非常丰富的规范、制度和实践。我们在考察反就业歧视的发展趋势的时候，除了其他国家之外，还要考虑到国际组织这一部分。其他国家除了在宪法里有原则性的规定，还有很多专门性的反就业歧视立法，包括成文法和判例法，这还是需要全面总结的。关于课程设计，我很赞成刘老师的考虑。作为一门博雅课，其教学目的、内容和方法都是可取的。尤其在内容上，以人权的核心问题为主线，也就是什么是人权、为什么要尊重和保障人权以及如何尊重和保障人权。这三个问题作为通识课或选修课的内容，无论是面向法学专业的学生，还是面向非法学专业的学生，都是适用的。再有一点，我也非常赞同第四章的设计："从我做起"，把人权和每个人的现实问题紧密结合起来。这种设计实际上体现了人权教学的目的和内容，也就是知识的传授、技能的培训、态度的培养和行动的促成，我非常赞成这种设想。如果（课程）是 32 个课时的话，具体的内容还需要进一步细化，这是刘老师需要进一步考虑的问题。

李秀华老师讲的多维视角下的家庭暴力干预机制问题，比较专业，但也涉及了人权的一个基本问题，就是如何尊重和保障人权。李老师对这个问题有比较深入的研究，而且又有丰富的实践经验，所以在家庭暴力的影响、成因、解决办法方面都有很精辟的见解。如果从人权法的角度进一步思考的话，至少还可以考虑两个方面的问题：一是家庭暴力所涉及的权利问题，二是国家与家庭暴力有关的义务和责任问题。现在很多人都认为家庭暴力应该被制止和惩罚，从人权法角度讲，如何证明家庭暴力应该被制止和惩罚？特别是如何要求国家和政府来采取这些措施？如果仅仅靠个人、家庭成员或者社区来采取干预措施，显然是不够的，而要证明和要求国家承担义务和责任，就需要认清家庭暴力对人权的影响。从联合国的人权文件、有关国家的法律规定和司法实践来看，家庭暴力，特别是基于性别的针对妇女的家庭暴力，是和个人的多种权利有关的，比如平等和不歧视、生命权、健康权，还有其他权利。正是因为家庭暴力涉及对人权的侵犯，所以在家庭暴力的预防、制止、惩治以及对家庭暴力受害者的救助方面需要国家承担首要的义务和责任。

关于权利的意义或者价值。我们说到人权的问题，一般会包括人权的价值问题，宏观地说是为什么要尊重和保障人权，每一项权利同样都有这个问题。只有意识到每一项权利的价值，特别是和我们的生活息息相关的价值，我们才愿意深入了解它。一项权利的意义或价值可以从几个方面认识，涉及这项权利影响的范围、对象、程度和效果，对这些方面的意义和价值，都需要做全面、深入的分析。可以说，一项权利本身包含了其他许多权利的因素，这项权利的享有和实现程度也会影响其他许多权利的享有和实现程度，由此也可以体现这项权利的重要性和意义。

2013 年试讲点评[1]

班文战

一、对盛红生老师试讲的点评

盛老师试讲的题目是"国际人权法与国际刑法"。这个主题要表达的核心思想是国际人权法对国际刑法的影响，这应该是一个人权方面的话题。盛老师多年从事国际法（特别是国际刑法和国际人道法）的研究和教学，也参与过这方面的实践，所以更多的还是从国际法的角度讲到了国际人权法对国际刑法的影响，包括影响的背景和表现，也涉及了一些人权方面的问题。如果从人权法教学这个角度来看的话，我个人以为还应该再强调一下人权的视角，再进一步突显人权的问题。

中国政法大学的人权法学专业有一门专业学位课叫国际人权法。在讲授国际人权法的时候必然要涉及一些基本的问题，一个就是国际人权法的概念和范围，再一个就是国际人权法的历史发展。关于国际人权法的范围是有一些争议的。比如说，它是只限于世界范围的、普遍的、以联合国为核心的国际人权法规则，还是也包括区域的人权法规则？再比如说，国际人权法与国际人道法、国际刑法、国际劳工法、国际难民法乃至国际环境法等国际法的分支部门是什么关系？是并立的关系、交叉

---

　　〔1〕　本文是中国政法大学人权研究院班文战教授 2013 年 8 月 21 日在"2013 年中国高校教师人权法教学研讨会"上对三位参会教师的试讲所做的点评，由朱海整理、班文战审校。三位试讲教师及其试讲的题目分别是：浙江理工大学法政学院法律系盛红生教授（"国际人权法与国际刑法"）；四川师范大学法学院李昊讲师（"民族身份就业歧视的法律规制"）；西安文理学院钱晓萍讲师（"国家对未成年人监护义务的理论基础与实践构想"）。

的关系还是包容的关系？其实，国际人权法和国际刑法应该有一个共同的发展背景，也就是第二次世界大战的结束和联合国的建立。这里把国际人权法和国际刑法并列起来，讲国际人权法对国际刑法的影响，从形式上似乎是把它作为两个不同的体系。我个人以为，从人权的角度来看，所有旨在促进人权的普遍尊重和实现的国际的和国内的规则或者规范都可以被视为广义的人权法的范畴。从这个意义上理解的话，可能大部分或者说全部的国际刑法规范都可以被纳入国际人权法的框架。国际人道法作为战争或武装冲突期间保护战争或武装冲突受难者的一种规则，也可以纳入国际人权法的框架，与适用于和平时期的国际人权法规则共同构成国际人权法的组成部分。尽管国际人道法形成的时间比较早，但由于《联合国宪章》确立了促进人权的普遍尊重和遵行的宗旨，可以说较早形成的国际人道法规范的作用发生了变化，或者说在人权方面的因素更加突显。

　　盛老师也提到，整个国际法从主权和国际主体导向走向人权导向，这是一种演变趋势。我个人也认为，第二次世界大战之后，国际法的一个重大发展和变革就是国际人权法的出现。国际人权法的出现可以说使整个国际法的性质、功能和作用发生了重大转变，而这样的转变是在一个统一的大背景之下发生的，国际刑法和其他与人权有关的国际法分支部门都是在这样的背景之下向前发展的。尤其是联合国从 20 世纪 90 年代之后有一些基本理念，一个是人权主流化（main-streaming of human rights），另一个就是以人权为基础的路径（human rights based approach）。在联合国整个系统里面，任何一个国际机关、国际组织或专门机构的活动都需要考虑促进人权的普遍尊重和遵行这样一个目标，要遵循和符合人权的一些精神和原则，和平也好、安全也好、发展也好，都要考虑到人权的要求。所以，从人权的角度来看，可以把国际刑法的实体规范和机制看做尊重和保障人权的国际的途径和措施，看做促进、保障和实现人权的国际途径的一个新的发展趋势。这种国际司法机制或者国际刑事司法机制与其他的促进、保障和实现人权的国际机制相比有它的特殊性，它的适用的对象是特殊的，它的具体的保障方式是特殊的，但是它的目的和作用可以被整合在联合国的促进人权的普遍尊重和遵行这个宗旨之下。如果从这个角度去界定这个问题，可能更符合人权法教学的形式和内容的要求。

二、对李昊老师试讲的点评

李老师试讲的主题是"民族身份就业歧视的法律规制"。李老师主要是给我们做了一个经验分享，因为这是他在研究生实体权利课上的一个专题。我们能够感觉到，这个专题比较适合在研究生层次讨论。

实体权利的教学会涉及权利的价值、内容和实现等问题。这个题目本身涉及了好几个方面的问题：在权利方面涉及的一项具体人权是就业权，但更多的是侧重在平等和不歧视层面；在权利主体方面涉及一类特定的权利主体是少数民族成员。我听到李老师讲"少数民族"和"汉族"，这里请允许我把这个概念做一个澄清。可能我们平常习惯了讲"少数民族"权利保护，"少数民族"是一个群体，与它的成员应该是两个不同的概念，它的成员是个体。我们讲权利（比如就业权）的时候，应该是讲个人的权利，这个时候应该说是少数民族的成员的权利。

李老师采取了多种的视角和综合性的研究方法，既有理论研究，又有调研的支持，既涉及法律的领域，又涉及政治学、社会学、民族学这些领域，视角非常宽广。这里面既有问题的表现、问题的原因，也有问题解决的途径，应该说是一个解决实际问题的很好的工作，很有深度，确实比较适合在这样的场合进行交流。

李老师在后面讲到本科生人权法教学的选修课，包括教学的目的、内容和方法，考虑到了不同的教学对象、不同的接受能力和不同的背景。现在，无论是本科生还是研究生，还有刚才提到的公务员，既缺乏人权知识，也缺乏人权技能，更重要的还是缺乏人权的态度和意识。所以，对于本科生和研究生来讲，我们都需要做人权教育的工作。从教学方法上看，使用电影也是很好的方法，至少可以推荐学生去看。另外，感性的交流也很重要。

三、对钱晓萍老师试讲的点评

钱老师试讲的题目是"国家对未成年人监护义务的理论基础与实践

构想"。钱老师的教学设计同样考虑到了教学对象的一些突出的、实际的需求，特别是要和他们的工作结合起来。行政学院和党校的老师在人权法教学中讲一般的理论、学说、规范，学员可能不感兴趣，但是如果和他的工作结合起来，就是从帮助他解决工作当中遇到的问题这个方面去考虑、去努力的话，会得到大家更多的支持，也会避免他们的一些排斥。

从试讲的选题本身来看，它既有针对性，也有现实性；但是结合教学对象来看的话，可能还有几个地方需要加强。比如说，关于国家监护的理论基础，对于基层国家公职人员来说，讲罗尔斯的《正义论》或其他的理论，可能大家接受起来的困难是比较大的。要是引入人权的理论基础，从个人的权利以及国家的义务和责任入手，可能更容易理解。更重要的是，从理论（尤其是国外理论）或历史的角度证明国家承担起监护义务的必要性，对实际工作者来说往往也是很难接受的。考虑到听众的工作，可以说明一下国家监护义务的缺失所造成的不利影响，一方面是对儿童本人的不利影响，另一方面是对家庭和社会的不利影响。地方的领导或实际工作者如能意识到这样的问题，可能会更加积极地采取有效的措施。此外，和理论基础相比，更重要的可能还是法律基础。关于法律基础，从宪法上看，国家有义务尊重和保障人权，还应该保护儿童权利；从法律上看，我们有专门的《未成年人保护法》；从国际法来看，中国是《儿童权利公约》的当事国。这样，既有实际的考虑，也有法律义务的要求，国家承担并履行对未成年人监护义务的理由可能会更加充分一些。

总的来看，盛老师有非常丰富的教学、研究和实际工作的经验，讲得非常生动，如果专门从人权法教学这个角度考虑这个问题，有关内容可以得到更好的运用。李老师、钱老师都特别从人权法教学的角度考虑到了教学对象的背景和特殊需求，在具体的方法和内容上还可以改进。当然，三位老师的试讲在内容和方法上都会给大家很多启发，我们试讲的预期目的应该是实现了。再次感谢三位老师的奉献，也感谢各位老师的积极参与。

2014 年试讲点评[1]

班文战

　　三位老师试讲的时间很有限，选的题目都比较大。刘祎老师讲的"残疾人权利"是一个非常庞大的题目，涉及某一类特定权利主体的权利保护。涂云新老师讲的"现代人权法的基石和架构"涉及历史的、规范的、机制的、理念的问题，内容很丰富。聂德明老师讲的"税收强制执行中的人权保护"题目比较专一，但内容也比较丰富。几位老师可能是希望把自己设定的内容讲完，所以就没有时间交流，听讲的各位老师对试讲的老师很尊重，中间不会打断、不会提问，有问题、有意见也不会表示。我在研究生实体权利课程上采用的是研讨的方式，在学生做完报告之后，会请其他每一位同学对报告的形式和内容做点评。由于时间的关系，我们在这里不可能让每位老师都来做点评。有没有老师对其中任何一个专题的试讲简明扼要地点评一下？

　　A 老师：他们三个人各有特点。概括地说，从教学内容是否适合为本科上课方面来看，应该是刘老师胜出；从逻辑层次清晰方面来看，聂老师讲得最好；从教学激情、生动形象和双语教学方面来看，涂老师胜出；从内容上看，他们对自己的专业都有研究。

---

　　[1]　本文是中国政法大学人权研究院班文战教授 2014 年 8 月 21 日在"2014 年中国高校教师人权法教学研讨会"上对三位参会教师的试讲所做的点评，由秦鹏博整理、班文战审校。三位试讲教师及其试讲的题目分别是：湖北大学政法与公共管理学院刘祎讲师（"残疾人权利"）；云南师范大学哲学政法学院（纪检监察学院）聂德明讲师（"税收强制执行中的人权保护"）；复旦大学法学院涂云新讲师（"现代人权法的基石和架构"）。

B 老师：刘老师的视野很广泛；聂老师讲的与现实联系得很紧密；涂老师讲的符合现在对双语教学的要求，层次非常清晰，把联合国的人权条约讲得非常清楚。我有个问题，我们讲国际法的老师怎么能既把理论讲得很清楚，又能和实践结合得很紧密，还能非常吸引学生？

班文战：谢谢！有没有老师觉得什么地方做得不够好的？

C 老师：我是非法学专业的，只要我能听清楚的，说明这个课就有效果。我一直在记录三位老师讲的内容，没有像前面两位老师点评得那么清晰。比如，刘老师在举例说明残疾人的概念的时候，逻辑关系不是很清楚。

班文战：谢谢刚才三位老师的点评！点评这个环节是非常有帮助的。我在研究生的专题研讨课上都会鼓励学生做全面的训练，包括研究的训练、表达的训练、交流的训练、沟通的训练等。对讲的人和听的人来说，点评这个环节对于各方面的训练都能起到帮助作用，这是一个相互学习的过程。由于时间有限，不能请更多的老师来发表看法，但是各位老师可以在课上运用这个方法。

刚才前面两位老师的点评和我们研究生课堂上的点评是很相似的，都是以肯定为主。其实，从完善我们自身工作、帮助我们取得更大收获的角度考虑，指出有待完善的地方是同样重要的。我们感到困惑和不理解的地方，可能正是讲的人有待完善的地方。

从教学的角度来看，我们要评价一门课程或一堂课的效果，可以结合教学的基本问题，从教学的目的、内容和方法这三个方面来看。

从教学目的上看，人权法教学的直接目的体现在知识、技能、态度和行动四个方面，一门课或者一堂课的教学质量或效果都取决于在多大程度上有助于这些目的的实现。以今天的试讲为例，涂老师讲的这个专题是为高年级本科生人权法概论课程设计的第一课，它的目的很明确，就是帮助学生熟悉人权法体系；刘老师更多的是从残疾人权利的重要性的角度来考虑；聂老师主要考虑他讲的是一个现实问题，而且可以和自己的学科背景结合起来。当然，我们在设定一门课或一堂课的教学目的的时候，可以考虑多重的因素，比如教师自身的能力和兴趣，学生的层次、专业、基础、兴趣和需求，以及问题本身的重要性。除此之外，还需要考虑人权法教学本身在知识、技能、态度和行动方面的要求。就人权法教学本身的要求来看，我们可以从人权的基本问题入手，考虑一堂课是要说明人权的价值问题、规范问题还是方法问题。比如说，为什么要尊重和保障残疾人的权利，为什么要保护税收强制执行中有关个人的权利，这属于人权的价值问题；残疾人有哪些权利，税收强制执行中要保护谁的人权、哪些人权，这属于人权规范的问题；如何保护残疾人的权利，如何保护税收强制执行中被执行人与执行人的权利，这属于人权方法的问题。

从教学内容来看，教学内容应该围绕教学目的来设计。比如说，"现代人权法的基石和架构"是人权法概论的第一堂课，目的是要帮助学生熟悉人权法体系，涂老师为此设计了四个问题，分别是现代人权法的产生、人权的理念、三代人权观和人权与国家权力的关系。再比如，关于残疾人权利，刘老师主要讲了残疾人的概念以及残疾人权利的意义、内容和保护机制等问题。聂老师试讲内容的设计有一个比较明显和重要的问题，不知道大家有没有发现？刚才有老师提到，从事国际法教学和研究的老师怎么能把理论和实践结合起来，其实所有不是从事专门的人权法教学和研究的老师都会遇到这样的问题。从现有的法学学科或非法学学科入手从事人权法教学和研究，既有优势，也有容易被忽略的不足：优势是对某一个具体的法律部门或者非法律部门的学科比较熟悉和精通，不足是缺乏人权的视角。我们看，"税收强制执行中的人权保护"本身是非常重要的一个选题，其中涉及税收领域中具体的行政执法行为与人权保护的关系。如果从经济法角度或者行政法角度来讲，重点是税收或者税收强制执行，但从人权法的角度来讲，重点应当是人权保护。在这个选题之下，聂老师设计了四个问题：研究税收强制执行的紧迫性、税收强制执行的法律依据、税收强制执行中的人权保护措施、完善税收强制执行的几点思考。从题目上看，这四个问题当中，只有第三个问题提到人权保护措施，而且实际讲的保护措施没有围绕人权，不是人权保护措施。这是我们在人权法的教学和研究中非常容易忽略的问题。

关于教学内容，还有一个值得一提的问题。如果教学时间有限的话，我们就要突出重点。比如说，残疾人权利这个问题非常庞大，如果只有 30 分钟，应该讲什么？不知道大家有没有注意到，刘老师在最后说道，他之所以选择这个题目，就是因为他对这个问题有些思考。我们在给研究生或本科生上课时，只把我们思考的问题讲出来肯定是不全面的。如果可以围残疾人有哪些权利、残疾人权利为什么重要、怎么样尊重和保障残疾人权利这三个基本问题，把所有相关的材料整合起来，就不会由于时间有限和材料太多而造成内容分散、重点不明，也不会给自己和学生造成很大的压力。

关于教学方法，一个需要注意的问题是材料的选择和获取。三位老师在试讲的过程中采用了不同的材料，有国际文件、国内法律、电影画面，还有在生活中的一些体验。我们在讲课中如何选择材料？以哪些材料为主？我们向学生传递技能的时候，怎么运用材料？再有一个是表达的问题。刚才有老师说涂老师的表达非常生动形象，对本科生来说，这可能会使学生更有兴趣。聂老师的授课对象是研究生，研究生的教学可能也需要生动形象，但一个研究生真要学习的话，不会过多在意老师的表达是不是生动、有趣和幽默。还有一个很重要的问题是交流。教学不是单向的信息传递，还应该有反馈，需要看学生对我们传递的信息能不能理解、能不能接受，或者说有什么不同的理解。学生有什么疑问或者困惑，都需要交流和沟通。

总之，我们设计试讲这个环节，是把它作为一个样本。试讲的老师做一个尝试，听的老师也会看到和学到哪些是自己可以避免的问题。不论是试讲的老师，还是听讲的老师，都为我们共同的目标、为做好人权法教学做出了贡献。我们应该特别感谢为我们试讲的三位老师，也感谢点评的三位老师，以及一直认真听讲的各位老师，谢谢大家！

第八部分
小组工作报告

2012 年第一小组工作报告[1]

淡乐蓉

我和甘肃农业大学人文学院尚明瑞教授共同主持了西部高校小组的研讨活动。我们这个小组由来自甘肃、青海、云南、贵州、新疆、宁夏这6个省份和自治区的14位教师组成，主要就以下三个部分进行了经验交流和研讨：首先是介绍所在高校的人权法教学现状和存在的问题；其次是分享参加这次教学研讨会的心得体会；最后就人权法教学和研究中各自关注的一些问题集中进行讨论和分析，并对今后这类教学研讨会提出一些建议和期望。

一、西部高校人权法的教学现状和存在的问题

第一，本小组的教师们围绕人权法课程设置的"难"和"易"的问题进行了讨论。大家认为，党校系统的学校和理工类高校开设人权法的课程比较困难，而一般性、人文类和综合性大学则相对容易。教师们分别描述和分析了自己所在高校的人权法课程设置情况和开设课程遭遇困难的原因。简而言之，在我国，党校是党委的重要部门，其在生源招录、教学理念、教学内容等方面有别于国民教育体系，其教育属于一种特殊教育，主要针对干部进行党的路线、方针和政策的教育培训，因而教学内容计划性强，内容明确固定，政治性和意识形态性也相对较强。单独开设人权法课程，不仅超出原有教学计划，课时难以安排，而且由

---

[1] 本文是青海民族大学法学院淡乐蓉教授 2012 年 8 月 22 日在"2012 年中国高校教师人权法教学研讨会"上所做的小组工作报告，由荆超整理，淡乐蓉审定，班文战校对。

于内容关涉维权和维稳的关系如何摆正，教师授课也会遭遇一些困难，加之接受党校教育的领导干部对人权问题的敏感度极高，教学的管理人员和听课的领导干部对课程的设立和教学都有一些不同意见，因而教师难以开设人权法课程并展开教学。与此相反，西部的其他综合性、人文类的高校则较顺利地在本科生、研究生的层次分别开设了人权法课程，有的高校还将人权法课程设置为全校的公选课。贵州大学的老师们反映，这门课还比较受学生欢迎，有比较多的本科生和研究生还撰写了与人权法相关的毕业论文。

第二，本小组的教师们讨论了人权法教学内容的广度和深度的问题。本小组教师们的从教地区大多是少数民族众多、文化多元的地区。尽管大家在人权法教学和科研过程中非常希望能够研究和分析贴近自己身边的民族地区的人权现实状况和问题，但由于我国少数民族地区的人权现实状况和问题非常复杂，关涉政治、经济和文化各个方面，民族的、宗教的各种因素交织在一起，研究的敏感度较高，对研究者的研究水平的要求也较高，因此导致现有研究成果中缺少比较有深度的对具体问题的分析，甚至也极少有对少数民族地方性的问题进行分析的有力的研究成果。同时，一些研究成果因为关涉民族和宗教问题，公开发表较为困难，在一定程度上缺乏对研究者的激励。在学习和讨论的过程中，大家普遍感受并认为，通过接受人权法的教学培训，进一步提高和加强了对国家法律理论和实践的认识，获得了一种视角和方法，学会了以人权为价值尺度对公民的法律生活进行分析和评判，领会了在高校进行人权法教学的理论意义和现实意义。

第三，本小组的教师们普遍认为，当下各个高校人权法的教学内容和教学方式比较单一，需要解决怎么样从单一向多元、多样的方向发展的问题。传统的教学内容只重视理论，教学方式主要是课堂授课，教师"满堂灌"。在这次人权法教学研讨会中，大家学到了互动式的、启发式的教学方法，特别是通过个别教师个体体会式的教学经验分享，认识到了教师自己身体力行的理论的、实践的、研究的积淀尤为重要，但也发现，当下从事人权法教学的教师们普遍缺乏对具体人权实证的调研和参与，因此也只能空谈理论，不能用实践充实教研工作。由于人权法教学方式比较单一，可能会使学生认为人权法的学习无法学以致用，从而也可能出现因选课人数不够而难以开课的问题。所以，在教学内容方面加强理论与实践的结合度，改变单一的教学方式，是今后进行人权法教学必须注意的一个重要问题。

二、参加人权法教学研讨会的心得体会

第一，本小组所有的教师均认为，通过这次学习获得了视野的转换和新学科的新知识。本小组成员主要从事的是诸如国际法、宪法、刑事诉讼法或其他部门法的教学，通过参加人权法教学研讨会，对人权这个理念或概念有了十分清晰的认识，获得了新的学科视角和视野，这会促进本小组成员们今后的法学教学理念、教学内容和教学方法发生非常重大的改变和改进，进而促进和推动我们的教学水平和教学效果的提高。

第二，本小组教师通过对佟丽华律师主持的致诚公益律师事务所的实地参观和访谈，目睹了人权法在中国进行实践的现实性、可行性和必要性，也通过公益律师的人权法实践和成绩，认识到我国进行人权立法建设和司法保障的可贵成绩和成就，但也深感责任重大、任重而道远。

第三，小组成员们能够切实体会到班文战老师所讲的关于理念和态度的问题，并且也学会了从中国传统文化中的哲学思想来体会人权的意义。大家认为，哲学，包括人权的哲学，能让我们在日常平淡的或者普通的生活中感悟到一种向上的力量，一种对于人类博大的爱和情怀。尽管人权法教学研讨会时间紧、任务重，但每位教师都在较短的时间里获得了不同于传统法学体系的新的法学知识的增量和收益，获得了新的学科视角和研究理念，必将进一步促进和引发对某些以往从未关注的研究领域或者学术领域的关注，对今后的教学和科研以及生活都将产生巨大的帮助。

三、对今后人权法教学研讨会的建议和期望

第一，本小组的各位教师建议今后的人权法教学研讨会的与会教师们进一步加强联系，分享教研信息。结合西部少数民族地区的人权实践状况研究，一定要建构起一些团队联系和分享机制。在本小组中，有的

老师提出来想要进行跨国的、不同的民族之间的生存、发展状况的横向比较研究，希望本组教师们今后有什么资料和信息，一定要共同分享。由此，本小组成员建立了 QQ 群，也分享了一些人权法学资料。

第二，本小组成员一致向班文战老师在研讨会之前、之中和之后所进行的细致、周密、无微不至的会议安排，会务组非常出色的工作以及挪威奥斯陆大学法学院提供的资助表示热诚的感谢，而且也都纷纷表示在自己未来的教学和研究中都会记住这么一种精神，这个精神就是人权法中所表达的对人的博爱的核心精神。

以上是第一小组的人权法教研会的小组汇报，有何不妥，敬请批评。

2012 年第二小组工作报告[1]

牟瑞瑾

我们这个小组有 18 位老师，包括 10 位男老师和 8 位女老师，分别来自北京、广州、山东、重庆、辽宁、江苏和天津。

有关本单位人权教学的概况。各位老师所在的学校，绝大多数都有专门的人权课程，但也有个别学校还没有开设这样的课程，其中最早是西南政法大学 2002 年开始开设的。课程的名称比较杂，有"人权法""人权法律制度""国际人权法"，甚至还有"电影中的人权"。有一些学校虽然没有单独开设人权课程，但是在宪法学、行政法学、国际法学等课程中也涉及了人权方面的内容。从课程的地位来看，有的作为专业必修课，有的作为选修课，还有的是面向全校开的通识课。从授课对象来看，涉及本科生和研究生，法学专业学生和非法学专业学生，学校内的人员和学校外的人员。从教学目的来说，很多老师谈到了树立人权理念、传授人权知识、培养人权技能等方面的目的，但是大家谈得更多的还是理念的问题。有的老师谈到，一定要让我们法学专业的学生和所有的授课人员怀有"人权之心"。关于授课方法，一般是知识讲授、课堂讨论还有案例教学，案例教学当中有实际案例，有法律诊所式的教育，还有播放电影、播放电视等。在交流中大家也有很多困惑，和第一组老师差不多，这里我就不多说了。

---

[1] 本文是东北大学文法学院牟瑞瑾副教授 2012 年 8 月 22 日在"2012 年中国高校教师人权法教学研讨会"上所做的小组工作报告，由荆超整理，牟瑞瑾审定，班文战校对。

　　我们这个组的老师所在的高校与第一组有所不同，这里有两个人权研究中心、一个人权教育中心以及一个法律诊所，即南开大学人权研究中心、广州大学人权中心、西南政法大学人权教育中心和扬州大学婚姻家庭法律诊所。南开大学人权研究中心和广州大学人权中心在我国人权教育工作中所做的贡献非常突出。南开大学人权研究中心是一个跨学科的中心，有政治学、社会学、历史学、法学、教育学等学科的老师，而且分散在各个学院中。该中心经常性的工作主要为编写、研究和培训三个方面，其中，编写方面的工作主要体现在编写《中国人权在行动》《人权蓝皮书》，还有美国人权纪录资料的收集，研究方面的工作主要体现在承担国家有关人权问题的重大课题研究。广州大学人权中心共有12个专职研究人员，有一群老师根据自己专业的不同特点一起讲授人权课程。该中心在广州、湖南和江西等地多次开展了对警察和监狱工作人员的人权培训工作，在普及人权知识方面做出了较大贡献，而且收到了良好的效果。此外，该中心还组织老师编写了《中国人权年鉴》和《人权知识警察读本》，现在正在着手准备开展中小学人权教育的研究。西南政法大学有一个人权教育中心，该校从2002年起就开展本科生的人权法教学，听课的学生多，老师达到五六位，而且每个老师都是根据自己的学科特点及研究成果而有不同的侧重。在此，我想要给大家特别介绍的是李秀华老师主办的扬州大学婚姻家庭法律诊所，这个诊所是全国高校中35个法律诊所之一，而且被评为全国优秀法律诊所。该诊所的教学方法包括理论课讲授和实务课训练参与，其中，实务课的特点是把法官、律师、检察官请入课堂，通过表演的方式让同学广泛参与案例的讨论。除此之外，该诊所还做到了每周派学生到社区、到社会开展法律咨询。

　　我们小组的老师有的来自综合性大学，有的来自以理工科为主的大学和专科类的学校，每个老师都简单介绍了自己教学中的感受、经验和应该注意的一些问题。有的老师认为，在遇到学生提问的时候，一定要给学生讲清国际标准是什么，讲清人权保护现状和人权最高价值之间存在什么样的差距，然后要尽量说明一种标准。有的老师特别提到，要在教学中把握一种"度"，对学生进行一种积极的引导，注意把握教学效果，绝不能对学生产生消极的影响。还有的老师提到，要尽量拉近国际人权条约跟现实生活的距离，要特别注意用启发式的、灵活的教学方式。上面所介绍的诊所、讨论、播放电影和点评都是大家极力倡导的教学方式。

我们小组的老师也充分谈到了本次研讨会给大家带来的一些收获，表达了对主办单位、资助者和中国政法大学人权研究院的老师的感谢之意。对我本人来说，我理清了以前不清楚甚至是模糊的一些概念。通过这次培训，许多老师树立了国际人权标准的观念，这些观念对我们教学将会非常有用。很多老师谈了自己受到的启发，大家感觉特别明显的是人权教育的跨学科性，表示今后在本校开展人权法教学时要有跨学科的意识，不单单从法律这个角度思考，还要从政治、哲学、伦理、文化甚至历史等其他方面进行思考。另外，有的老师特别提出，讲人权方面的问题要特别关注一下人权"本土化"，倡议从儒家、道家等中国的传统文化来挖掘与人权有关的研究内容。还有的老师提出要注重人权法特点，建议大家围绕《世界人权宣言》展开教学。有的老师表示回去之后力争在本校建立一个人权教学中心，有的老师表示争取在精品课中增加人权课程，有的老师通过"电影中的人权"受到启发，表示要开设"戏剧中的人权"课程，有的老师表示即便不能开设人权课程，也要在其他课程中向学生灌输人权思想，还有一位医学专科学校的老师表示要研究医疗人权方面的问题。很多老师认为，将来要对司、处、局这样级别的干部重点进行人权培训，对司法人员、行政官员、准司法人员、教育工作者、医疗工作者、科技工作者、媒体工作者都要进行人权培训，要使人权教育普及、惠及每一个权利都会受到影响的人。

总的来说，大家感觉这个会议非常好。山东大学的王老师富有情感地表示，研讨会的主办方用一种真诚的心感染着我们每一位老师，讲课老师富有激情的讲授在无形地影响我们每一个人。我们大家共同收获的是对人权发自内心的信仰，是我们教学方法的提高，是我们有关人权知识的进一步丰富。我想借用今天上午研讨的时候扬州大学李老师说的一句话作为我们这个小组报告最好的结束语："聆听别人的思想和智慧需要感恩、感谢。这次研讨会是一次有高度、有深度的研讨会。做人权教育的人应该是一群可以点亮自己心灯又能照亮别人的人，是可以仰望星空但又必须脚踏实地做事的人。你、我、他（她），还有没有参加本次会议的我们全国的人权教育工作者都应该是这样的人。"

　　谢谢大家！

2013 年第一小组工作报告[1]

李 昊

我们组每个老师轮流发表了自己对人权法教学的心得和体会。

第一，老师们一致认为，类似于我们这个会议的人权法教学培训，对于高校开展人权法课程具有直接的推动作用。多所学校开设人权法课程直接受益于此前类似的培训项目，经过本次系统的培训，多名老师准备在自己学校开设人权法相关课程。

第二，多数学校开设人权法课程的时间较短，课程设置受院、系以及教研室负责人的知识结构的影响较大，人权法课程的稳定性尚待加强。

第三，参与讨论的老师一致认为，人权法教学是涉及价值观、方法论与知识结构的有机整体，人权法课程应当传递尊重人的生命尊严的态度，对所有生命的珍视与尊重是人权法教学的情感基础与逻辑前提。授课方法应当体现出尊重差异，老师与学生之间以及持不同观点的学生之间应当在平等与宽容的态度上独立思考、充分表达、相互了解，求得理解和共识。在帮助学生建立人权法基本知识结构方面，（老师）应当以谨慎态度梳理人权法基本原理、国际人权法规范体系以及人权法的实施体系。

第四，本组多数老师认为，人权法教学是一个富有挑战性的工作。

---

〔1〕 本文是四川师范大学法学院李昊讲师 2013 年 8 月 22 日在"2013 年中国高校教师人权法教学研讨会"上所做的小组工作报告，由秦鹏博整理、班文战校对。

授课老师常常面临尖锐的理论与现实之间的挑战，应当使学生全面了解世界与我国在人权法治实践中的进步与不足。在教学过程中，应当强化人权的应然权利属性，帮助学生以积极和理性的态度看待我国的人权实践。

第五，所有老师都充分表达了自己在人权法教学与实践过程中的体会，分享了经验，交流了思想，提出了计划。内蒙古民族大学的宋丽弘老师强调了人权教育是国家责任，应当大力推进；陕西师范大学的韩刚老师强调了人权法教学中应当贯彻尊重人权理念，体现平等、宽容、尊重的课堂气氛，并分析了案例教学在本科人权法教学中的重要性；云南民族大学法学院的郭友旭老师分享了通过知识结构的完整性与内容的妥当性培养学生对于人权法的兴趣；贵州大学的刘月凤老师分享了变老师主导为学生主动的课堂授课经验，并提出通过必修课的形式增强人权法的稳定性；云南大学的姜昕老师总结了研究生人权法教学中的成功经验，分析了如何将人权法教学有机融入宪法基本权利体系，如何以灵活多样的形式开展人权素质选修课与通识课教育，如何开展人权案例诊所教育；新疆大学的任丽丽老师认为应当增强人权法教学的灵活性与生动性，适当引入电影和案例的方式；贵州民族大学的姚知兵老师强调了用具体社会案例的素材来引导学生独立思考的能力；西北政法大学的王兆平老师对于教育设计、启发式教学、基础理论与实践课程的设置问题发表了独到的看法；内蒙古民族大学的刘国利老师分享了讲授人权概念、标准、保障模式等人权知识的经验；云南师范大学的刘红春老师提出了在人权法专业课程中培养学生人权理念的方法，并提出了建立人权法教学资源库的必要性；四川师范大学的李昊老师分享了在研究生人权法教学中如何引导学生对基本人权价值达成共识，如何确立研究生人权法教学方法论的问题；大理学院的王凌老师表达了以往人权法教学培训对于自己开展人权法教学的直接作用；云南大学滇池学院的卿娜老师提出了云南边境多民族地区人权研究与教学中的特殊性问题；西安市委党校的马慧老师反映了人权法教育与教育管理现实之间的矛盾以及需要改进之处；陕西理工学院的王瑾老师提出了如何激发学生的学习激情、帮助学生克服功利主义的问题；西安文理学院的钱晓萍老师强调了人权法教育的实践性与地域特殊性；青海民族大学的才让塔老师系统分析了人权法知识结构的划分方法，强调要引导学生以理性态度看待特殊的社会现实，重视少数民族地区人权教育中的现实性与策略性问题；四川文理学院的王秀珍老师就参与式、启发式、爱心式教学以及课程设置的专业方法、灵活多样的学生参与方式分享了宝贵经验；西安政治学院的梁洁老师就军事院校开展人权法教学的特殊性提供了很多宝贵经验。

2013 年第二小组工作报告[1]

卞 辉

我们小组的讨论非常热烈。我从教学概况、教学方法、收获、建议、困惑这五个方面给大家做一个汇报。

关于教学概况，我们组分为三种情况：第一种情况是，学校开设了人权法课程，有的老师专门从事人权法教学。这样的老师主要有南京财经大学法学院的夏清瑕老师、嘉兴学院文法学院的童建华老师、中华女子学院的林建军老师、辽宁师范大学法学院的韩秀义老师以及山东政法学院的刘雪琴老师。开设的课程类型有本科生课程、研究生课程以及公选课程，主要内容涉及国际人权法、人权法学、妇女与人权、人权案例专题等。第二种情况是，大多数老师在学校其他相应的法学课程，比如在宪法、国际法、战争与法律、刑法、刑事诉讼法、刑事证据法、国际私法等课程中引入人权法的内容。第三种情况是，有的老师没有人权法教学经历，也没有讲授与人权相关的其他法学课程，但是在自己的教学工作和科研工作中涉及了相关内容。

关于教学方法，我们的讨论最为热烈，涉及教学理念和具体的教学方法。在教学理念方面，林建军老师提到，首先应该对人权问题保持敏感度，其次要建立自己的判断，最后要建立经久不衰的人权的信念和价值，应该与学生一起感知社会的脉动，应该让学生多侧面、多视角地去

---

〔1〕 本文是西北大学法学院卞辉副教授 2013 年 8 月 22 日在 "2013 年中国高校教师人权法教学研讨会" 上所做的小组工作报告，由秦鹏博整理、卞辉审定、班文战校对。

审视问题。杨凤宁老师提到，设定教学目标的时候要有基本理念，给学生一个相对完整的法律框架，让学生明白做人的基本权利，告知学生不能够通过课程完全解决所有的现实问题，引导学生回到思维的理性。韩秀义老师认为，讲授人权法学的基本思路主要是解释，包括对法律文本的解释，对学生提出的尖锐问题没有必要单纯地给予对策，而应该在对原因的解析中蕴含寻找对策和答案的线索。冯俊伟老师认为，人权法的国际标准的讲解离不开人权法的直接适用和间接适用，更多地还要关注人权法的国内适用。秦静老师认为，教学应该与学生的生活有结合点，这样才能使学生有切身的体会。

具体的教学方法有很多：第一，学生对象不同，教学方法应该不同。我们人权法的教学对象不仅有本科生，也有研究生，不仅有法学学生，还有非法学学生，不但有在校学生，还有实务工作者，针对不同授课对象的教学方法应该是不同的。第二，可以从现实的人权热点问题中选出一两个与本节课相契合的内容，调动学生关注社会现实和学习人权法的积极性。第三，在案例教学中，可以让学生自己做 PPT，自己讲授。第四，用比较的方法，将国外的做法告知给学生。第五，采用表演的形式，模拟联合国大会的辩论，或者表演家庭暴力等现实问题。第六，选择经典和代表性的电影，自己先看，从中了解人权问题，然后上课再放给学生，进行讲解。第七，启发学生关注社会热点问题，使人权法的教学落到实处。第八，针对学生阅读量比较小的问题，可以将读书报告作为考核方式，促进学生阅读，从而学习更全面、更客观地分析人权法问题。第九，针对有老师提出的有学生在讲授和案例分析中只关注自己讲授的问题或者不积极的现象，老师们建议随机决定发言人，或者在课堂上留一些小问题，让学生们现写论文，或者是在课堂上让学生讲，但最后每个学生都要写论文，这样每个学生都得关注相关的课程内容。第十，有的老师提出，老师一定要控制好课堂，控制好上课的尺度。杨凤宁老师提到一句话：没有不好听的课，只有上不好的课。所以只要我们用心，只要我们真正地要将这些知识传授给学生，就会有很多教学方法。

关于参加这次人权法教学研讨会的收获，我简单地总结出这样几个方面：第一是大大加强了对资料的把握、收集和搜索的规范性；第二是在讲授人权法课程方面懂得了站在更高的角度去看全局，而不是局限于某个具体问题；第三是在不了解个体的特殊性的时候要学会尊重，给学生引导，帮助学生建立是非观，让学生学会判断，给学生主体导向。

也有一些老师对我们这次研讨会提出了建议，主要是在研讨会的内容方面。比如，地方政府应该推动公务员、执法人员的人权教育，首先官员应该有人权意识。因而，可以考虑把对政府官员进行人权教育的问题纳入我们的研讨会，包括教学的内容和教学方法。

虽然我们的讨论很热烈，老师们也回应了很多问题，但仍存在一些困惑，还有一些问题没有解决：第一，人权法的教材到底应该如何选择？第二，如何应用国外的材料？第三，人权法的内容很庞杂，但是课时有限，如何在有限的时间讲授人权法的基本内容，尤其是一些具体的实体权利？第四，如何提高学生对人权理论的兴趣？很多老师反映，上课的时候，播放视频或者讲解案例，学生会特别关注，但是在总结理论、进行讨论、要上升到一个理论高度的时候，或者用人权法的国际标准去进行分析的时候，学生就没有积极性了。第五，怎么选择更加合适的案例？如何提高案例讨论的质量？第六，针对对理论没有兴趣的非法学专业的学生，怎么样进行人权法的教学？第七，在人数非常多的课堂上，什么样的教学方法能够取得较好的教学效果？这些都是在经过了早上的讨论后大家仍意犹未尽的问题，希望老师们能够提出一些自己的看法和建议。

2014 年第一小组工作报告[1]

孙　犇

我们这一组的老师主要来自西部的院校，尤其是民族类的院校。我们的讨论主要是围绕着两个方面展开的：一个是人权法课程的开设，一个是人权法课程的讲授。

第一个方面是人权法课程的开设。目前，在大多数开设人权法课程的学校，这个课程是以选修课的方式开设的，一种是全校性的选修课，还有一种是仅仅在法学院范围内的选修课。在人权法课程的开设方面，不少老师提到在自己的学校可能有一些敏感，一些领导为了避免不必要的麻烦、风险而没有开这门课，但很多老师还是尽了非常大的努力，用其他的方式来讲授人权，比如说开设了类似于妇女与人权，女性与婚姻观，婚姻、家庭、继承法与女性人权保护，还有商业与人权等专题性的人权法课程，用这种方式可以规避人权法这样一个非常敏感的词，相对而言领导能够容易接受。

具体而言，不管人权法的课程以哪种方式来开，基本上都是选修课。有一个问题是，如果选修课的人数不到 30 人，基本上这课就开不了。很多老师反映一个很奇怪的事情，就是有些时候选这个课的人很多，有些时候选这个课的人就不够。为什么会出现这样一个情况呢？这和课程具体开设的时间、老师的严厉程度、学分等相联系。我想，这个

---

〔1〕　本文是贵州民族大学法学院孙犇副教授 2014 年 8 月 22 日在"2014 年中国高校教师人权法教学研讨会"上所做的小组工作报告，由朱海整理、班文战校对。

问题不是人权法课程所独有的，在选修任何一门课程的时候，学生都要在这些方面进行取舍。作为学习和讲授人权法的老师，我们当然想推广人权法教学，能采取的方式首先就是要明确人权法的教学定位是什么，到底是要督促学生做科研，还是使他们对人权的知识有一定的了解，能够运用人权的角度去观察问题？有老师认为教学定位很重要，最好是能够把人权法教学定位在培养人权意识方面。如果出于这样一个考虑，老师对学生就不会太严苛，就能够提升学生的兴趣，能够帮助学生运用人权法的视角来观察身边、生活中的一些案例、事例，这样也能够使人权法得到更多学生的接纳、选修。再一个问题就是，有些学校是安排9周课，而安排在前9周比较容易获得学生的选课，因为它和期末考试离得比较远。

一个学校能不能开设人权法的课程，能开到什么样的程度，和领导的重视与否、领导本身的学科背景有很大的关联性。如果实在不能系统地开设人权法课程怎么办？我们有些老师说得非常好：人权的理念本身是无处不在的，老师可以采用灵活的教学方式。事实上，所有的课程都可以加入人权的视角，因为所有的法律权利归根到底都可以向宪法层面溯及，宪法层面来源于法理，而法理（近现代法学的发展）都是围绕着人权展开的。所以，谈什么最终都离不开人权，只不过说是以显性的方式还是以隐性的方式来进行表达。

第二个方面，关于人权法课程的讲授，我觉得有两点是比较重要的。第一点，有老师提到，人权的讲授是一个态度问题，要把人权当作一种信念来传承。当下的中国虽然不讲西方的普世价值，但习总书记所提出的社会主义核心价值观里面的那些东西在本质上和人权是一致的，没有矛盾和冲突。在这样一种情况下，我们把人权当作信念来传承，这本身没有错误，是可以坚持的。所以，在教学定位的过程中，我们自己也要想清楚，要把人权当作一个理念给学生讲。第二点涉及讲授方式。很多老师说到了几个讲授方式：第一个方式是听取学生的意见，根据学生的兴趣来安排授课内容。还有一个讲授方式是穿插案例，比如先讲权利渊源、再讲案例、再讲实体权利。我个人上人权法课程的时候，没有说一定要去寻找国际人权法中出现的大案、要案进行介绍，我觉得这个东西离大家的生活非常远。我上课时，基本上任何案例都可以拿来讲。我认为，所有的问题最后都可以映射出人权问题，所以我今天看了什么新闻就跟学生讲什么新闻，这是可以供各位老师批评指正的一个方式。

2014 年第二小组工作报告[1]

戴激涛

我把我们小组的主要观点跟大家分享一下。我们小组的讨论围绕三个方面的问题：第一是为什么要讲人权法，第二是人权法讲什么，第三是如何讲人权法，也就是教学的目标、内容以及方法。

第一个问题，为什么要讲人权法？在这个问题上，大家基本上是达成共识的。比如说，讲人权法是为了尊重他人基本的自由和权利，肯定了人权法在我们所有的教学中的价值。甚至有老师提出，要把人权法单列出来，作为公共的必修课开设，进行人权法知识的普及。

第二个问题，人权法讲什么内容？大家讨论的范围是比较广泛的，涉及内容怎么选取、如何把握一个度等。很多老师都提到，人权在目前还是一个比较敏感的问题。即便"国家尊重和保障人权"已经被载入了我们的《宪法》，但党校的两位老师都觉得比较有压力。也有老师分析，有些国家机关的工作人员把自身和普通民众对抗起来，对人权比较紧张。很多老师针对这一点，对选取什么内容、把握怎样的度提出了很多非常好的建议。比如说，在讲的策略上，采用一种建设性的心态。我们有批评政府的权利，但我们是为了政府能够做得更好，是为了促进政府更尽责、更民主、更廉洁、更高效，这是大家都比较能够达成共识的。

关于如何讲授人权法课程，大家也提到了几个方面的结合：第一是

---

〔1〕 本文是广东财经大学法学院戴激涛副教授 2014 年 8 月 22 日在"2014 年中国高校教师人权法教学研讨会"上所做的小组工作报告，由朱海整理、班文战校对。

理论与实践的结合。大家都强调，在讲人权法理论的同时把实践中出现的问题讲清楚，出现了问题并不可怕，要直面问题、分析问题，更要有勇气去解决问题。第二是文本规范和制度的结合。第三是历史和现实的结合。我们很多老师来自不同的专业和学科背景，有的是开设了人权法课程，有的是在国际法、环境法、行政法、行政诉讼法、法律诊所以及法治社会与公民权利等选修课中进行人权知识的普及、人权理论的介绍，我认为都非常好。人权是无处不在、无时不有的，只要在我们的教学过程中让人权的理念传播出去，对人权知识的讲授、人权思维的树立、人权行动的实践都是有好处的。第四是国内法和国际法的结合。第五是不同学科的结合。人权问题不是简单的一个部门法的知识，涉及很多的部门法，所以我们可以从哲学的层面、经济学的层面、社会学的层面来进行人权法的讲授，比如说用社会调查的方法、社会实践的方法，加强人权实践性的培养。第六是人文和科学的结合。我认为这个观点非常新颖，人权法是人文的，但是也是科学的。

第三个问题，在讲课过程中采用怎样的教学方法？不同院校的老师针对不同的教学对象可能有自己一些独特的设计，我认为这也是因材施教，也是非常好的。比如说，对本科生的教学，对硕士生的教学，对法学专业和非法学专业的本科生、硕士生、博士生的教学方法都是有区别的。具体的授课方法有案例教学、电影教学、场景模拟等。有的老师刚从学校毕业，从学生的角度就希望听到怎样的人权法课程提出了一些希望和建议。还有老师建议建立人权法的学术共同体、人权法研究会，提供一个公共的研究平台，成立一个信息共享的平台，供所有的人权法老师和研究者定期交流，互相促进。从宏观上讲，有老师认为，人权法的教育应该和公民教育结合起来，和科研工作结合起来，和教学对象结合起来，既有学术的、理论的，也有生活的、实践的。

第九部分

开/闭幕致辞（发言）

2013 年开幕致辞[1]

李步云

　　尊敬的各位女士和先生们，早上好！我非常高兴再一次和一些老朋友还有很多新朋友会面，来交流一些看法，感到很荣幸、很高兴！

　　我为什么用"女士们"和"先生们"呢？这也是人权精神的体现。尊重女士，Lady First，这是我在美国学回来的一句话、一个礼节。我发现，我们这次来的老师里面女老师多于男老师，多两个，这也是好的现象，说明中国在这方面有进步。

　　我们的人权教育走到今天，很不容易。1991 年 11 月 1 日，中国政府发布第一份人权状况白皮书，第一段话就说"人权"是一个"伟大的名词"。因此，在和很多北欧的朋友们联系、在一起开会、开研讨班的时候，我都要强调：我们所从事的是一个伟大的事业！我们特别要感谢北欧三国的朋友们！他们虽然是根据联合国一个决议提供的资助，但实际上他们出的钱是纳税人的钱，这是很不容易的。我们中国有责任把自己的事情办好。我们的人权教育在今天达到这个程度已经很不错了。虽然没有精确的统计，我们估计有 70 多所学校已经开设了人权法的课程，而且开设人权法课程的学校越来越多。学校里最早是讲国际法下的人权，后来又讲人权理论、人权史。2005 年以后，正式有人权教科书了，很多高校把人权法作为一门法学的专业课来开设，现在一些学校把

---

　　〔1〕　本文是中国社科院法学研究所李步云研究员 2013 年 8 月 15 日在"2013 年中国高校教师人权法教学研讨会"开幕式上所做的致辞，由朱海整理、李步云审定、班文战校对。

它作为一门公共课来开设。我在广州大学开的人权课有一次有 200 多人报名，中央电视台、新华社还专门派了 4 个记者现场采访，他们的积极性很高。因为什么呢？他们都知道，人权关系到每一个人的利益、每一个人的幸福，每一个人都不例外，所以他们很关心这个事情。

我们的人权教育事业发展比较快，一个很重要的表现就是《国家人权行动计划（2009－2010 年）》，现在又制定了《国家人权行动计划（2012－2015 年）》。在全世界，制定这样行动计划的只有 28 个国家；制定两次的只有 8 个国家，我们中国是一个；制定了三个行动计划的只有 1 个，墨西哥。根据我们国家的这个情况，我估计，在完成了 2010 年到 2015 年行动计划以后，肯定会制定第三个。这个行动计划一个非常大的亮点就是人权教育，从中小学到本科生、研究生都要开设课程，而且警察、城管这些公务员都要接受人权教育。过去，尽管联合国人权教育十年的行动计划早就有了，但是我们国家应该说相对落后，但这些年发展很快。另外一个标志就是我们国家已经成立了三个国家人权教育与培训基地。成立这个基地是我个人给中央领导的一个建议，后来很快就得到了批准。这个基地由教育部主管、教育部和中共中央外宣办（也就是国务院新闻办公室）共建、中国人权研究会指导。我没有做调查研究，我估计在国外这样性质的研究中心可能还不是很多。真要做好的话，国家、教育部要拨款，不要让我们老是靠国外的朋友来资助。但是，目前拨款还是很少，每年只有 10 万块钱，无论是课题研究还是开展培训，经费都很紧张。要把人权事业搞好，首先要把人权教育搞好。只有把教育搞好，打下一个文化的基础、一个思想的基础，特别是广大的青年、国家机关工作人员有了好的人权意识，我们的人权制度、我们的人权保障才可能取得好的成绩。所以，教育是一个必须先行、必须打好基础的工作。

我很高兴能够应班老师、熊瑞丽女士的邀请，和在座的各位共同来研讨怎么样在高校里面开展人权教育。我们采取这个研讨的形式，由主讲人提一些观点，结合大家的研究进行讨论，这样的形式很好，设计得很好，课程的安排我也很赞同。

另外，要感谢熊瑞丽女士代表的挪威奥斯陆大学法学院的挪威人权中心的朋友们！我多次到北欧开会、访问、回访他们，留下了非常深刻的印象，和他们的合作一直非常顺利。他们非常注意对我们国家国情的了解，对我们国家政府政策的尊重。他们一心一意就是把事情办好，他们考虑得很周到。他们是我们外交部邀请到中国来开展活动的，我们开展活动都和外交部有密切的联系，和我们的外宣办有密切的联系，这个很了不起。他们不远万里来为我们做贡献，我对他们永远表示感谢！

我个人目前在广州大学人权中心担任主任，最近也搞了一些活动。我开了一门网络精品课程，广东省通过了，最近教育部的专家又通过了，而且受到了中央的重视。我那个课程用了一个最简单的题目："什么是人权"，时间是 500 分钟，我一个人讲，一共 10 讲，每一讲 50 分钟。希望我们各种形式的教育和培训能够遍地开花。"星星之火，可以燎原"，因为这是人们的愿望。我们做的工作有利于民，为民谋利，为国争光，为党分忧。为什么要分忧呢，因为我们执政党在执政的过程中，在人权方面有很大的责任，也有很大的压力。我们必须要高举人权这个旗帜，做好自己的工作，来回应西方的一些批评。西方的有一些批评是不正确的，有些批评应该说是正确的，正确的东西我们要接受，要做好我们自己的工作，这本来就是社会主义应当有的一个理想，所以这个人权事业是很光荣的。我个人也希望通过各种形式和各位在座的老师建立联系，相互支持，相互帮助，共同把我们这个事业搞好！

我就说这么多，感谢大家！

2013 年开幕发言 （一）[1]

宋丽弘

尊敬的熊瑞丽女士，尊敬的李先生、班老师、各位老师，上午好！

作为参会的教师代表，我首先感谢会议的主办方和承办方给我们提供的所有这一切，住、行、食、学，尤其是我想代表和我一起来参会的我的同事刘国利老师，以内蒙古民族大学一名普通教师的身份，感谢会议的主办方给予了我们这样一个珍贵的、开阔视野的机会！

人权教育作为全世界的一项神圣的事业，对于我们这些偏远地区的高校，尤其是民族地区的高校几乎就是一个盲区。就我校而言，绝大多数教师和学生几乎没有人权理念，这就注定了我们肩上的担子必定沉重，肩负的责任更具使命感。但是，在人权、人权教育领域，我们还是一名小学生。今天，能够在这里聆听国际、国内知名的专家学者传授人权知识，是我们一生中的荣幸。这次授课的专家曾经是我们书本中和期刊中的传说，但是今天都变成了现实版的人物。我想，所有的参会同仁会和我一样怀着无比崇敬与激动的心情认真聆听各位专家的教诲。

联合国人权事务高级专员路易斯·阿尔布尔在 2004 年世界人权日发表声明说："人权教育是推动人类享有人权目标实现的重要战略，是发展人权文化的基本手段，是促进平等和促使人权在民主机制下参与决策的工具，也是防止侵犯人权和暴力冲突的一种投资。"所以，在这里，

---

〔1〕 本文是内蒙古民族大学政法与历史学院宋丽弘教授 2013 年 8 月 15 日在"2013 年中国高校教师人权法教学研讨会"开幕式上所做的发言，由朱海整理、班文战校对。

我用四句话与大家共勉，那就是："以感恩的心面对世界，以包容的心和谐自他，以分享的心回报大众，以结缘的心成就事业。"

谢谢！

2013 年开幕发言（二）^{〔1〕}

韩秀义

尊敬的熊瑞丽女士，尊敬的李步云教授和班文战教授，各位同仁，上午好！

很荣幸代表参会的教师在这里发言。我的发言主要围绕着三个层面来展开，核心是说明我们为什么来参加这个研讨会。

第一，我们都是人权理念的坚定的信奉者和传播者，这个理由我就不多说了。

第二，我们不仅是人权理念的坚定的信奉者和传播者，而且还是具有理性和反思能力的信奉者和传播者，这就要求我们在日常的传播中做如下三项事情：其一，在信奉人权理念的同时，也要对人权理念保持一份清醒的态度。正如一位加拿大的法理学者所说，权利的账单并非越长越好，就如货币一样，多了就会贬值，就会降低购买力。其二，为了更好地传播人权理念，我们需要不断地探求人权的价值真谛、人权保护的制度逻辑，捕捉人权理论与制度实践中的发展趋势，这样才能使得我们关于人权理念的传播鲜活、生动、有血有肉。其三，虽然我们是人权理念的信奉者和传播者，但我们并不是人权的精神导师，不是人权真理的掌控者。所以，在传播人权理念的过程中，广大受众并不是我们要加工的材料，而是同我们一起共同思考的主体，这就需要我们探求恰当的人

---

〔1〕 本文是辽宁师范大学法学院韩秀义教授 2013 年 8 月 15 日在"2013 年中国高校教师人权法教学研讨会"开幕式上所做的发言，由朱海整理、班文战校对。

权传播方法，从而在传播者和受众之间针对人权问题产生永久的共鸣和回响。

第三，我们不仅是人权理念的信奉者和传播者，实际上，我们和广大的受众一起，在某种意义上还是中国历史的塑造者甚至是创造者。用俄罗斯的一位伟大作家的一句话来结束我的简短发言，这位作家说："历史性的重大步伐往往取决于个人的细枝末节，而这些细小的东西又经常为历史所鲜知。"也许我们所做的事情可能就湮没在历史发展的滚滚红尘之中。

谢谢各位！

2012 年闭幕致辞[1]

班文战

时间在一分一秒地流逝，本次研讨活动越来越接近尾声。有的老师已经先期离开，还有的老师很快就要离开。我还是想借用这个宝贵的时间，再和大家做一点交流。这几天里，都是授课老师讲得多，各位老师讲得少，课下我也没有更多的时间跟老师们交流。今天上午分组讨论的时候，我旁听了第一小组第一节的讨论和第二小组第二节的讨论，一共听了 17 位老师的发言。各位老师发言的内容很广泛，基本都围绕着本次研讨会的主题，包括参会之前已有的一些人权法教学的经验，也包括这几天听专家讲座和相互交流的一些收获和体会，还包括对主办方和资助方的一些感谢。我能够感到老师们在交流的时候都是非常的坦诚，有些话应该是只有在很亲近的家人和朋友之间才可以讲的，但是在我们这个场合也能够讲出来。

我们这次活动在一开始是作为一个人权法教学的基础培训班，作为一种培训活动和学术活动来设计的。但是随着研讨工作的进行，各位老师和我们会有共同的感觉：这已经不再仅仅是一个学术性的培训或者研究活动，而是已经成为一种朋友甚至是亲人之间的一个聚会和交流。不论是工作上的一些问题，比如说怎么在自己的学校开展人权法教学，还是生活上的和内心深处的一些问题，我们都可以在一种非常轻松、自

---

〔1〕 本文是中国政法大学人权研究院班文战教授 2012 年 8 月 22 日在"2012 年中国高校教师人权法教学研讨会"闭幕式上所做的致辞，由张瑞彪、朱莎莎整理，班文战审校。

在、温馨的环境下进行交流。

最初在请各位老师填写申请表的时候，我们就了解了一下各位老师在人权法教学领域遇到的困难、问题和需要的帮助。在研讨活动期间，我也能够感受到大家在人权法教学方面存在的一些困惑。通过这次研修活动，每位老师也许都在不同程度上解除了一些困惑，但可能还有不少困惑没有得到解决。对于这些问题，我也没有时间做非常认真的思考。我想把我能够感受到的、能够记起来的老师们关心的一些问题，以及我能够想到的问题的原因和解决方案，在这里提示一下，或者说把我的一些不成熟的考虑向大家汇报一下供大家参考。

从问题上来看，老师们既有一些共同性的问题，也有一些差异性的问题。共同性的问题围绕着本次研讨会的主题，就是人权法教学的目的、内容和方法。面对这三个共同的基本问题，每位老师遇到的具体问题又不太一样，这会体现在课程的设置、结构安排和具体方法的选择等方面。

上述问题的原因可以被归纳为两类，一类是内因，一类是外因。内因就是每位老师自身方面的原因。从老师自身方面来看，从事高校人权法教学至少需要两个方面的条件：一方面是老师本人的态度、目的和动机，就是为什么要教人权法？这里就涉及对人权法教学的目的、作用和价值的理解和认识。在这个问题上，我们每位老师都可能有也可以有不同的考虑，但如果要想使我们的教学有更好的效果，还需要考虑我们已经讨论过的人权教育的基本目的。另一方面是老师要具备从事人权法教学的能力，要对人权的基本问题，对与人权相关的主张、规范、机制，对人权的意义、内容和方法有全面、准确、深刻的理解。有的老师遇到的困难可能更多是内因方面的困难。外因可以从天时、地利、人和这三个方面来理解："天时"可以说是现行的法律和政策，"地利"是所在学校、院、部、系、所的态度和政策，"人和"涉及单位领导和同事的态度。从这三个外因来看，在座的每一位老师在"天时"方面的情况应该是一样的，但是在"地利"方面的差异比较明显，尤其是来自西部地区高校的老师往往会遇到更多的困难。因为西部地区在地域上比较偏远，民族问题比较明显，再加上宗教的问题和经济发展程度的问题，在这样的地区开展人权法教学面临的外部困难要远远超出在其他地区开展人权法教学所要面临的困难。还有一个"地利"方面的问题与我们所在院校的性质有关，比如说，来自党校和行政学院的老师开展人权法教学遇到的困难往往会大于普通高校老师遇到的困难。从"人和"方面来看，我听几位老师说到，自己想开设一门人权法课程或者参加一个人权法方面的培训，但得不到单位领导和学校领导的支持。各位老师在外因方面遇到的困难很多，但即便如此，我也能够非常清楚、非常深刻地体会和认识到，每一位老师仍然在十分真诚地、努力地、踏踏实实地促成人权法教学这个事情。比如说，每位老师都会主动地充实人权法教学所需要的知识和方法，培养自己的能力，还有的老师去和单位领导努力争取得到培训的机会。有的老师说：我不花你的钱，哪怕是自费，我也要去参加这样的培训。这使我很受感动！还有的老师利用各种现有的条件，采用灵活的方式进行人权法教学。老师们在面临如此困难的情况下都在做自己的努力，但是往往会感到自身的力量不足，所以需要更多的支持。

　　上面说到的这些问题怎么来解决？每位老师所处的具体环境不一样，面临的具体问题不一样，具体的解决问题的方法也可能不太一样。但是因为我们是在大致相同的环境下从事这样的工作，我们面临的基本问题是相同的，所以在解决问题的时候也应该会有一些共同的方向、共同的思路，甚至有一些共同的准则。我想，我们还是要结合自己所在的地区和单位的情况，根据自身的态度和能力，尽可能地从内因和外因方面去创造条件。从内因方面来看，一个十分重要的努力方向就是不断提升我们对高校人权法教学的目的、价值、意义和作用的认识，使我们的认识更加深刻和全面，不是把它仅仅看作一种单纯的高等教育、法学教育、通识教育、创新教育或者特色教育，不是把它局限在工作形式上，而是要深入到教育的实质层面，从人权教育的目的、价值、意义和作用来认识人权法教学的目的、价值、意义和作用，也就是使受教育者和教育者在人权的知识、技能、态度和行动方面都有收获。不过，这个目的、价值、意义和作用还仅仅体现在人权的层面，还可以而且应当进一步深入。我们已经交流过这样的理解：人权以道德和人性为基础。我觉得，人权法教学和整个人权教育的目的、价值、意义和作用可以从"人权"的层面进一步深化到"人道"和"人性"的层面。所以，我对人权法教学的目的、价值、意义和作用有一个可能不是很准确的概括：在认识层面是学习人权、领会人道、觉悟人性，在行动层面是净化人心、培养人格、奉献人生。我想，通过学习人权，我们可以学习如何做人，学习如何与人相处。也就是说，既然我们是人，那就应该认识、恪守我们做人的本分，这样才能符合人道的要求，否则人和动物的区别在什么地方呢？通过领会人道、觉悟人性，我们需要对每个人的本性，包括我们自己和他人的本性，有更深刻的觉悟。这样，人权法教学就不仅仅是一个教学工作，它就是我们生活的一部分，而且是非常重要的一部分。这样，人权法教学就不仅仅局限在课堂上，而是时时处处都可以做的事情。这样，人权法教学就不仅仅是传授人权知识、培养人权技能、塑造人权态度和促成人权行动，而且能够帮助我们每个人，包括教育者和受教育者，提升人格并为社会做出贡献。我们有了这样的开展人权法教学的愿望、目的和动机，即便外在的条件暂时不具备，丝毫也不会影响我们在这个道路上前行。有条件的话，我们就可以开设人权法课程，没有条件的话，我们还可以通过其他方式做同样的事情。如果我们的目标就是要开出一门人权法课程，在这个目标不能实现的情况下，可能就会感到失望、沮丧、烦恼和痛苦。当然，从内因方面来看，除了要有正确的愿望、目的和动机，我们也需要不断地培养、提高自己各方面的技能，还需要充分利用外部的环境。我们一时之间可能改变不了外部的环境，但是我们不妨善加利用。也就是说，我们在从事人权法教学的时候，需要一定的善巧方便。现在，党的章程、国家的宪法、法律和政府的政策文件，很多都有尊重和保障人权的规定，也有支持和鼓励高校开展人权教育和研究的计划。当我们要开设一门人权法课程、成立一个人权研究或教育中心、组成一个人权法教学团队，从而需要单位领导支持的时候，这些都可以成为我们的政策依据和法律基础。单位领导不认同、不支持我们的要求，可能是认为缺少编制、人员、办公场所和经费，也可能是认为没有必要设立专门的人权法课程或研究机构，还可能是考虑到政治风险，担心出现问题会影响到整个学校和领导自身的前途和命运。在这种情况下，老师们就需要和自己单位的领导乃至学校的主管党政领导多沟通、多交流。如果你和领导有比较好的私人关系，就更容易沟通和交流，如果没有这样的私人关系，可能就需要想办法建立起这样的关系。此外，有必要向领导及时请示和汇报自己和人权法教学有关的活动。我看大家填写的参会申请表，有些没有单位意见，不知道是不是因为没有向单位领导请示。我觉得，最好是让单位领导知道自己要来参加这个活动，而且在活动结束之后还要向领导汇报这个会上都做了什么，有哪些材料，自己有哪些收获，其他单位有什么先进的经验和做法。如果领导们能够了解我们的工作，能够认识到我们的工作不会有危害，甚至会有益处，就可能会支持我们的工作，至少会不禁止我们的工作，这样我们的目的可能也就达到了。

　　前面说到，在西部地区高校或者在党校、行政学院开展人权法教学活动可能会面临更多的困难。在这种情况下，不仅要争取得到单位领导和干部学员的支持，而且要尽量考虑到他们关心的实际问题。这就要求教师做一个角色置换，设身处地地从学员的角度思考，从学员的问题出发，帮助学员解决问题。一个基层领导关心的可能不是人权的尊重和保障问题，或者说他不会或不习惯用"人权"一词来理解自己所关心的问题，但教师可以从人权的角度帮助他/她认识和解决这些问题。比如说，一个民族聚居地区的基层领导可能关心怎么解决民族之间的矛盾，怎么避免宗教之间的冲突，怎么能够不发生群体性事件，怎么维护民族团结和社会稳定，怎么促进经济发展，怎么改善民生，教师就不妨请教他们在工作中遇到了哪些困难和问题，并和他们一起分析问题的原因和解决方案，而在这个过程中，就可以运用人权的观念、意识、态度、知识和技能启发和引导他们，开发他们的视野和思维，从而达到人权法教学的目的。

2014 年闭幕致辞[1]

班文战

刚才这个阶段的交流使我意识到，我们以这种形式来闭幕是非常有价值和意义的。各位老师的发言、交流和分享，很多我都有同感。我也想利用最后一点儿时间，和各位老师再交流一下。

刚才几位老师提出的问题都和我们本次活动的主题密切相关。本次活动的主题是高校人权法教学的目的、内容和方法。从形式上看，这几天的活动集中于人权法教学的内容，特别是专题讲座的老师们更多的是从教学内容上来做介绍。但是，这些老师也都在不同程度上兼顾了教学的目的和方法，而且不时地在强调目的和方法。

很多老师在从事人权法教学的过程中会遇到各种各样的困难和问题，这些困难和问题既涉及教学的目的、内容和方法，也涉及教学的环境和条件。我想，可以把这些问题和困难分为两个方面：一方面是内部的，或者说是内因；另一方面是外部的，或者说是外因。当然，这种内因与外因的区分可能是相对的。我所强调的内因指的是我们教师本人的因素，教师本人之外的所有因素都可以归纳为外部因素。教师本人的内部因素既包括本人的观念、态度、目的、动机、兴趣等，也包括自身的学科背景、知识储备、方法运用、材料获取、表达能力、沟通能力等。外部因素体现在不同层面。比如说，我们所在的最基本的工作单位一般

---

〔1〕 本文是中国政法大学人权研究院班文战教授 2014 年 8 月 22 日在"2014 年中国高校教师人权法教学研讨会"闭幕式上所做的致辞，由郭超整理、班文战审校。

是叫教研室或研究所，我们单位的领导和同事是不是支持我们的工作？有没有一个良好的工作氛围？在院、部一类的二级单位、学校的相关职能部门，或者学校的党政领导层面，同样存在类似的问题。比如说，学校和院、部的政策和制度是不是能给我们创造一种比较好的条件？我们知道，不同学校的党政领导对人权法教学的态度是不一样的。有些学校的校长、党委书记对人权教育和研究很支持，或者本身就是这方面的教育者、研究者，或者兼任一个研究机构的负责人，像中国政法大学人权研究院的院长是现任校长兼任的，南开大学人权研究中心的主任是学校党委书记兼任的，广州大学人权教育研究中心学术委员会的主任是一位副校长。另外一种情况是领导不赞成或者反对的。还有一种情况就是有的老师提到的，不反对、不支持、不提倡，从形式上看是中立的。另外，我们所在的学院或院校的性质可能不同，有的是法学院，有的是其他学院；有的是文科院校，有的是理科院校，有的是综合性院校；有的是普通高校，有的是党校、行政学院；有的是本科院，有的是专科院；有的是985、211学校，有的是二线、三线学校。还有，学校所在的地区可能不一样，所谓的中部地区、东部地区或者西部地区，这时候可能会面临一些地区或地方的法律和政策，比如少数民族地区对少数民族有相关的政策，涉及教育以及和教育相关的文化、宗教等方面。除了单位的环境，我们所有老师还都面临一个相同的大的外部环境，那就是中央层面上的党和国家的政策和法律。这种外部环境是非常复杂和多样的。一般人可能认为，在党校讲人权会比较困难，但也有人说在中央党校讲人权很容易，有些话可能在普通高校都不敢讲，但在中央党校就可以讲。还有人说，少数民族地区的高校讲人权更困难，但是也不尽然。比如说，在北京开设人权法的普通高校绝对是少数。反过来，西部地区，包括少数民族地区，开设人权法课程的高校可能并不比内地包括北京的高校少。所以，外部环境是有相对性的。我不止一次地听到老师们提出自己的建议、感受或者解决问题的途径和方案，我也很赞同，就是从内因入手。我们都知道，决定事物的决定因素是内部条件，是内因。外因有的时候会产生不同的影响，但不是根本的因素。也就是说，不论外部条件如何，如果内部条件比较充分的话，我们做这样的工作的可能性就会更大。

从内因入手，我想跟各位老师分享的，一个是我们应有的基本态度，一个是我们应该遵循的基本原则。我说的只是一个临时的、初步的思考，不一定很成熟。从人权法教学的角度来看，我们的基本态度是从自身做起，养成六个方面的意识：首先是责任意识。我们知道，人权的首要义务主体是国家，但其他社会成员同样负有尊重他人人权的义务。我们在从事人权法研究和教学的时候，往往会把重点放在首要的义务和责任主体方面，强调人权教育首先是政府的责任和义务，政府应该倡导人权教育，给我们创造良好的条件。联合国的人权文件，特别是人权教育文件，同样要求国家首先承担并切实履行人权教育的法律义务或者道义责任。国家的首要义务是不可否认的，但对于我们教师来说，如果等到所有其他的义务主体都充分履行了它们的义务，也许就不需要我们再做什么了。正是因为国家和政府没有承担或者充分履行这样的义务，这才显示出我们从事这项工作的必要性和重要性。所以，这个时候我们就要有这种责任意识。与责任意识相连的就是权利意识，就是说我们有权利开展人权教育。不过，现在如果在单位或者社会上，从权利意识去要求做这样的工作，或者要求其他方面来支持和配合我们的工作，往往是不太容易的，因为我们一说权利，可能就有人会说是为自己争取权利，是自私自利。当然，不论是从权利意识还是责任意识出发，我们都应该主动去做人权教育的工作。所以，和责任意识相连的还有主动意识，就是说，我们不能只是被动地等着单位领导说要开设人权法课程，要派我们出去学习。现在，党和国家已经有了支持人权教育的政策和措施，但要落实到每个单位，恐怕要经过几年甚至几十年的时间。所以，我们不能等，要主动去创造条件。第四个意识是合作意识。我们知道，高校的人权法教学乃至整个的人权教育实际上是整个国家乃至整个世界人权事业的一个组成部分。如果没有世界人权事业和中国人权事业的发展，个人的人权法教学是非常不现实的。所以，我们要想成功地进行人权法教学，一定要有合作意识，而不是对抗和斗争意识。当然，大家对这个问题可以有不同的理解。我个人感觉，而且很多老师也已经谈到，不论是在教学研究方面还是其他实际工作当中，有关的政府部门或者领导之所以对人权敏感、担心，很多时候是因为不了解人权是什么，不了解人权会有什么影响。所以，我们需要和我们的同事、领导以及与教学相关的其他方面建立起合作关系。第五个意识是安全意识。从现在来看，我们从事人权法的教学研究，包括举行这样的研讨会，确实还是要受到一些法律、政策的影响，有关方面可能不了解、不理解甚至是误解我们的工作。刚才有老师提到，我们在教学过程中会遇到所谓的安全问题和敏感问题。在这种情况下，有的老师可能会说：人权教育是一个神圣的工作，我有一个坚定的信仰和信心，我有火热的激情。我觉得，如果我们对工作没有任何兴趣、信心和热情，虽然可以从形式上传授知识，甚至可以做得有声有势，还是很难把工作做好的。但是，我们在有激情的同时还要有理性，或者说还要有智慧，这种智慧可以说是生活的智慧。用什么样的形式能够把工作做好，但是又不给自己和他人带来不必要的麻烦，这是需要我们处理好的关系。最后一个意识姑且叫长远意识。我们所从事的人权教育乃至整个人权事业不是一蹴而就的。从历史上可以看到，从西方近代人权观念和实践的出现，到现在也不过是两百多年。如果我们不拘泥"人权"这个词，我们所面临的和人权有关的问题可以说从人类出现就开始存在，不是一朝一夕能够解决的。所以，我们如果想要从事人权法教学工作，需要有长久的思想准备和一定的毅力，不要太在意眼前的、直接的结果。有一句话是"因上努力，果上随缘"。我们认为这个事情有价值，我们愿意去做，就可以做我们的努力，但是做得成做不成，往往不是由我们自己来决定的，对于最终的结果不必勉强。

有了这样的态度，我们在从事人权法教学的时候还需要遵循一些基本原则。正如有的老师所言，人权法的教育是人的教育，我们的教育对象是人，我们教育者本身也是人。我们现在所做的人权法教学工作，以及我们所做的法学、非法学的研究和教育工作，乃至每个人所做的其他工作，首先是一种职业，其次是一种谋生手段和工具。除此之外，工作还是我们生活的一部分，或者说是我们人生的一部分。从这个意义上来说，我希望各位老师，包括我自己，能够把工作和生活很好地结合起来。这样，我们在从事人权法教学的时候，工作（做事）和生活（做人）就是一致的，就像古人讲的，"为学"和"为道"应该是一回事。这样，我们对人权法教学工作的意义可能会有一个更深刻的意识。

在这里，我想跟大家分享一下当代禅宗大德净慧老和尚提出的做人和做事的基本准则，一共是十六个字，做人、做事各有八个字的方针，称为"二八方针"：做人的八字方针是"信仰""道德""因果""良心"，做事的八字方针是"感恩""包容""分享""结缘"。做人方面，"信仰"是第一位的。今天分组讨论的时候，有的老师特别强调这个问题，说我们做人权法教学工作要有信心、信念和信仰。如果没有信仰，我们可能就没有一个正确的人生目标、人生方向和人生归宿，就会缺乏安全感，增加不稳定感，还会对我们人生的价值和意义产生疑惑。当然，这种信仰一定要是正确的信仰。有这么一种说法："如果我们选择了一种错误的信仰，还不如没有信仰。"如果我们选择了错误的人生目标、方向和归宿的话，我们把整个生命投入进去，结果会受到严重的损害。所以，信仰要建立在道德的基础上，我们要对"善恶"有一个正确的抉择。因为"善恶"有不同的标准，那怎么来抉择"善恶"呢？这里面就强调"因果"，"因果"是一个准绳。看一个事情是"善"是"恶"，要看它对自己、对他人是有害还是有利。这个"利害"又怎么来判定呢？有人从眼前看，有人从长远看，另外还得从根本上来看：如果是对自己和他人现在和未来的生活乃至整个生命都有利益的话，这才是真正的"善"。我们现在对"善恶"的判断，往往缺乏对"因果"的认识和接纳，认为自己做坏事，做违反法律和道德的事情，不会有不好的结果，或者认为做好事不会有好的结果，这种认识是不符合"因果"的规律的。"良心"怎么来理解呢？"良心"可能涉及是非判断的问题，怎么做是对的，怎么做是不对的，当然它的含义可能不限于此。上面说的是做人的基本准则。做事的基本准则，首先是"感恩"。一般来说，当别人帮助了我们的时候，我们可能会生起感恩之情。比如很多老师说，挪威人权中心出资帮助我们做这个活动，我们很感恩。不过，很多时候我们认识不到别人对我们的帮助。尤其是对于在工作或生活中给我们制造困难的一些人或一些事，我们就不容易生起感恩之心。刚才几位老师也在讨论这个问题，特别是当自己或者家人受到伤害的时候，要不要宽恕伤害我们的人？再进一步，我们能对这样的人生起感恩之心吗？如果说我们回去之后要开人权法课程，领导说不行，这个时候我们要不要感恩他？这是我们需要考虑的问题。应该说，感恩正是我们人权精神的体现。接下来是"包容"。我们在讲课的时候，学生可能对我们讲的内容不感兴趣，不积极主动地参与，有不同的意见，甚至对我们有不尊重的行为，比如今天有老师讲到有的学生还会报警，在这种情况下，我们能不能包容这个学生呢？如果不能包容的话，就可能会影响我们做事的效果。我们知道，人权主体具有普遍性，任何人作为人都有资格享有人权。这些天，有的老师特别关注多数人和少数人的问题。从做事的角度来看，尤其是从事人权工作，必须要有这种包容的胸怀。其实，在中国的传统文化中，这方面的精神和思想是非常发达和丰富的。就像《弟子规》里说的："凡是人，皆须爱。天同覆，地同载。"我们生活在同一片蓝天之下、同一片沃土之上，拥有同一个地球，每个人都是需要关爱的。具体到人权教育的对象上，学生有各种不同的情况，我们对每个学生都要一视同仁，都要有包容之心。再接下来是"分享"。我们这次来参加这个活动，可能有很多收获、体会和感想，回去之后需要与学生、同事和领导分享。特别是和领导的分享是很有必要的，这样领导就可以了解我们在做什么，这样做对单位的工作有哪些积极的作用。最后是"结缘"。人权法教学、其他工作乃至整个生活的过程其实是个结缘的过程。我们随时随地都在结缘，就像我们来参加这个活动，从不认识到认识，一直是在结缘。"缘"有"善缘"有"恶缘"，我们肯定是要结"善缘"。怎么才能结"善缘"？这就要看我们自己的发心和言行。净慧老和尚在讲到"结缘"的时候还有十六个字："大众认同、大众参与、大众成就、大众分享。"我想，我们的人权法教学工作同样需要单位领导、同事、学生的广泛认同、参与、支持和帮助，而人权法教学的积极效果也应当由所有参与者和其他社会成员一起来分享。

前面向各位老师分享了我对人权法教学的基本态度和基本准则的一些看法，下面是一个形式上的闭幕环节。就像刚刚说到的那样，我们这个活动也是一个大众认同、参与、成就和分享的事情，所以我们要感恩给我们提供资助的挪威人权中心和它的工作人员，要感恩支持我们参加这次活动的单位领导，要感恩那些推荐、介绍我们参加这次活动或者给我们提供活动信息的人，还要感恩我们的家人们——大家来这里至少10 天，没有家人的支持，我们很难做到这一点。需要感恩的很多，现在能想到的还有为我们授课的各位老师，包括我们去参访的时候给我们介绍情况的那些工作人员，有为我们这次会议提供服务的两位同学荆超和朱海。需要特别感恩李奕先生！我们连续举办的三次活动都是由他帮助我们：从会场的选定到与饭店的沟通，再到我们的食宿、饭店内的活动、外出旅游，都是他一手来安排的。有的老师已经看到了，我们就这几个工作人员，李奕对于活动的成功举办至少发挥了一半的作用。去年我就说过，他是我们编外的行政人员，这一点也不为过。当然，我们还要感恩给我们提供活动场所和服务的饭店的领导和工作人员，以及那些我们不知道的帮助我们完成这次活动的所有的人。最后，还有一个非常重要的角色，就是各位老师。没有各位老师的积极参与，没有大家对我们工作的支持和对我们失误的包容，我们很难做好这样一个工作。让我们带着这种感恩、包容、分享、结缘的心，回到各自的家庭和工作岗位之中。在这里，我还是要以一个主办方代表的身份，祝愿各位老师一路吉祥、福慧增长、阖家幸福！

谢谢各位老师！

2015 年闭幕致辞[1]

班文战

我想利用这个机会，跟各位老师分享一下我对人权教育的一些理解。我不想从具体的问题入手，因为这几天我们已经用了足够的时间来讨论具体问题。在这个场合，我想从更宏观、更原则，也许是更抽象的角度，同各位老师交流一下"为师之道"。古人讲"天地君亲师"，可见教师的地位是至关重要的。我们从事人权法教学，虽然教的内容是人权法，但基本的身份还是教师。我对"为师之道"的理解可以概括为两方面的内容：一是好教师有什么标准，二是如何做一个好教师。

第一个问题，关于好教师的标准，教师本人、学生乃至政府和大众都会有不同的理解。对于我们教师自己来说，我想应该是"取法乎上"。也就是说，标准定得越高，我们才可能做得越好。我们知道，古今中外有许多伟大的教师。比如，中国古代有儒家的孔子，被尊为"大成至圣先师"，还有道家的老子，被奉为"太上老君"。古印度的释迦牟尼也是一位教师，被佛教徒称为"本师"，就是根本的教师。儒教、道教、佛教都有教育、教化、教导的作用，从事这样工作的人都是教师。在这个意义上说，耶稣、穆罕默德也是教师。这些教师有共同的地方，也有不同的地方。佛教经典《金刚经》里有一句话："一切贤圣，皆以无为法而有差别。"大意是说，所有的贤者和圣者都在宇宙和人生

---

[1] 本文是中国政法大学人权研究院班文战教授 2015 年 8 月 23 日在"中国高校硕士研究生人权法教学研讨会"闭幕式上所做的致辞，由郭超整理、班文战审校。

最根本的方面有所发现和实践，只不过程度和形式有所不同。这些教师的德行和智慧都足以作为世人的楷模，当然也可以作为我们效法的榜样。作为教师，就应该以贤圣为标准。

贤圣的标准可能还是模糊不清的，我们可以进一步从教师职责的角度来考虑一下这个问题。当然，对于教师的职责，古今中外也会有不同的认识。我们都很熟悉的一种说法是："师者，所以传道授业解惑也。"教师的职责首先是传道，其次是授业，最后才是解惑。那么，作为人权法的教师，我们要传什么道？授什么业？解什么惑？这需要有一个明确的认识。我们知道，人权教育的直接目的是传播人权知识、培养人权技能、塑造人权态度、促成人权行动。其中，传播知识可以对应于解惑，培养技能可以对应于授业，塑造态度和促成行动可以对应于传道。当然，对应不是等同。因为古人所说的"道"涉及宇宙、人生的根本原理，不仅仅局限在态度和行动层面。由于我们是在大学里面讲授人权，我们要传的道也可以从两个方面来理解：一个是大学之道，一个是人权之道。

什么是大学之道？儒家经典《大学》开篇就讲："大学之道，在明明德，在亲民，在止于至善。"大学与小学有什么不同？是因为学生年龄更大、学位更高？显然不是。我个人以为，大学即大人之学，或者说是君子之学，是培养贤圣之学。所以在高等院校从事人权教育，需要和学生交流、分享和践行做大人、做君子、做贤圣的道理。这是传道，不单是传播，还要传承。古今中外伟大的教师都是从这个方面去着眼和着手。

什么是人权之道？对于这个问题，人们同样有不同的理解。有人说斗争是人权之道，也有人说建设是人权之道。按照我个人的理解，可以借用中国传统文化中的三个字，把人权之道概括为"恕""中""和"。

从人权的角度来看，"恕"相当于尊重和自由，所谓"己所不欲，勿施于人"。任何一个国际、国内社会的成员，都有义务去尊重每个人的每项权利，这是人权最基本的要求。

"中"相当于平衡。我们知道，人权涉及很多方面的关系：第一是国家和个人的关系，国家有国家的权力和利益，个人有个人的权利和利益；第二是个人和个人的关系，每个人都有自己的权利和利益；第三是此项权利和彼项权利的关系，权利行使过程中会有冲突，有人甚至认为，不同权利之间天然地具有矛盾；第四是同一权利的不同权利主体之间的关系，你有表达自由，我也有表达自由，我们都在行使表达自由，但是二者之间可能会有冲突；第五是国家与国家之间的关系，你有你的人权立场和利益，我有我的人权立场和利益；第六，是国际组织/机构和国家之间的关系。所有这些关系都需要平衡。我们都知道"过犹不及"，如果过于片面或绝对，只强调这些关系中的某一方面，必然会失衡。实际上，无论在规范层面还是机制运行层面，联合国和区域组织已经在努力地争取体现平衡。我们只要不带任何偏见，客观地去了解、认识联合国层面、区域层面甚至是外国（无论是美洲还是欧洲）的人权保障实践，乃至西方近代的人权理论和思想，都会看到平衡这个因素。在中国，我们也在努力地争取达成平衡。但是，在理论研究和实践中，往往还会忽视或无视国际或国外实践的发展，而固执于多年习得的或者说坚守的某些观念、学说、理论，从而失去了应有的平衡。

"和"应该是人权的最高境界。我不认为人权是一个终极目的。我们每一个人和整个人类在这个星球上生存，终极目的不应当是人权。我们现在之所以如此强调人权的重要性，是因为现实生活中缺乏人权，就像我们在饥饿的时候会特别强调食物的重要性，在呼吸困难的时候会特别强调清洁空气的重要性一样。所以，人权是当今社会的一个重要的目的和价值，但不是终极的、唯一的目的和价值。什么是终极的目的和价值？这个问题同样是见仁见智。我觉得，"和"是一个超越人权的目的和价值。这个"和"不是完全相同、没有差异，不是同一。孔子说："君子和而不同，小人同而不和。"即使我们真的可能有完全一致的思想和行动，比如说走路都要先迈左脚，吃饭都要用右手，但我们还是会有很多矛盾和争斗，这就是"同而不和"。我们要实现的是和谐，不是同一。这是我对人权之道的理解。

既然教师的首要职责是传道，那我们怎么样才能履行这个职责呢？

我们常说，言传身教。要言传身教，首先自己就要做好，要给学生树立良好的榜样。我们在课堂上讲得天花乱坠、慷慨激昂，最多只是传播。真正的教，是要靠我们的行动。当然，最高层次的教是不言之教。老子说："天地有大美而不言。"天地不说什么，但是我们能从中感受到天地的化育。孔子也说："四时行焉，百物生焉。天何言哉？"说的是同样的道理。释迦牟尼甚至说："若人言如来有所说法，即为谤佛。"我们不能不说，但说到还要做到。如果我们只是在课堂上说得很好，在文章里写得很好，但在生活中做得不好，怎么能够让学生倾听和接受呢？这个看似简单的道理涉及教育的目的、内容和方法，我也是这几年才慢慢有所了解和体会。《三字经》说："人之初，性本善。性相近、习相远。苟不教，性乃迁。教之道，贵以专。"我们学习、研究和教授人权法，乃至从事与人权有关的实务工作，从法律到政治、经济和文化，从"法"到"权"再到"人"，最根本的还是人性。人性本无差别，但现实生活中的人为什么有种种不同的思想和言行？很大程度上是因为我们后天养成的习性、习惯不一样，但根本上还是因为我们不知道每个人都有一种"纯善"或"至善"的本性。所以，人权教育乃至所有教育的终极目的应该是使每个人都能不断改正行动上的、言语上的、思想上的各种不良的、有害的习惯，进而能够认识、回归和发扬每个人的清净本性。

当然，心性的认识和化育是十分困难的事情。比较切实可行的做法，是在这个目标的指引之下，借助中国优秀的传统文化的基本精神，从更容易领会和实践的地方入手。比如，《弟子规》开篇就宣示了儒家"圣人"的基本教诲："首孝悌，次谨信。泛爱众，而亲仁。有余力，则学文。"首先要孝敬父母、敬爱兄长，其次要恭敬诚信，然后还要博爱大众、亲近仁者，有多余的时间和精力再去学习有益的知识。《弟子规》还说："凡是人，皆需爱。天同覆，地同载。"每个人都生活在同一片蓝天下、同一片大地上，都需要慈爱和关爱。在这里，我们不仅能够发现与现代人权相一致的精神，而且能够发现现代人权根本重要的思想基础。

当代教育存在的一个很大问题是重视知识和技能，忽视品德和践行品德的行动。从人权教育的角度来看，现在讲人权的精神乃至规范和机制，很多人可能都没有兴趣，甚至会有抵触情绪，这在很大程度上是因为大家在出生以来甚至在出生之前就已经被灌输了太多的东西。所以，我们作为教师，要开展人权法教学，需要"善巧方便"。"善巧方便"主要不是指技巧或技能，不是说要偷换概念、颠倒黑白，或者明明知道而装作不知道，等等，不是这些小聪明、小伎俩，而是说要在坚持有一定的准则的基础上，根据当时的环境，包括时间、地点和对象，决定讲课的内容、程度和方法。

在我们这次研讨会上，有的老师提到勇气的问题，说从事人权法教学和研究的人要有勇气。勇气重不重要？很重要，但我觉得不是最重要的。孔子提倡三种德行：智、仁、勇，第一是智慧，第二是仁义，第三才是勇气或勇敢。老子也说："胜人者勇，自胜者强。"能够战胜他人的人是勇者，能够战胜自己的人是强者。我们常说智勇双全，首先还是要有智慧，否则就可能是匹夫之勇。

古人说："君子反求诸己。"我们作为教师，遇到问题也应当反躬自省，努力发现和克服自己的缺点和不足。所以，我们首先应该严于律己，然后才能帮助我们的学生。看到学生有这样那样的问题，焦虑、批评、指责、失望、沮丧都无济于事。既然我们选择了做老师，还是要努力坚持，不要轻言放弃。同样，我们也要要求我们的学生反求诸己。我在这次会上曾经提到，如果只把尊重和保障人权的责任留给国家，那我们还有什么作用？如果只是要求其他人尊重我的权利，那这样的权利能有什么价值？我们知道，东方和西方有两种不同的权利理论和实践，一种是强调个人的权利和自由，一种是强调个人的义务和责任。如果把两者推向极端或绝对，都可能产生有害的结果：只强调自己的权利或自由可能培养出极端的利己主义者，只强调他人的义务和责任可能培养出极端的专制主义者。如果把两者善加运用，就可能产生有益的结果：强调每个人（特别是他人）的权利和自由可以促进人权的普遍尊重和实现，强调自身的义务或责任则可以进一步促进自己品行的提升和完善。

今天或者明天，各位老师就要回到自己的家庭和单位，开始新的生活和工作。我有很多感谢的话没有说，在这里还是要表达一下。首先，感谢本次活动的资助方——挪威奥斯陆大学法学院挪威人权中心，特别是其下属的中国项目组的全体同仁，包括项目主任白莎莉女士和在座的尤丽娜老师。由于一些原因，这四年的活动名义上都是我们一方主办，但事实上，从活动的形式、主题和议程到教师的邀请，再到各位参会老师的遴选，都是我们双方在共同运作。挪威人权中心方面，前三年是尤老师的同事熊瑞丽女士做代表，今年是尤老师做代表。这个活动是中国项目组的朋友们首先提议的，没有她们的提议，没有挪威人权中心的资助，就没有今天的活动。所以，要特别感谢挪威人权中心和中国项目组的各位朋友们！另外，各位老师来这里参加活动，得到了家人、同事、领导的大力支持，这里也要表示感谢。还有一位需要特别感谢的就是神州国际旅行社国际部的销售总监李奕先生。我们是多年的朋友，我把他作为我们的"临时工"，他已经帮我们做了至少六次这样的活动。从会场、设施、住宿、餐饮、用车到横幅、桌签等，都是由他在做。很多应该由主办方做的事情，他也代劳了，为我们节省了很多时间。虽然我们认识很久，我在这里还是要向他表示感谢。再有就是两位学生助理，我们会议材料的编辑、会议期间的服务、会后的录音整理以及将来部分内容的结集出版，都离不开他们的帮助。此外，还有为我们授课的专家岳礼玲老师，为我们分享教学、研究和实践经验的周伟老师、李秀华老师和牟瑞瑾老师，为我们提供服务的香山饭店的所有工作人员，当然还有在座的以及已经离开的各位老师。没有你们的积极参与和奉献，这个会议不会这么成功。这不是客气话。各位老师在提交参会申请的时候就已经放弃了很多东西，同时也向我们提供了很多信息、意见和建议。这次研讨会之所以有这么丰富的内容，有这么多的主题发言、自由发言、问题讨论，就是因为大家认同人权法教学这个事业，一起参与、一起成就、一起分享。相信大家回去以后，会把自己的收获和学生、同事、领导、家人以及其他更多的人来分享。衷心地感谢大家！祝各位老师一路平安，在以后的工作和生活中福慧增长、身心自在、如意吉祥！让我们有缘再会。

谢谢！

图书在版编目（ＣＩＰ）数据

人权的教育、研究与实践：2012—2015年中国高校教师人权法教学研讨会
文集/班文战主编. —北京：中国政法大学出版社，2021.1
ISBN 978-7-5620-9794-5

Ⅰ.①人…　Ⅱ.①班…　Ⅲ.①人权法－文集　Ⅳ.D912.704-53

中国版本图书馆CIP数据核字(2020)第269011号

书　　名	人权的教育、研究与实践：2012—2015 年中国高校教师人权法 教学研讨会文集 Renquan De Jiaoyu Yanjiu Yu Shijian 2012−2015 Nian Zhongguo Gaoxiao Jiaoshi Renquanfa Jiaoxue Yantaohui Wenji
出 版 者	中国政法大学出版社
地　　址	北京市海淀区西土城路 25 号
邮　　箱	fadapress@163.com
网　　址	http://www.cuplpress.com (网络实名：中国政法大学出版社)
电　　话	010-58908435(第一编辑部) 58908334(邮购部)
承　　印	北京中科印刷有限公司
开　　本	650mm×960mm　1/16
印　　张	23.25
字　　数	338 千字
版　　次	2021 年 1 月第 1 版
印　　次	2021 年 6 月第 1 次印刷
定　　价	96.00 元